地方立法与城市法治

成都市哲学社会科学研究基地
四川大学地方立法研究基地 主办　冯　雷◎主编

地方立法
与
城市法治

（第一辑）

DIFANG LIFA
YU CHENGSHI FAZHI

四川大学出版社
SICHUAN UNIVERSITY PRESS

图书在版编目（CIP）数据

地方立法与城市法治．第一辑 / 冯雷主编．— 成都：
四川大学出版社，2022.12
　ISBN 978-7-5690-5756-0

　Ⅰ．①地… Ⅱ．①冯… Ⅲ．①地方法规－立法－研究
－中国 Ⅳ．① D927

中国版本图书馆 CIP 数据核字（2022）第 198083 号

书　　　名：地方立法与城市法治（第一辑）
　　　　　　Difang Lifa yu Chengshi Fazhi（Di-yi Ji）
主　　　编：冯　雷

选题策划：王　冰
责任编辑：王　冰
责任校对：陈　蓉　毛张琳
装帧设计：墨创文化
责任印制：王　炜

出版发行：四川大学出版社有限责任公司
　　　　　地址：成都市一环路南一段 24 号（610065）
　　　　　电话：（028）85408311（发行部）、85400276（总编室）
　　　　　电子邮箱：scupress@vip.163.com
　　　　　网址：https://press.scu.edu.cn
印前制作：四川胜翔数码印务设计有限公司
印刷装订：四川盛图彩色印刷有限公司

成品尺寸：170mm×240mm
印　　张：14.75
插　　页：2
字　　数：252 千字

版　　次：2023 年 1 月 第 1 版
印　　次：2023 年 1 月 第 1 次印刷
定　　价：58.00 元

本社图书如有印装质量问题，请联系发行部调换

扫码查看数字版

四川大学出版社
微信公众号

目　录

1

Ⅲ　专题研究：《成都市社会急救医疗管理规定》调研与评估

Ⅰ 地方立法理论与实证研究

关于地方人大主导立法的实践思考

明　晨^①

摘　要：地方立法是我国统一的、多层次立法体制的集中体现，在改革开放和现代化建设中发挥着重要而独特的作用。总结回顾40年来的四川地方立法工作，应清醒地认识到，四川省地方人大近几年在地方立法实践中仍存在诸多不足之处。为充分发挥人大在地方立法中的主导作用，应重点把握"四个外部关系"，系统协调"三个内部关系"，全面主导"五个立法环节"，加强规范统筹，健全人大主导立法的各项工作机制，切实保障人大在地方立法中全方位、全过程的主导作用。一方面，要各方面通力合作，努力构建多元立法格局，加强改进新时代地方立法工作。另一方面，要围绕四川改革发展实践，综合运用立、改、废、释等手段，完善各立法环节工作体制机制，提高立法的针对性、及时性、系统性、可操作性，切实发挥立法的引领和推动作用。

关键词：地方立法　人大主导　立法实践

为深入推进"习近平总书记关于坚持和完善人民代表大会制度重要思想"的学习研究，认真贯彻落实党的十九大报告中提出的"发挥人大及其常委会在立法工作中的主导作用"，进一步做好地方立法工作，提升地方立法质量，为推动治蜀兴川再上新台阶提供坚实有力的法治保障，笔者通过报告研读、文献分析、对比研究、专家座谈、实地调研等方法，深入分析探究四川省地方人大主导立法的实践，厘清地方人大主导立法实践中的外部关系和

---

① 明晨，四川大学地方立法研究基地研究人员。

内部关系，探究人大在各个立法环节中的主导作用，提出地方人大主导立法实践问题的解决思路和建议。

一、关于地方人大主导立法的认识

地方立法是我国统一的、多层次立法体制的集中体现，在改革开放和现代化建设中发挥着重要而独特的作用。2014 年 10 月，党的十八届四中全会提出"健全有立法权的人大主导立法工作的体制机制，发挥人大及其常委会在立法工作中的主导作用"。2015 年 3 月，修改后的《中华人民共和国立法法》（以下简称《立法法》）规定："全国人民代表大会及其常务委员会加强对立法工作的组织协调，发挥在立法工作中的主导作用。"2017 年 10 月，党的十九大报告再次提出"发挥人大及其常委会在立法工作中的主导作用"。2018 年 3 月，十三届全国人大一次会议表决通过宪法修正案，进一步明确赋予设区的市地方立法权，明确地方立法权限和范围，进一步完善了我国立法体制。赋予地方立法权，是我国立法体制的重大发展，是加强地方政权建设、提升治理水平的重要举措。

法律是治国之重器，良法是善治之前提。坚持地方人大及其常委会主导地方立法是坚持和完善人民代表大会制度的必然要求和题中应有之义，是保障人民群众根本利益和国家整体利益、维护国家法制统一的需要；是坚持和实现党的领导的充分体现，是适应地方经济社会需求、服务地方改革发展建设大局的需要；是实现良法善治的有效途径，是保障地方性法规的合法性、时效性和可操作性，实现科学立法、民主立法，提升地方立法质量的需要。同时，充分发挥人大及其常委会在地方立法中的主导作用，是构建"党委领导、人大主导、政府依托、各方参与"立法格局，加强改进新时代地方立法工作的必然要求。

多年来，围绕党和国家中心工作，以宪法法律为依据，紧密结合地方实际，四川省积极探索和推进地方立法工作，与时代同步伐，与改革同频率，与实践同发展，突出"有特色、可操作、不抵触"，在地方立法方面取得了一系列成果，积累了许多经验，为中国特色社会主义法律体系的逐步形成和完善发展、推动地方经济社会发展和加强民主法治建设贡献了力量。自获得地方立法权以来，四川省人大及其常委会始终高度重视立法工作。近 40 年来，四川省人大及其常委会共制定地方性法规 295 件，修改法规 114 件，废止法规 88 件，现行有效法规 207 件，其中政治类 24 件、经济类 90 件、社会类 41 件、文化类 19 件、生态类 33 件。自 2015 年《立法法》赋予设区的市地方立法权后，四川省分两次确定了 20 个市州开始行使地方立法权，21 个市州先后出台 76 件注重立法规范先行、依法有序推进、突出地方特色、解决实际问题的地方性法规，回应了社会关切，为城乡建设与管理、环境保护和历史文化保护等方面提供了法治保障。

总结回顾 40 年四川地方立法工作，应清醒地认识到，四川省地方人大近几年在地方立法实践中，仍存在诸多不足之处，如人大主导地方立法的作用有待进一步发挥，公众参与立法的渠道与途径有待进一步拓宽，科学立法举措有待进一步完善，立法重大突破不多，立法工作机构编制偏紧、人手不足，立法工作人员专业性不强、流动性差、社会管理经验缺乏，等等。

基于对四川省地方人大的立法实践分析，笔者认为，为充分发挥人大在地方立法中的主导作用，应重点把握"四个外部关系"，系统协调"三个内部关系"，全面主导"五个立法环节"，加强规范统筹，健全人大主导立法的各项工作机制，切实保障人大在地方立法中全方位、全过程的主导作用。

二、重点把握地方人大主导立法的外部关系

坚持地方人大在立法中的主导地位，切实推动科学立法、民主立法、依法立法，进一步提高立法的针对性和精细化水平，是新形势下加强和改进立法工作的一个重要着力点，也是充分发挥立法引领和推动作用的必然要求。地方人大及其常委会作为法定的立法机关和立法机构，充分发挥人大及其常委会在地方立法中的主导作用，应思考如何把握以下外部关系：一是人大主导立法与党领导立法之间的关系，二是人大主导立法与政府依托立法之间的关系，三是人大主导立法与专家参与科学立法之间的关系，四是人大主导立法与公众参与民主立法之间的关系。

（一）把握人大主导立法与党领导立法之间的关系

党的十八届四中全会《中共中央关于全面推进依法治国若干重大问题的决定》明确指出，加强党对立法工作的领导，完善党对立法工作中重大问题决策的程序。党对立法工作的领导主要实行政治领导，通过确定立法工作方向、提出立法建议、明确立法工作中的重大问题、加强立法队伍建设等，确保立法工作充分体现党的主张，反映人民意志、得到人民拥护，始终把握正确政治方向。人大主导立法主要是对法规立项、草案起草、听证论证、审议协调等立法活动进行组织协调、引导推动，确保各项立法活动有序推进、规范开展，切实提高立法质量。实践证明，越是坚持党的领导，就越能有效发挥人大主导作用。近年来，四川省委密集出台加强立法工作的制度规范，定期召开人大工作会议，定期听取人大工作汇报，研究立法工作重大问题和重大立法事项，切实加强对人大工作特别是立法工作的领导，坚持把立法决策同改革、发展、稳定重大决策结合起来，为治蜀兴川提供了有力法治保障。地方人大在开展立法工作中，必须协调好人大主导立法与党领导立法之间的关系，落实相关制度和机制，把党的领导贯彻到地方立法工作全过程，确保地方立法反映经济社会发展要求、体现社会主义核心价值观、回应人民群众关切期待。

（二）把握人大主导立法与政府依托立法之间的关系

立法法案起草是立法准备阶段的重要内容，关系到地方性法规的质量。政府及其职能部门在起草地方性法规草案阶段发挥着不可替代的作用，政府及其职能部门的起草进度和起草积极性往往会对人大立法的步伐造成较大影响。实践中，政府机构在行政管理方面具有情况熟悉、业务精通、信息全面的优势，在人大主导立法过程中的基础性作用难以替代。地方人大要与政府及其职能部门建立有效的沟通协商机制，在立法项目立项、起草草案阶段提前参与、主动介入，发挥协调和主导作用，明确立法原则，确定基本制度和主要规范，划定权力权利边界，要调动政府及其部门在立法基础工作中的主动性和积极性，形成合力，共同做好地方立法工作。四川省人大在立法工作中充分发挥立法协调小组作用，坚持提前介入、全程介入、实质介入，人大全程"领跑"、深度参与,形成了各司其职、高效运转的立法新模式。

(三)把握人大主导立法与专家参与科学立法之间的关系

随着全面依法治国的深入推进,地方立法任务日益增多。地方人大主导立法工作,需要对不同领域做出专业性、科学化的法规规制,而立法本身也是一项技术含量很高的工作,要求立法工作者具备成熟的立法技术。四川省人大探索多元化法规草案起草机制,搭建地方立法专家库,聘请法律、政治、教育科学、城乡建设管理、生态环保等多个领域的立法咨询专家,在一些专业性、技术性强的领域,立法咨询专家、评估协作基地成员单位在参与草案起草中发挥了积极作用。坚持地方人大主导立法,应当充分挖掘社会资源,注重发挥相关领域专家学者专业技能、经验或知识,弥补立法机关自身力量不足缺陷,提高立法的科学性、民主性和实效性,构建大立法格局,提升立法能力。

(四)把握人大主导立法与公众参与民主立法之间的关系

人民代表大会制度的本质是人民当家作主,扩大公众参与立法,是提高我国立法民主化和人民性的必由之路,是人民主权原则的本质要求,也是加强立法合法性基础,提高立法科学性、合理性和可行性的基本途径。为保障公众参与民主立法,地方人大主导立法实践中应切实做好主持、组织、协调、处理和反馈工作,充分集中民智、反映民情、体现民意。公众参与地方立法既是其表达自身意志和利益诉求的方式,也是其社会价值和社会责任的体现,因而立法机关应当充分尊重公众提出的意见和建议。应采取多样化的手段和举措,有针对性地调动社会各方参与立法活动的积极性,健全立法调研、听证、论证、评估机制和法规草案公开征求意见、公众意见采纳情况反馈机制,广泛听取社会各方意见,切实保障民主立法。近年来,四川省人大在立法过程中,积极邀请各级人大代表参与立法调研、立法座谈,列席人大常委会会议,听取对法规草案的意见建议,充分发挥了人大代表的重要作用。

三、系统协调地方人大主导立法的内部关系

地方人大及其常委会在主导立法工作中，要行使立法权、发挥立法主导功能，必须通过一定机关、组织、人员活动才能真正实现。在地方人大组织结构内部，应当系统协调好以下内部关系：人民代表大会和人大常委会、法制委和法工委、人民代表大会和代表等。

（一）人民代表大会和人大常委会

根据宪法和地方组织法，制定地方性法规的主体包括有地方性法规制定权的人民代表大会及其常务委员会。发挥人大立法主导作用，首先要发挥人民代表大会的立法主导作用。地方立法实践中，地方人民代表大会制定的法规较少，人大常委会制定的法规较多。应当厘清人民代表大会与人大常委会的立法界限，充分发挥地方人民代表大会的立法职能，及时将关系经济社会发展大局和人民群众关注的重要法规案，提请人民代表大会审议，充分保证其重大立法的主导权。

（二）法制委和法工委

法制委和法工委作为地方人大及其常委会立法的专门机构和综合机构，虽然职能不同，工作方式和工作重点不同，但总体上都是为人大常委会立法工作服务，两者目标都是把好立法质量关，其工作效率和工作水平的高低关系到法规审议的效率和法规质量的高低。法制委和法工委提高工作效率和工作水平就需要在具体工作中改进科学管理和流程。通过完善相关工作制度，建立健全体制机制，充分发挥法制委和法工委在立法中的积极作用，明确工作的各个阶段、各个环节及相应的工作要求，提高法制委和法工委工作的科学性，为地方人大主导立法创造条件。基于四川地方人大开展立法实践的分析，探究各级人大法制委和法工委"体制分开、机制合力"的分工不分家工作格局，力争形成有效的沟通渠道，统筹安排立法工作，共同研究立法工作的重大问题。

（三）人民代表大会和人大代表

地方人民代表大会是民意机关，代表人民意志，应当主导立法，在立法中代表民意行使审议和表决的职权。地方人大代表研究代表议案和建议，受邀列席常委会审议法规草案，征求代表意见并向代表反馈情况。实践中，地方人大代表参与地方立法的人员比例偏低，有的人大代表甚至缺乏参与立法的热情。在地方人大主导立法的实践中，充分发挥人大代表的主体作用，积极动员人大代表参与立法工作，不仅可以在平衡、调整、规范各种利益关系方面发挥协调作用，在科学鉴别和应对原生态民意、善于发现和维护主流民意上发挥导向作用，还能及时反馈需要对法规做出调整和完善的意见建议，通过各级人大代表的联动，整合各方资源信息，充分反映本地政治、经济、地理、文化、风俗、民情等对立法调整的需求程度，并且具有较强的针对性，有助于提高立法的质量。

四、保障地方人大对各立法环节的全面主导

发挥人大在立法中的主导作用，是中央关于立法工作的重要决策，也是提高立法质量的重要保证。突出人大立法主导，要加强对人大立法选项、论证、起草、调研、审议、征询意见等全过程和各方面的主导，加强规范统筹，健全人大主导立法的各项工作机制，保障人大全过程主导立法。

（一）立项环节

把握立项的主动权是人大主导立法的首要环节。要采取有效措施，强化人大在立法规划和立法计划制定过程中的主导性与权威性，避免立法规划权落空。通过扩大立法选项的范围，紧抓制定立法规划和立法计划决策权，加强立项工作统筹安排，加强立项工作民主性，完善立法规划和立法计划制定与实施过程中的协调机制等，聚焦突出问题，充分保障地方人大在立项环节的主导作用。

（二）起草环节

法规的起草是人大主导立法的基础环节，法规的草案决定着立法的"原貌"。要建立更有利于发挥人大立法主导作用的起草分工方案，适当增加人大起草法规草案的比重，特别是综合性、全局性、基础性的重要法规草案；要创新法规草案的起草模式，形成多方参与、多方合作的起草模式和互补互促的法规起草格局；要拓展法规草案的起草渠道，吸收相关领域的专家学者参与起草，或者委托专家学者、教学科研单位、社会组织起草；提前介入和参与由政府主管部门负责起草的法规草案，健全起草过程中的沟通协调机制。

（三）审议环节

法规草案审议是审查提案人所提出的法规草案是否符合社会发展需要的关键环节。针对立法条件是否具备，法规草案本身是否科学、合理、可行，与其他法律法规是否协调等一系列的政策性、合法性、技术性问题，立法机关的组成人员直接发表意见，进行最后阶段的可行性论证、修改、补充和完善。法规草案审议的质量如何，直接关系到法案以何种形式和内容进入随后的法案表决阶段，关系到法案能否获得通过以及通过后实施的社会效果。

（四）表决环节

表决法规草案是立法过程中最重要的一个环节，直接关系到法规草案能否获得通过而成为法。地方立法过程中的法规草案表决在表决观念、表决规则及表决方式上均存在不少问题，这不仅使得表决程序难以实现其应有的"过滤"和"淘汰"功能，而且影响到人大立法主导作用的发挥。应完善立法表决机制，改变简单、笼统的表决方式，确立公开表决原则，细化表决方式制度，切实保障人大在地方立法表决环节的主导作用。

（五）评估环节

法规评估环节为不断改进立法工作、提高立法质量提供了重要参考依据。法规的制定是在生成一部新的法规，承担着实现法规从无到有的任务，是一个系统的入口。法规评估环节涉及法规的修改、废止、解释、配套等，使既存的法律更趋于完善，以适应不断变化着的社会发展。应通过定期开展法规集中评估和清理，着重解决地方性法规中存在的与上位法不一致、与全面深化改革不相适应、与社会发展不协调和操作性不强等问题。应创新工作方法，采取多种方式，组织起草部门、专家学者等多方论证，全面展开对法规的审查、评估和清理工作，完善法规评估机制和退出机制，夯实人大立法的主导地位，切实树立地方人大立法权威。

五、完善地方人大主导立法的意见和建议

人大在立法中发挥主导作用，并不意味着在立法工作中单打独斗，而是要调动各个方面的积极性，在各个环节发挥主导作用。一方面，要各方面通力合作，努力构建"党委领导、人大主导、政府依托、各方参与"的多元立法格局，加强改进新时代地方立法工作。另一方面，要围绕四川改革发展实践，抓重点领域和关键环节，综合运用立、改、废、释等手段，完善立项论证、法规起草、法规草案审议等环节工作体制机制，坚持立法为民，深入推进科学立法、民主立法、依法立法，探索开展大数据技术引入地方立法，实施精细化立法，提高立法的针对性、及时性、系统性、可操作性，切实发挥立法的引领和推动作用。

（一）协调好外部关系

一是坚决落实党领导立法。地方人大在主导立法过程中，应认真落实《中共中央关于加强党领导立法工作的意见》，在立法工作中贯彻党的路线方针政策。人大应主动开展党委关注的重大事项相关研究，及时组织有关方面积极研究党委提出的立法建议，及时向党委请示报告重大立法事项，推动立法决策与政治决策协调同步，确保党的主张通过法定程序成为全社会的共同意志。

二是积极推动政府依托立法。一方面，建立人大与政府在立法过程中的沟通协调机制，积极推动、督促指导政府及其部门切实做好立法各环节的工作；另一方面，人大牵头起草的法规草案，涉及行政管理的，要充分听取政

府及其有关部门的意见，人大审议政府提出的法规草案，需要作重大修改的，应及时与政府做好沟通。

三是广泛组织专家学者参与科学立法。要认真总结专家学者参与立法的经验教训，重点解决专家学者参与立法中存在的形式单一、来源狭窄、深度不够、意见针对性不强等问题，充分发挥其参与立法的应有作用；搭建多层次、多维度、多形式的参与平台，建立健全专家库制度，并对专家库成员进行分类；探索专家学者到立法机关挂职机制，建设立法智库、立法研究基地，增加委托专家学者起草法律、法规草案的数量，切实提高立法质量。

四是拓宽公众参与民主立法的渠道。充分运用网络、电视、报纸等多种平台公开征求意见，通过网上留言、电子邮件、智能手机等便民新方式搜集公众意见。加强和改进立法调研工作，努力探索新的调研方式和方法，综合运用跟踪典型案例、暗访、随机访谈、问卷调查等多种方法，多层次、多方位、多渠道了解真情、实情，切实保障民主立法。

（二）协调好人大内部关系和立法全过程主导

一是变"接力赛"为各方共同参与的"长跑"。发挥人大在立法中的主导作用，并不意味着人大在立法中单打独斗、唱独角戏，而是要调动各方积极性，通力合作。通过实施流程改造，变政府部门、人大有关专委会和法制委、法工委各管一段的"接力赛跑"为各方参与的"长跑"，不同的阶段有不同的"领跑人"，共同参与调研、起草等立法活动。省人大有关专委会、常委会办事工作机构根据常委会年度立法计划提前参与起草、论证等，了解工作进度，掌握法规涉及的重要问题，增强工作的主动性。建立并坚持立法项目组工作制，由项目组具体承担法规项目论证、调研、起草、审议服务工作，把任务和责任落实到人。

二是发挥立法规划、计划的刚性作用。科学编制立法规划，紧扣省委中心工作，抓住关键环节和重点问题，围绕"五大发展理念"的四川实践，聚焦人民群众关注的热点问题，不断加强脱贫攻坚、绿色发展、社会依法治理和农业农村等重点领域立法，切实发挥立法的引领和推动作用。根据五年立法规划，科学编制立法规划，制订立法计划，合理安排立法进度，整合立法资源，优化立法流程。加强立项论证，抓好立法的必要性可行性研究，科学确定立法项目，保持立法必要的边界，做到有所立有所不立，防止主观立法、"口号式"立法等问题，协调、督促年度立法计划按时完成，强化立法规划刚性作用，及时进行动态调整。

三是充分发挥人大代表和常委会组成人员的作用。发挥人大代表联系群众的独特优势，邀请其参加立法调研、立法论证，听取意见建议并充分采纳吸收。高度重视常委会组成人员的审议意见，逐条审理，认真研究，能采纳的全部采纳，不能采纳的说明理由，积极探索由人大牵头组织起草综合性、全局性、基础性法规草案的委托起草法规草案。

（三）加强立法人才队伍建设

一是要抓好人才编制和配备。第一，地方人大与政府应当在同级党委支持下，统筹解决人员编制配备情况，详细了解立法人才情况，采用新增编制招录或者内部调剂人才办法，解决地方立法力量薄弱问题，确保地方立法人员编制能满足地方人大行使立法权的需要。第二，根据立法人才需要知识面广泛、复合型能力要求高的特点，立法人才编制除了法律专业人才需求以外，还应涵盖教育、医疗、文化、城建、社会管理等各个领域的人才，使得人才配备的结构更为合理，更能适应现实需求和形势的变化。第三，加强人才引进工作，明确引进立法人才的目标，创新引进人才方式，完善引进人才相关政策。

二是抓好人才培养。第一，要建立定期培训机制。根据立法形势变化和工作需要，运用讲座、进修等"送出去"和"请进来"的方式，定期培训立法人才，更新知识结构，尤其要注重立法人才的政治素质与法治意识的培育，增强其立法的实践能力。第二，要注重发挥专家效应。注重以老带新，以及外聘专家带领或者指导工作的方式，开阔年轻人才的视野，迅速提升业务能力。第三，建立立法人才交流机制，有效节约培养立法人才成本。在立法、行政、司法机关间或者律师事务所、法学研究机构之间，既可以部门内部交流也可以跨部门互换，充实地方立法人才队伍。第四，创新和完善立法后备人才培养机制。加强法学院校和法律实践部门的交流合作，将地方立法人才培养纳入高校培养计划，建立良好的联合培养机制。

（四）探索运用大数据立法

党的十八届四中全会以及《立法法》提出立法的精细化、民主化与科学化的目标。鉴于地方立法在地方治理中的关键作用，如何鉴别重复立法，实现地方立法的精准化和精细化，成为未来地方立法与地方治理的重要事务。利用互联网大数据进行地方立法实践分析，能够有效及时得出客观实践结论，有利于总结经验，减少重复立法，推动地方立法更加科学、民主、精细化，进而在统领指导地方治理实践中发挥巨大的社会作用。

在推动公众参与地方立法实践的过程中，可探索利用大数据挖掘技术，发现公众的关注点和社会发展的趋势，精准地寻找立法议题，实现"立法计划数据化"。探索利用大数据技术广泛收集不同领域、不同区域、不同层次的民意，构建制度框架，实现"立法设计数据化"。探索利用大数据技术，使数据的收集和整理分析的困境迎刃而解，评估主体可以扩大样本量，全面掌握数据，对法规制度的必要性、可行性、有效性以及实施情况等作出更精准全面的评估，实现"立法评估数据化"。

新中国地方立法权的历史变迁

曹振宇[①]

摘　要：地方立法在国家法律体系中充当着重要的角色。新中国成立后，不同历史时期的地方权力大小不同。总的来看，新中国的地方立法权总体上相较于中央立法权呈现逐渐扩大的趋势。在《立法法》颁布后，我国立法体制进一步优化，立法权力配置趋于合理化。我国地方立法权扩大是社会经济和历史条件双重作用影响后的结果，体现了中央和地方关系的变化。中央立法和地方立法在不同层次各自发挥作用有利于调节中央和地方的关系。梳理新中国成立以来地方立法权的历史变迁，并分析不同时期地方立法权变迁的原因，有助于我们更加深入地理解地方立法在立法体制中发挥的作用。

关键词：地方立法权　历史变迁　立法体制　立法法

引　言

立法权在不同制度的国家中都至关重要。对外而言，立法权作为国家主权的一部分，不可侵犯和分割；对内而言，立法权是国家管辖和治理的权力。将立法权按主体划分，可以分为中央立法权和地方立法权。我国疆域广阔，不同地方的自然环境、人文环境相差甚远，各地方呈现出多样性和差异性，无法简单地依靠中央立法权完成立法的任务。因此在我国的立法体制中，地方立法充当着相当重要的角色。

---

① 曹振宇，四川大学地方立法研究基地研究人员。

由于地方主体相较于中央主体，对地方的情况更加了解，地方立法能对地方的经济社会发展提供更直接的帮助，并且能够让地方的民众更方便、直观地参与立法，加上地方主体立法水平提升、社会主义市场经济发展、管理型政府转向服务型政府等原因，在新中国成立后，地方立法权从地方立法的数量、地方立法的主体到地方立法的立法范围这三个方面体现出扩大的趋势。从新中国成立初中央和地方分散立法，到中央统一行使立法权，到改革开放后立法权下放、地方立法权扩大，再到 2015 年 3 月《中华人民共和国立法法》（以下称《立法法》）的修改将地方立法权的主体从此前的省级人大和 49 个较大的市的人大扩大到省级人大和所有设区的市的人大，再到 2018 年《中华人民共和国宪法》（以下称《宪法》）在宪法修正案中增加关于设区的市的立法权的相关规定，以宪法的形式将地方立法主体扩容确定下来，可以看到，地方立法权在国家治理体系中是不断调整的。接下来笔者将对新中国成立后地方立法权在不同历史时期的情况进行介绍，总结不同时期的地方立法权主体，分析地方立法权变化的原因，为更深入地理解地方立法在立法体制中发挥的作用提供参考。

一、1949—1954 年：过渡时期的地方立法权配置最大化

1949 年 2 月，中共中央发布《关于废除国民党的六法全书与确定解放区的司法原则的指示》（以下称《指示》），《指示》指出要废除任何旧的反动法律，包括六法全书，"应该以人民的新的法律作依据。在人民新的法律还没有系统地发布以前，应该以共产党政策以及人民政府与人民解放军所已发布的各种纲领、法律、条例、决议作依据"①。同年 9 月颁布的《中国人民政治协商会议共同纲领》（以下称《共同纲领》）则在其第 17 条中对这一原则再次进行了确认："废除国民党反动政府一切压迫人民的法律、法令和司法制度，制定保护人民的法律、法令，建立人民司法制度。"② 可以看到，这两个不同的文件就废除旧的反动法律这一问题达成了一致，而《共同纲

---

① 参见《关于废除国民党的六法全书与确定解放区的司法原则的指示》第 5 条。
② 参见《中国人民政治协商会议共同纲领》第 17 条。

领》则在《指示》的基础上强调了要建立新的法律体系：《指示》提出了在没有建立新的法律体系前的过渡时期的治理方案，《共同纲领》则是对政府提出了要建立新的法律、法令、司法制度这一任务。《指示》和《共同纲领》如此强调废旧立新的原因是旧法统形成于半殖民地半封建社会，有浓厚的封建残留，照搬西方的方案，已经完全落后于时代，无法发挥作用。新中国需要建立新的法律、法令和司法制度来调整新的社会秩序。从地方立法上来说也是如此。

根据《共同纲领》的规定，我国立法体制呈现出地方立法和中央立法二元化的局面。在中央层面，中国人民政治协商会议全体会议和中央人民政府委员会享有中央立法权；在地方层面，地方政府在这一时期不是单纯行使行政权的政府机关，同时具有类似人民代表大会的性质，因此各级地方都享有地方立法权，地方立法权在此时配置最为丰富，大行政区（当时全国划分为东北、华北、西北、华东、中南、西南六大行政区）、省、市、县人民政府委员会均享有和其自身政务相关的不同层级的地方立法权。需要说明的是，大行政区是新中国成立初期特有的一个行政级别。①

1949年12月，中央人民政府政务院颁布《大行政区人民政府委员会组织通则》（以下称《组织通则》）。《组织通则》规定，各大行政区人民政府委员会"根据并为执行中国人民政治协商会议共同纲领，国家的法律、法令，中央人民政府委员会规定的施政方针和政务院颁发的决议和命令"，"拟定与地方政务有关之暂行法令条例"②，还规定了大行政区政府享有大行政区组织条例的草案拟定权和暂行法令条例的拟定权，行使这些地方立法权需要报政务院批准或备案。在新中国成立后，发挥立法作用的主体主要以各大行政区为主，并非中央人民政府，各大行政区根据各大区的情况和中央的命令制定了大量的法律和法令。

1950年1月政务院颁布《省人民政府组织通则》，规定了省人民政府委员会有权"拟定与省政有关的暂行法令条例"③。同日颁布的《市人民政府组织通则》和《县人民政府组织通则》也做出了相应的规定，市人民政府委

---

① 参见程庆栋：《我国地方立法权的配置研究》，厦门大学2014年硕士学位论文。
② 参见《大行政区人民政府委员会组织通则》第4条。
③ 参见《省人民政府组织通则》第4条。

员会有权"拟定与市政有关的暂行法令条例"①，县人民政府委员会有权
"拟定与县政有关的单行法规"②，省、市、县人民政府拟定后需要报上级人
民政府批准或者备案。

而在1952年8月，中央人民政府委员会通过《中华人民共和国民族区
域自治实施纲要》，规定了"各民族自治区自治机关在中央人民政府和上级
人民政府法令所规定的范围内，依其自治权限，得制定本自治区单行法规，
层报上两级人民政府核准"③。

以此总结，在这一时期，地方立法权的主体是大行政区、省、直辖市、
大行政区辖市、省辖市、县、民族自治区等各级人民政府。

在这一时期，新中国采用分散立法模式。采用这一模式是因为我国处于
新民主主义社会向社会主义社会过渡的时期，新民主主义社会一定程度上保
持了原有的权力配置状况，各地方显著的差异在新中国成立初期无法回避，
新政府作为全国性政权缺乏执政经验，对地方立法权的放开，有利于政权的
稳固，使政府将精力集中在统一全国这一重要目标上。因此这一时期县级以
上的人民政府都享有立法职权，这是在过渡阶段的特殊情况。

二、1954—1978年：不断收缩的地方立法权

随着制度的完善，社会秩序渐趋稳定，国民经济在新中国成立后也稳步
发展，这一时期，我国开始实施计划经济的经济体制。1953年，我国开始
实施"一五"计划。为了适应当时的情势，1954年4月，中共中央政治局
扩大会议决定撤销大区级党政机关，同年6月，中央人民政府委员会颁布
《关于撤销大区一级行政机构和合并若干省市建制的决定》，大区的撤销标志
着地方法权行使主体的减少。随后在9月，《中华人民共和国宪法》（以下
称"五四宪法"）颁布，其中第22条规定了全国人民代表大会是行使国家立
法权的唯一机关。"五四宪法"在立法权上只规定了国家立法权，就地方立
法权而言，仅规定了"地方各级人民代表大会依照法律规定的权限通过和发

---

① 参见《市人民政府组织通则》第4条。
② 参见《县人民政府组织通则》第4条。
③ 参见《中华人民共和国民族区域自治实施纲要》第23条第1款。

布决议"① 和"地方各级人民委员会依照法律规定的权限发布决议和命令"②。而地方拟定暂行法令条例和单行法规的权力仅仅在民族区域自治地区可以行使："自治区、自治州、自治县的自治机关可以依照当地民族的政治、经济和文化的特点，制定自治条例和单行条例，报请全国人民代表大会常务委员会批准。"③ 除此之外的地方立法权则被收归中央。

由于全国人大一年召开一次会议，而不到一年的立法实践证明了这一规定无法在现实中得以贯彻，因此在1955年，这一规定就发生了松动。1955年第一届全国人大二次会议通过了《关于授权常务委员会制定单行法规的决议》，"授权常务委员会依照宪法的精神、根据实际的需要，适时地制定部分性质的法律，即单行法规"，在中央层面赋予了全国人大常委会中央立法权。1959年第二届全国人大第一次会议通过的《关于全国人民代表大会常务委员会工作报告的决议》中则规定了"大会授权常务委员会，在全国人民代表大会闭会期间，根据情况的发展和工作的需要，对现行法律中一些已经不适用的条文，适时地加以修改，作出新的规定"，赋予了全国人大常委会修改法律的职权。④

尽管"五四宪法"规定了民族自治地方享有制定自治条例和单行条例的权力，但是由于民族自治地方未设立常务委员会，因此民族自治地方的人大无法有效行使地方立法权。在这一时期，我国的地方立法权呈现收缩的状态，立法权向中央集中。除了理论意义上的民族自治地方享有立法权外，其他各级地方都不享有立法权。⑤

"五四宪法"第64条规定的"地方各级人民委员会依照法律规定的权限发布决议和命令"中"依照法律规定的权限"，指的是1954年《中华人民共和国地方各级人民代表大会和地方各级人民委员会组织法》（以下简称《地方人大和地方人民委员会组织法》）中地方人民政府可以"根据法律、法令、本级人民代表大会的决议和上级国家行政机关的决议和命令，规定行政措

---

① 参见《中华人民共和国宪法》（1954）第60条。

② 参见《中华人民共和国宪法》（1954）第64条。

③ 参见《中华人民共和国宪法》（1954）第70条。

④ 参见倪洪涛：《新中国地方立法权：历史、歧视及矫正——以2015年〈立法法〉修改为中心的论证》，载《湘潭大学学报（哲学社会科学版）》2017年第6期，第51页。

⑤ 同上。

施，发布决议和命令，并且审查这些决议和命令的实施情况"①。这实际上规定了地方只享有制定法律执行的规范性文件的权力，而不享有制定规范性文件的地方立法权。《地方人大和地方人民委员会组织法》对地方政府的职责进行了规定，地方政府享有的事权包括管理市场，领导农业、手工业生产，管理税收、交通、公共事业、文化、教育、卫生、优抚、救济和社会福利等具体事项，类似的规定还出现在1956年10月《国务院关于改进国家行政体制的决议（草案）》中，其划分了中央与省，省和市、县、乡的管理权限，扩大了各级地方政府的行政权和财政权。地方政府有庞杂的职能却没有地方立法权，只能通过非法律性的"决议和命令"来履行职能。

总体来说，这一时期地方立法权不断收缩，地方立法呈现出萧条的状态。

在1975年，我国颁布了一部特殊时期的《宪法》，其中第23条规定了"地方各级人民代表大会和它产生的地方各级革命委员会在本地区内，保证法律、法令的执行，领导地方的社会主义革命和社会主义建设，审查和批准地方的国民经济计划和预算、决算，维护革命秩序，保障公民权利"②。在这里也体现了地方不具有立法的权力，立法权完全收归中央。

"五四宪法"颁布后，立法呈现出高度集中的状态，这一方面是因为苏联体制对我国的重要影响，另一方面，高度集中的计划经济体制需要在立法上也高度集中。同时，以阶级斗争为纲的路线的确立使得国家法制遭遇了巨大破坏，群众运动替代了法庭审判。在这一时期，中央立法的组织基础难以保全，地方立法的组织基础被破坏得更加严重，革命委员会的成立更是雪上加霜。

"文化大革命"结束后，我国还未彻底摆脱"左"的路线影响，1978年3月颁布的《宪法》还存在一些不正确的政治理论观念和不适应客观实际情况的条文规定。就地方立法方面，则未做出新的规定。该宪法第36条规定："地方各级人民代表大会在本行政区域内，保证宪法、法律、法令的遵守和执行，保证国家计划的执行，规划地方的经济建设、文化建设和公共事业，

---

① 参见《地方人大和地方政府组织法》。
② 参见《中华人民共和国宪法》（1975）第23条。

审查和批准地方的经济计划和预算、决算，保护公共财产，维护社会秩序，保障公民权利，保障少数民族的平等权利，促进社会主义革命和社会主义建设的发展。""地方各级人民代表大会可以依照法律规定的权限通过和发布决议。"第 37 条第 3 款规定："地方各级革命委员会执行本级人民代表大会的决议和上级国家行政机关的决议和命令，管理本行政区域的行政工作，依照法律规定的权限发布决议和命令。"这里和 1975 年宪法其实是类似的，仅仅是限制了革命委员会的权力，但实际上还是没有放开地方层面的立法权限，仅在第 39 条第 2 款规定了和"五四宪法"中类似的民族区域自治地区可以行使拟定暂行法令条例和单行法规的权力。从法律文本而言，这一时期的地方立法权主体是民族区域自治地区。

三、1978—1992 年：开始扩张的地方立法权

1978 年，十一届三中全会召开，否定了"两个凡是"的错误方针，指出"实践是检验真理的唯一标准"是党的思想路线的根本原则，重新确立了马克思主义的实事求是的思想路线，将全党的工作重点从"以阶级斗争为纲"转移到"以经济建设为中心"，做出了改革开放的伟大决策。

自改革开放以来，基于国内经济体制改革的现实需要和过去高度集权的历史教训，中央开始放权，各级地方政府重获立法权。在十一届三中全会前几天召开的中共中央工作会议上，邓小平在《解放思想，实事求是，团结一致向前看》的讲话中，提及了有关地方立法的问题："有的法规地方可以先试搞，然后经过总结提高，制定全国通行的法律。"① 提出将地方立法作为全国立法的试验田，通过地方立法的实验推进整个国家的立法工作。

为了改变同生产力发展不适应的立法体制，1979 年第五届全国人大常委会决定成立法制委员会，同年第五届全国人民代表大会第二次全体会议通过《中华人民共和国地方各级人民代表大会和地方各级人民政府组织法》（以下称《地方组织法》）。《地方组织法》第 6 条规定："省、自治区、直辖市的人民代表大会常务委员会在本级人民代表大会闭会期间根据本行政区域

---

① 邓小平：《邓小平文选（第二卷）》，人民出版社 1994 年版，第 147 页。

的具体情况和实际需要，在和国家宪法、法律、政策、法令、政令不抵触的前提下，可以制订和颁布地方性法规，并报全国人民代表大会常务委员会和国务院备案。"第 27 条规定："省、自治区、直辖市的人民代表大会根据本行政区域的具体情况和实际需要，在和国家宪法、法律、政策、法令、政令不抵触的前提下，可以制订和颁布地方性法规，并报全国人民代表大会常务委员会和国务院备案。"这两条赋予了我国省级人大及其常委会制定地方性法规的立法权。而第 35 条第 1 款则规定了县级以上地方各级人民政府可以"执行本级人民代表大会和它的常务委员会的决议，以及上级国家行政机关的决议和命令，规定行政措施，发布决议和命令"。为了配合《地方组织法》的实施，县级以上的各级人大逐步设立了常务委员会，省级人大常委会也设立了和全国人大常委会法制委员会类似的专门的法制机构。

作为改革开放的前沿阵地，经济特区承担着改革试验田的使命。1979 年 7 月，中共中央、国务院同意设立深圳、珠海、汕头、厦门四个出口特区（1980 年 5 月改称为经济特区）。1980 年 8 月，第五届全国人民代表大会常务委员会通过了《中华人民共和国广东省经济特区条例》。该条例第 2 条规定："特区内的企业和个人，必须遵守中华人民共和国的法律、法令和有关规定。本条例有特别规定的，按照本条例的规定执行。"这一规定实际上突破了《地方组织法》的规定。随后五届全国人大常委会授权广东省、福建省人大和人大常委会制定经济特区的各项单行经济法规。[①] 从 1979 年 11 月至 1982 年 9 月，全国共制定颁布 355 件地方性法规，其中经济领域占 37.2%。[②]

1982 年 12 月，第五届全国人民代表大会第五次会议通过了一部新的宪法，这就是在"五四宪法"基础上制定的"八二宪法"。"八二宪法"体现了改革开放的方向，其中第 100 条规定："省、直辖市的人民代表大会和它们的常务委员会，在不同宪法、法律、行政法规相抵触的前提下，可以制定地方性法规，报全国人民代表大会常务委员会备案。"第 107 条规定："县级以上地方各级人民政府依照法律规定的权限，管理本行政区域内的经济、教

---

① 参见万方亮：《新中国成立 70 年来地方立法的规范变迁》，载《江汉学术》2020 年第 4 期，第 81 页。

② 信春鹰：《对我国地方立法权限的初步探讨》，载《法学杂志》1984 年第 2 期，第 31 页。

育、科学、文化、卫生、体育事业、城乡建设事业和财政、民政、公安、民族事务、司法行政、监察、计划生育等行政工作，发布决定和命令，任免、培训、考核和奖惩行政工作人员。"可以看到，"八二宪法"第 100 条实际上是将《地方组织法》对地方立法权的规定以国家根本大法的形式确立，第 107 条是赋予了县级以上政府制定行政规范性文件的权力。相较于"五四宪法"的规定，省、直辖市人大及其常委会和民族自治地方拥有了地方立法权。

由于较大的市相较于其他的市地方事务更多且复杂，需要就本市的特殊情况制定地方性法规，因此五届人大五次会议同时对《地方组织法》进行了修正。修正后的《地方组织法》第 27 条第 2 款规定："省、自治区的人民政府所在地的市和经国务院批准的较大的市的人民代表大会常务委员会，可以拟订本市需要的地方性法规草案，提请省、自治区的人民代表大会常务委员会审议制定，并报全国人民代表大会常务委员会和国务院备案。"第 35 条第 1 款规定了县级以上的地方各级人民政府可以"执行本级人民代表大会和它的常务委员会的决议，以及上级国家行政机关的决议和命令，规定行政措施，发布决议和命令。省、自治区、直辖市以及省、自治区的人民政府所在地的市和经国务院批准的较大的市的人民政府，还可以根据法律和国务院的行政法规，制定规章"。这就赋予了这些地方政府制定地方政府规章的权限，实际上这些地方的地方立法权得到了极大的扩张。在实践中由于地方政府规章制定的程序更加简易，因此地方政府规章制定的频率远超地方性法规。

1986 年，《地方组织法》再一次进行了修改，省、自治区人民政府所在地的市和经国务院批准的较大的市人大常委会从"拟定"地方性法规草案到"制定"地方性法规草案，从提请省、自治区的人民代表大会常务委员会"审议制定"到报"批准后施行"。这实际上是对 1982 年《地方组织法》的一个较大修补，1982 年的《地方组织法》没有规定省、自治区的人民政府所在地的市和经国务院批准的较大的市的人民代表大会地方性法规的制定权，但是规定了它们的常务委员会有权制定地方性法规草案，这实际上是越权的。

在这一时期，地方立法呈现出盛况空前的局面，各地方发挥出"试验田"效果。从 1979 年到 1992 年，全国共制定了 3230 件地方性法规。^① 深圳市在 1988 年 1 月颁布《深圳经济特区土地管理条例》，规定了土地使用权可以有偿出让、转让和用于抵押，这实际上是土地有偿转让制度在地方上的先行实施，1988 年《宪法》修正后才将这一制度推行全国。又如，1988 年《珠海市股份有限公司试行办法》先于国家对股份有限公司的设定进行规范。

这一时期地方立法权是伴随着我国改革开放的深入而逐步扩张的，无论是经济特区还是较大的市，都是以经济建设为中心。改革开放在这些地方推进的程度较深，这些地区的经济水平超越国家整体水平的事实也使得中央立法权无法满足这些地方的实际需要，因此需要放开地方立法权的限制。

四、1992—2000 年：进一步扩张的地方立法权

1992 年年初，邓小平南方谈话总结了十多年改革开放的经验教训，针对当时领导层和人民思想中普遍存在的疑虑，将改革开放推进了一大步。尤其是经济特区等改革开放最前线，不仅在经济上发挥"试验田"的作用，在配套的立法上也是先于全国。

中共十四大提出要合理划分中央与省、自治区、直辖市的经济管理权限。1993 年《宪法》新修正案将社会主义市场经济写入宪法，第八届全国人民代表大会常务委员会第一次全体会议提出"要尽快制定一批有关社会主义市场经济方面的法律"，对我国的立法体制提出了新的要求。^②

1992 年，全国人大常委会通过了《关于授权深圳市人民代表大会及其常务委员会和深圳市人民政府分别制定法规和规章在深圳经济特区实施的决定》，之后在 1994 年、1996 年，厦门、珠海、汕头等经济特区所在地的市的人民代表大会及其常务委员会也被全国人民代表大会及其常委会授予制定"经济特区法规"和地方规章的权力，标志着我国地方立法权的进一步扩张。例如，深圳市在 1994 年颁布了《住宅区物业管理条例》，开创我国物业管理现代化先河。就《地方组织法》而言，虽然进行了修改，但是在地方立法主

---

① 黄子毅：《中央地方权力配置与地方立法》，载《中国法学》1994 年第 4 期，第 19 页。

② 参见崔卓兰、赵静波：《中央与地方立法权力关系的变迁》，载《吉林大学社会科学学报》2007 年第 2 期，第 67 页。

体方面和 1986 年《地方组织法》并无区别。

在这一时期，地方立法权得到了相当活跃的运用。在 1998 年年底前，全国制定了地方性法规 6311 件，自治条例 302 件，单行条例 207 件，地方政府规章 9632 件。[①] 1997 年，立法数量最多的河北省一年立法有 144 件，而国家法律仅出台了 18 部，地方上立法数量最少的天津市都达到了 26 件。

五、2000—2015 年：《立法法》颁布后规范化的地方立法权

随着 1992 年邓小平南方谈话后改革开放的持续推进和 1997 年中共十五大提出依法治国，我国立法体制亟须规范化。从地方立法角度，伴随地方立法权的不断扩张，地方立法也需要进一步规范化。因此全国人民代表大会于 2000 年通过《中华人民共和国立法法》（以下称《立法法》），制定这部法律旨在改变我国自改革开放后在立法中存在的一些混乱情形，从立法体制上推进依法治国。《立法法》对立法权限做了进一步划分。《立法法》第 7 条第 1 款规定："全国人民代表大会和全国人民代表大会常务委员会行使国家立法权。"第 63 条规定了省、自治区、直辖市的人民代表大会及其常务委员会可以制定地方性法规，还规定了较大的市的人民代表大会及其常务委员会可以制定地方性法规，报省、自治区的人民代表大会常务委员会批准后施行。省、自治区的人民代表大会常务委员会具有地方性法规合法性审查权。第 65 条规定："经济特区所在地的省、市的人民代表大会及其常务委员会根据全国人民代表大会的授权决定，制定法规，在经济特区范围内实施。"而第 66 条规定了民族自治地方的人民代表大会有权制定自治条例和单行条例。第 73 条规定："省、自治区、直辖市和较大的市的人民政府，可以根据法律、行政法规和本省、自治区、直辖市的地方性法规，制定规章。"

总的来看，这部《立法法》再次明确了较大的市具有地方立法权，把改革开放以后形成的中央和地方立法的权限划分进行了总结和界定。根据该法第 63 条第 4 款对"较大的市"的解释，经济特区所在地的市政府享有地方

---

① 李小娟：《地方立法 20 年回顾与展望》，载《法学杂志》1999 年第 6 期，第 19～20 页。

政府规章制定权，省级政府所在地的市和较大的市共同形成了新时期市级地方立法的新权力格局。总体而言，地方立法权配置情况可以分为四个层次：第一，省级人大享有完整的地方立法权；第二，较大的市有部分地方立法权；第三，经济特区有特区法规立法权；第四，自治地方有自治立法权。[①]《立法法》对立法权限进行了较为明确的规定。此后，全国各地的地方立法从注重数量转变为注重质量，不得不说《立法法》起到了巨大的作用。

这一时期我国地方立法权呈现出不平衡的特点，享有地方立法权的主体多在经济发达的省市，一个地方经济越发达，其立法范围也就越大。

在这一时期，地方立法权都是自上而下地经历了权力下放，中央和地方上级授予下级地方立法权，仅有的例外是民族自治地方立法自下而上的趋势。但随着《立法法》将立法权限划分得较为明确，地方立法权也逐渐丧失了"试验田"的作用。

这一时期尚未全面赋予设区的市地方立法权。一方面是因为我国当时仅有一些突出的市经济发达，总体来说我国城市化水平依然不高；另一方面还因为整个国家的法制体系远未完善。这一时期，《地方组织法》仍没有对地方立法主体做出任何修改，保持着 1986 年的状况。[②]

从立法状态上来看，立法数量呈现出减少的趋势：在《立法法》颁布实施后的 2000—2001 年，有 22 个省出现了自 1996—1999 年以来首次立法数量的减少。同时各地也根据当地的实际情况，制定了地方特色各异的法规。

六、2015 年至今：《立法法》修改后进一步规范的地方立法权

2015 年《立法法》修改后，第 72 条第 2 款规定："设区的市的人民代表大会及其常务委员会根据本市的具体情况和实际需要，在不同宪法、法律、行政法规和本省、自治区的地方性法规相抵触的前提下，可以对城乡建设与管理、环境保护、历史文化保护等方面的事项制定地方性法规，法律对

---

① 参见倪洪涛：《新中国地方立法权：历史、歧视及矫正——以 2015 年〈立法法〉修改为中心的论证》，载《湘潭大学学报（哲学社会科学版）》2017 年第 6 期，第 52 页。

② 参见王凤：《当代中国地方立法权扩容及其行使问题研究》，吉林大学 2018 年硕士学位论文。

设区的市制定地方性法规的事项另有规定的，从其规定。"第 82 条规定："省、自治区、直辖市和设区的市、自治州的人民政府，可以根据法律、行政法规和本省、自治区、直辖市的地方性法规，制定规章。"享有地方立法权的市由过去 49 个较大的市扩展到全部 286 个设区的市和自治州，设区的市在一定的范围内有了地方立法权，但仅能在城乡建设与管理、环境保护、历史文化保护等方面制定地方性法规。由于"城市建设与管理"在概念上难以界定，实践中这一概念得到了扩展，"等方面"的"等"也突破了上述限制，实际上是给设区的市创设了空间。除此之外，修改后的《立法法》还确立了地方立法听证制度，体现了我国立法民主化、科学化，地方立法权更加规范。①

与《立法法》修改相配套，2015 年《地方组织法》也进行了修改，将 2004 年《地方组织法》第 7 条第 2 款、第 43 条第 2 款、第 60 条第 1 款中的"省、自治区的人民政府所在地的市和经国务院批准的较大的市"修改为"设区的市"。

而在 2018 年宪法修正案中，宪法第 100 条增加了一款，作为第 2 款："设区的市的人民代表大会和它们的常务委员会，在不同宪法、法律、行政法规和本省、自治区的地方性法规相抵触的前提下，可以依照法律规定制定地方性法规，报本省、自治区人民代表大会常务委员会批准后施行。"从宪法层面确认了所有设区的市的地方立法权。

这一时期设区的市被赋予地方立法权，一方面是随着我国经济的发展，城市化水平不断提高，我国基层的治理能力提高，这些一般的地级市也具备了地方立法的水平；另一方面，伴随着"全面依法治国"理论的提出，各地以地方立法取代地方文件治理地方成为一大趋势，整个国家层面也形成了较为完善的法律体系。进行大规模的地方立法不仅不会对我国法制造成冲击，反而更加完善了我国的法律体系。

七、地方立法权历史变迁脉络总结

立法学界将新中国成立以来我国地方立法权的历史变迁分为三个阶段：

---

① 参见王凤：《当代中国地方立法权扩容及其行使问题研究》，吉林大学 2018 年硕士学位论文。

第一个阶段是 1949 年新中国成立到 1954 年宪法颁布，为分散立法模式；第二个阶段是 1954 年宪法颁布到 1979 年《地方组织法》颁布，为中央集权立法模式；第三个阶段是 1979 年至今，为集权的分权立法模式。① 笔者将第三个阶段进行了细分，以 1992 年南方谈话、2000 年《立法法》颁布和 2015 年《立法法》修改为节点分为三个时期。总体而言，我国地方立法权呈现了分散—集中—分散的趋势。如今，我国地方立法权主体可以分为四个层次：（1）省、民族自治地方、直辖市人大及其常委会；（2）省、民族自治地方、直辖市的人民政府；（3）设区的市人大及其常委会；（4）设区的市人民政府。②

地方立法权的变化，是不同时代背景下各种因素综合作用的结果：政治上中央—地方关系调整，地方立法权的合理赋予既能调动地方的积极性，又能更好规范地方以避免滥权、越权的情况；经济上城市化水平提高，各地经济发展，各地的立法需求大量提升；思想上体现了从"先富带后富"到"共同富裕"的转变，各地方立法将一视同仁，减少特区的特权和较大的市的特权，体现了"效率和公平兼顾"的原则。

总的来说，中央和地方的立法权力分配更加科学、更加制度化。地方立法权的扩张体现了国家治理体系和治理能力的现代化。除此之外，中央政府要在推进地方立法权扩张的同时建立良好的立法前审查、立法后监督的制度，减少地方立法中水平过低的规范性法律文件。各地应当提升立法质量，满足新时期我国经济、社会发展的需要。

---

① 李林：《立法理论与制度》，中国法制出版社 2005 年版，第 305~310 页。
② 王凤：《当代中国地方立法权扩容及其行使问题研究》，吉林大学 2018 年硕士学位论文，第 11 页。

我国地方立法现状的社会心理学分析

李正则[①]

摘　要：社会心理学为我国地方立法现存的问题提供了新的研究视角和解决思路。要提升地方立法工作的实效，不仅要着眼于法规范本身，更应当从作为法规范受众的社会公众本身加以考量。从社会心理学角度对人的态度和行为以及二者关系进行研究，可以揭示出社会内部规范和社会外部规范发生作用的路径，并实现从后者到前者的转化，最终促进公众适法行为的增加，达到提高地方立法工作实效的目的。

关键词：地方立法　社会心理学　态度　行为　归因

在 2015 年《中华人民共和国立法法》（以下简称《立法法》）修改之后，我国地方立法工作进入了新的阶段。虽然在被赋予了城乡建设和环保等方面的立法权后，许多地方的立法数量都有显著的增长，但在地方立法实践进程中，也暴露出了明显的立法泛化问题，各地的立法内容充斥着较多的原则性、纲要性、倡议性、宏观性内容，难以实现我国赋予地方立法权"灵活应对地方特殊情况"的初衷和本意。《中共中央关于全面推进依法治国若干重大问题的决定》提出，我国今后的立法工作方向应是推进立法精细化，向着细化和可操作的方向发展，着力于解决立法好用不好用、管用不管用的问题。

[①]　李正则，四川大学地方立法研究基地研究人员。

目前我国学界针对地方立法精细化的讨论主要集中在立法技术层面①，即如何通过完善立法程序、改进法律文本等方式来实现立法精细化。但从理论的初衷来看，立法活动之原意是为了规制人的行为，地方立法作为立法活动的一种，其目的是在结合地方特殊情况的前提下更好地规制某个具体地方的人的行为。要实现这一目的，应当从人的行为本身入手。当我们明确了影响人行为的要素，再在这些要素的基础上开展地方立法工作，就可以取得事半功倍的成果。

社会心理学问世一个多世纪以来的研究或许可以为地方立法工作提供新的思路。社会心理学本身是一门研究"人们如何看待他人、如何互相影响，以及如何与他人相互关联的科学"②。立法活动通过怎样的路径影响大众的行为？怎样的立法才能更好地引导大众做出适法行为？当立法活动被特定化为地方的立法活动时，又应当怎样利用地方特点来强化其规制作用，使之得到人们发自内心的遵循？通过将社会心理学的理论与地方立法活动相结合，我们将可以得出关于上述问题的新的观点和启发。

一、关于行为的社会心理学理论

（一）态度与行为：影响立法效果的两种要素

依照哈耶克对社会秩序规则的二元划分，人们在生活当中总是同时遵循两种不同的秩序规则。一种是内生的、自发遵循的社会规则；一种是外源的、由强制力施加的外在规则。有的学者认为前者是民间自然形成并流传的习惯法，而后者则是由国家强制力保证实施的国家制定法。③ 而在实践中，

---

① 相关讨论参见丁祖年、粟丹《地方立法精细化的内涵与路径》，载《地方立法研究》2020年第4期；张晓晓《立法精细化的实现路径探析——兼评〈法的结构规范化研究〉》，载《山东工商学院学报》2017年第2期；谭波、侯梦凡《设区的市地方立法精细化研究——以河北省为例》，载《江汉大学学报》（社会科学版）2018年第5期；黄文婷、黄文燕《完善地方立法精细化的路径探析》，载《中共乐山市委党校学报》2017年第4期；等等。

② 戴维·迈尔斯：《社会心理学》，侯玉波、乐国安、张智勇等译，人民邮电出版社2016年版，第4页。

③ 参见苏洁、谢洁：《民间规范与民族自治地方立法的互动性研究》，载《民间法》2018年第2期。

这二者在很多时候都有重合的地方。譬如汉高帝刘邦著名的约法三章，"杀人者死，伤人及偷盗者抵罪"① 即典型例子。杀人、故意伤害以及盗窃等行为作为刑法上所称的自然犯，因为反道德、反社会的属性而在一般大众的观念中都会被认为是非法的、不可行的行为，而同时它们又是国家司法强制力所打击的对象。因此，简单地将社会内在规则和外在规则划分成民间法和制定法似乎是不甚恰当的。

我们不妨将视角转向这两种社会规则发挥作用的认知路径。当我们接受一个所谓的约定俗成的观念时，我们往往是先发现"所有人都这样做"这一现象，通过模仿这一现象，我们习得了这个行为（包括作为行为和不作为行为），而后我们得出结论："这样做是对的，因为大家都这样做。"进而实施我们的适法行为。简而言之，这种社会内部规则发挥作用的认知路径是先有行为而后生成态度；而我们接受那些在社会观念中没有观念基础的法律时则不然，我们的认知路径是先生成态度——"这样做是违法的"，而后才会规制自己的行为。刑法上对于缺乏正确认知法律可能性的犯罪者的豁免即这一认知路径的证明：法律默认在这种情形下必须先主动地建立态度，进而才可能实行适法行为。从这个角度来看，我们又可以将社会的内部规则称为行为导向的规则，而将社会的外部规则称为态度导向的规则。

这两种不同的认知路径会对立法条文的规制效果产生怎样的不同影响呢？传统的观念认为，如果我们能够了解个体的态度，就可以进一步预测个体的行为。② 但社会心理学家费斯汀格在 1964 年提出，有证据表明改变人们的态度并不必然能够改变人们的行为，态度与行为之间的相互作用存在其他的运作模式。就如同罗伯特·阿贝尔森所说的，"（我们）训练有素，十分擅长为我们所做的事情寻找理由，但是并不善于做那些我们为之寻找原因的事情"③。接下来我们将介绍关于行为与态度之间关联性的一些理论。

---

① 《史记·高祖本纪》。

② Krueger, A. B., & Maleckova, J. (2009). Attitudes and action: Public opinion and the occurrence of international terrorism. *Science*, 325, 1534—1536.

③ Abelson, R. (1972) Are attitudes necessary? In B. T. King & E. McGinnie (Eds), *Attitudes, conflict and social change*. New York: Academic Press.

（二）态度是如何影响行为的

1. 态度对行为的预测性迷思

1969年，艾伦·威克通过对各种人群、态度和行为的观察和综述研究，对传统的"态度能够预测行为"这一观念提出了挑战。他提出了一项反直觉的结论，即人们所展现出的态度几乎不能预测人们的行为[①]：

（1）学生对作弊的态度与他们的实际作弊行为几乎没有关系；

（2）对教堂的态度与星期天做礼拜的行为只存在中等程度的相关性；

（3）自我描述的种族观与真实情境中的行为几乎不存在什么相关性。

当我们将这一观点应用到司法领域时，我们会发觉它同样可以成立：如果我们到街上去随机采访路人，询问他们对国家制定法的态度，那么几乎可以预测，接近百分之百的受访者都会自称是守法公民，即便是龙勃罗梭所谓的天生犯罪人也不大可能公然地表现出对法秩序的蔑视。然而在实际的司法过程中，还是会存在大量的违法行为（否则立法工作就失去了意义），至于虽不违法，但消极执行法律规定的现象就更加屡见不鲜了。也正是因为这种态度与行为之间的错位，才使得我国出现了"……有的（立法者）认为'法规太细太具体，不像法规'；有的认为'法规原则一些，便于执行的灵活性'；还有的以所谓的'软法'概念为所制定的法规的不规范、无实效做辩护，甚至把法规原则化、模糊化、空洞化当作立法经验"[②] 的现象。因为公众对遵守法律的热情过低，使得执法的难度加大，严格依照法规范的执法行为到了不足以应付违法状况的地步，便迫使执法者倾向于采取更加灵活的行政手段来维护法秩序。公众对于法秩序的态度与公众行为之间的偏离程度可见一斑。

2. 态度在何时才可以预测行为

人们的态度并不像其他的生理指标那样可以直接加以测量，且许多外部因素的存在都会直接影响人们对于态度的表达。譬如在2002年的"9·11"

[①] Wicker, A. W. (1969). Attitudes versus actions: The relationship of verbal and overt behavioral responses to attitude objects. *Journal of Social Issues*, 25, 41–78.

[②] 丁祖年、粟丹：《地方立法精细化的内涵与路径》，载《地方立法研究》2020年第4期。

事件之后，许多美国立法者出于愤怒、恐惧和爱国热情，在议会中公开投票支持时任总统乔治·布什对伊拉克动武，但同时私下里却持保留意见。① 尽管如此，还是有一些社会心理学上的方法可以测量人们真实的态度，或者说所谓的内隐态度，这种方法被称为内隐联想测试（Implicit Association Test，IAT），用反应时间来测量人们联想概念的速度。② 这种测试得出了以下结论：

（1）内隐偏见是普遍存在的，譬如 80％ 的人对于老年人的态度比对年轻人更加消极；

（2）内隐偏见存在个体性差异，不同个体之间表现出不同的内隐偏见倾向性；

（3）人们通常无法意识到自己的内隐偏见，尽管大多数人都认为自己公正无私，但即便是实验研究者本身也会存在某些内隐偏见，譬如对某些群体的消极联想。

内隐态度并不一定能够比外显态度更好地预测人的行为，但如果同时利用内隐态度和外显态度来进行预测，可能会更好地预知个体的行为。③

还有另一种会强化态度对行为预测性的因素，即态度的具体化程度。当被测试者的态度非常笼统（譬如被问及"是否是一个守法的公民"）时，我们几乎不可能通过其态度预测可能的行为；但当被测试者的态度直接与情境相关时，态度对行为的预测准确性就会大大提升。④

综上所述，我们可以明确在两种境况下，态度确实可以对行为起到一定的预测作用。其一是最小化的影响态度和行为的其他因素（如外部情境）；其二是态度与观察到的行为存在具体的相关性；其三则是态度的强弱，剧

---

① Nagourney，A（2002，September 25）. For remarks on Iraq，Gore gets praise and scorn. *New York Times*（www. nytimes. com）.

② Greenwald，A.G.，Nosek，B. A.，& Banji，M. R.（2003）. Understanding and using the implicit association test：I. An improved scoring algorithm. *Journal of Personality and Social Psychology*，85，197—216.

③ Spence，A.，& Townsend，E.（2007）. Predicting behavior towards genetically modified food using implicit and explicit attitudes. *British Journal of Social Psychology*，46，437—457.

④ Ajzen，I.，& Fishbein，M.（2005）. The influence of attitudes on behavior. In D. Albarracin，B. T. Johnson，& M. P. Zanna（Eds.），*The handbook of attitudes*. Mahwah，NJ：Erlbaum.

烈、鲜明的态度更可能成功预测个体的行为。

（三）如何建立稳定的态度

社会心理学家认为，最容易对行为产生影响的态度是那些很容易想到（可接近性）且稳定的态度①，而影响态度可接近性的因素主要是态度建立的途径。当态度的建立是基于某种经验而非道听途说时，这种态度就更加具备可接近性。在我们所讨论的立法工作当中，通过经验建立的态度所对应的其实即是所称的行为导向的社会内部规则。在这一层意义上，社会内部规则要比社会外部规则更加容易获得大众的认同和遵守。

1. 行为是如何影响态度的

行为左右态度的证据：斯坦福监狱实验。

斯坦福大学心理系教授菲利普·津巴多曾经设计了一个著名的模拟监狱实验。在研究之初，其目的是试图了解究竟是犯人的邪恶和狱卒的狠毒才造成了监狱环境的残酷，还是狱卒和犯人的角色本身就足以使得哪怕是最富有同情心的人也陷入丧心病狂的暴虐。②

津巴多采用了完全随机的方式将一群学生志愿者分为两组，一组扮演狱卒的角色，另一组则充当犯人。在实验开始后最初的一天双方的相处还算愉快、和谐，但很快，所有的志愿者都开始受到情境的影响。扮演狱卒的志愿者开始贬损犯人，并制定了一系列残酷的、具有侮辱性的规则；扮演犯人的志愿者则陷入崩溃、试图造反或是变得冷漠。津巴多报告说："人们越来越无法区分现实和幻觉、扮演的角色和自己的身份……这个创造出来的监狱……正在同化我们，使得我们成为它的傀儡。"③ 在实验进行到原定计划的半程时，志愿者中就出现了社会病理学症状，使得津巴多不得不中止实验。

---

① Glasman, L. R., & Albarracin, D. （2006）. Forming attitudes that predict future behavior: A meta-analysis of the attitudes-behavior relation. *Psychological Bulletin*, 132, 778—822.

② Zimbardo, P. G. （1971）. The psychological power and pathology of imprisonment. A statement prepared for the U. S. House of Representatives Committee on the Judiciary, Subcommittee No. 3: Hearings on Prison Reform, San Francisco, October 25.

③ Zimbardo, P. G. （1972）. The Stanford prison experiment. A slide/tape presentation produced by Philip G. Zimbardo, Inc., P. O. Box 4395, Stanford, CA 94305.

斯坦福监狱实验揭示行为对态度存在的影响：虚幻的身份可以转化成现实的行为，我们所扮演的角色可以影响我们的态度。

在斯坦福监狱实验之外，还有许多社会心理学实验佐证了行为对态度的影响力：人们说过的言辞（无论是真心还是假意）都会转化成信念[1]；初步的顺从行为会导致进一步的顺从行为[2]；邪恶行为会导致行为人将受害目标去人性化（道德行为则正好相反）[3]；反种族歧视立法则会使整个社会范围内对于反种族歧视理念的支持率大幅上升[4]。

2. 行为影响态度的原因：自我表露、自我辩解与自我知觉

自我表露层面上的解释是关于行为对态度的影响力的最初步解释。我们都希望自己能够给他人留下一个较好的印象（言行一致），因此，我们会尽量使得自己的态度与行为相一致。[5] 但这是一种较为简单和粗糙的理论，在很多时候都不能够解释所有自我表露内化的现象。因此，我们就需要另外两种理论，即自我辩解和自我知觉。

自我辩解理论涉及广为人知的认知失调（cognitive dissonance）理论。认知失调理论是社会心理学家利昂·费斯汀格提出的。该理论假定，当两种想法或者信念（认知）在心理上不一致时，我们就会感觉到紧张（失调）。费斯汀格的研究表明，为了减少这种不愉快的情绪体验，我们经常会调整自己的想法。

在认知失调理论的基础之上，进一步的研究发现，那些理由不甚充分的行为会比那些理由充分的行为更深刻地影响人们的态度和信念[6]，因为理由

---

① Higgins, E. T., & McCann, C. D. (1984). Social encoding and subsequent attitudes, impressions and memory: "Context-driven" and motivational aspects of processing. *Journal of Personality and Social Psychology*, 47, 26—39.

② Burger, J. M., & Guadagno, R. E. (2003). Self-concept clarity and the foot-in-the-door procedure. *Basic and Applied Social Psychology*, 25, 79—86.

③ Waller, J. (2002). *Becoming evil: How ordinary people commit genocide and mass killing*. New York: Oxford University Press.

④ Greeley, A. M., & Sheatsley, P. B. (1971). Attitudes toward racial integration. *Scientific American*, 225 (6), 13—19.

⑤ Leary, M. (1994). Self-presentation: Impression management and interpersonal behavior. Pacific Grove, CA: Brooks/Cole.

⑥ Carlsmith, J. M., & Gross, A. E. (1969). Some effects of guilt on compliance. *Journal of Personality and Social Psychology*, 11, 232—239.

不足（insufficient justification）会加剧失调感，促使我们更加相信自己行为的合理性以减少认知失调。

自我知觉理论（self-perception theory）是另一种能够解释行为对态度影响力的理论。该理论在 1972 年由达里尔·贝姆提出，该理论假设，我们在观察自己的行为时会做出一些推断，即当我们摇摆不定或是态度暧昧时，我们就会跳出自我内部视角，从外部观察自己。倾听自己的言语，来了解自己的态度；观察自己的行为，来明确自己的立场。尤其是在我们无法仅靠外部原因来合理化自己的行为时，这种倾向会表现得格外明显。自我知觉理论的进一步推论即所谓的"过度合理化效应（over justification effect)"①，其内容是，如果支付报酬让人们去从事喜欢的事情，且人们将这种行为的动机归因于报酬的获取，那么就能够使原本的乐事转化成苦差。

戴维·迈尔斯将行为对态度的影响力总结为"态度—依从—行为"② 现象，用来概括人们将原本外部动机驱使下做出的行为自我合理化为内部动机驱使行为的过程。将这个理论应用到立法行为的议题当中，我们就可以揭示出社会内部规则和社会外部规则之间转化的可能性：通过迈尔斯所称的"态度—依从—行为"模型，可以使遵守外部规则的动因由外部强制转化为内在信念，也即将外部规则转化成了内部规则。而有鉴于前文所称的内部规则相较于外部规则在被遵守和信奉之上的优越性，这也必将促进大众对于以外部规则为主的地方性法规的遵守程度。

二、我国地方立法的现状及其问题

（一）2015 年后的我国地方立法状况

2015 年 3 月，第十二届全国人民代表大会第三次会议修改了《中华人民共和国立法法》（以下简称《立法法》），赋予设区的市在城乡建设与管理、

---

① Boggiano, A. K., Harackiewicz, J. M., Bessette, J. M., & Main, D. S.（1985）. Increasing children's interest through performance-contingent reward. *Social Cognition*，3，400—411.

② 戴维·迈尔斯：《社会心理学》，侯玉波、乐国安、张智勇等译，人民邮电出版社 2016 年版，第 147 页。

环境保护、历史文化保护领域的立法权。据统计，自 2015 年 3 月至 2020 年 2 月，各省、自治区人大常委会共批准 322 个设区的市、自治州制定地方性法规 1864 件，其中新赋予地方立法权的设区的市共制定地方性法规 1376 件。①

可以看出，新获得地方立法权的设区的市所制定的地方性法规数量占据了总立法数量的 73.82％。这一方面显现出这一部分城市立法热情的高涨，另一方面也显示出在 2015 年之前已经具备地方立法权的较大的市的地方立法状况已经趋于成熟，其主要的任务转变为在《立法法》修改地方立法权的范围限定为城乡建设与管理、环境保护、历史文化保护三项之后，对既有地方性法规的整理和完善以及与新获得地方立法权的城市之间的衔接与配合。

《立法法》第 77 条规定，地方立法程序由本级人民代表大会加以规定。故在 2015 年赋予设区的市地方立法权之后，各个新获立法权的地方均完善了各自关于立法程序的法规，使各地的立法工作更加有章可循、有法可依。在这一基础之上，各个地方立法机关充分利用了新获得的地方立法权，在城乡建设与管理、环境保护、历史文化保护等事项上充分发挥地方性法规实施性、补充性、探索性功能，在市容管理、城乡规划、饮用水保护、大气污染防治、非物质文化遗产保护以及文明促进等方面制定出台一系列有效管用的地方性法规，取得了较为显著的成效。②

（二）我国地方立法现状中主要存在的问题

我国是单一制国家，国家立法权是一元的、统一的。故而所谓的地方立法权并非国家立法权的对立概念，而是派生概念，即地方立法权是国家立法权在地方上的延伸。因此，在处理地方立法权与国家立法权之间的关系时，不能将地方立法工作视为对上位法的简单重复，更不能与国家立法权相冲突。而是应当利用地方立法权更加贴近地方现状，更加细致、具体的特性，在地方上与国家法规范形成合力，弥补国家法在特殊性上的不足。

---

① 闫然：《立法法修改五周年设区的市地方立法实施情况回顾与展望》，载《中国法律评论》 2020 年第 6 期。

② 闫然：《立法法修改五周年设区的市地方立法实施情况回顾与展望》，载《中国法律评论》 2020 年第 6 期。

2015 年以来的地方立法工作暴露出一些问题，首先即前文提到的地方立法不够精细的问题。部分地方立法机构存在在体例上贪大求全、关键条款上表述粗疏、程序规范匮乏、责任条款缺位等问题①，且立法过程中，纵向上完全与上位法相重复，横向上则过多地借鉴其他城市同类型法规范，使得地方立法工作难以凸显地方特色，进而也就无法发挥地方性法规的特殊作用。而在我国学界关于地方立法精细化的讨论中，地方立法精细化这一概念主要有广义和狭义两种解读。广义上的立法精细化包括立法程序精细化、立法方法精细化、立法选题精细化、立法内容精细化、立法形式精细化，狭义上的立法精细化主要指立法选题、立法内容及立法形式的精细化。② 而我们所指的主要是后者也即狭义上的立法精细化。关于地方立法精细化的路径和方法我国学界已有较多论述，本文无意赘言，而地方立法精细化的目的，最终要落到增强地方立法工作实效上去，而立法工作实效欠缺则是我国现行地方立法工作存在的另一突出问题。

2019 年 7 月，习近平总书记在对地方人大及其常委会工作所作重要指示中提出，新形势新任务对人大工作提出新的更高要求，地方人大及其常委会要按照党中央关于人大工作的要求，围绕地方党委贯彻落实党中央大政方针的决策部署，结合地方实际，创造性地做好立法、监督等工作，更好助力经济社会发展和改革攻坚任务。这一论断的提出背景是我国地方立法工作中还普遍存在较大的提升空间，在执法、司法、普法中存在干部群众认知度不高、掌握度不够、执行力不强的问题。③ 因此在我国地方立法工作"不抵触、可操作、有特色"的基本原则之上，应当以"强实效"作为下一阶段地方立法工作的基本着力点。

关于增强地方立法工作的实效性的思路，学界目前提出的观点基本都是"立法者本位式"的，即从立法者的角度出发，要求立法者进一步做好其工作，包括但不限于完善立法程序、加强实地调研、建设配套法规、强化司法

---

① 田成有：《地方立法必须向"精细化"转型》，载《人大研究》2020 年第 11 期。
② 丁祖年、粟丹：《地方立法精细化的内涵与路径》，载《地方立法研究》2020 年第 4 期。
③ 闫然：《立法法修改五周年设区的市地方立法实施情况回顾与展望》，载《中国法律评论》2020 年第 6 期。

落实等。① 这些提议固然有其合理性，但地方立法工作的最终目的是使大众接受立法机关制定的法秩序，是为了实现地方法治，而非制定一套精妙、完善的地方立法体制和地方法律体系本身。做个不甚恰当的比喻，立法工作如同厨师为特定的食客烹饪，地方立法则更是为口味独特的食客烹饪。想要让食客满意、买账，厨师不能全凭其个人的好恶，烹饪出自己理想中的菜肴，而应当充分考虑客人的口味，迎合客人的需求，才有可能实现其目的。这不仅仅是地方立法工作技术上的需求，也是立法工作者为人民服务信条的必然要求。

三、地方立法的社会心理学思路

从社会心理学的思路来看待地方立法工作的方法，可以分成一般性与特殊性两个维度。所谓的一般性在于其作为立法活动的一般特征。立法活动虽然纷繁复杂，但归根结底仍是为了说服大众进行适法行为。在这一层面上，地方立法适用与其他立法行为同样的社会心理策略。而在特殊性维度上，是指地方立法由于其更加贴近受众、更加具备地方特征的特点，而可以适用一些特殊的社会心理策略。在一般性上的策略是引导大众做出适法承诺，而特殊性上的策略是与我国基层群众自治制度相融合。在两者之间，还可以通过设置具备地方特色的、简单的适法行为，来促进大众对于地方法规范的遵守。

（一）引导公开承诺

公开的承诺会促进个体态度和行为的一致性。② 这一观点已经得到了许多社会心理学实验的佐证③，也与前文提到的关于自我表露的理论相互印证。在立法工作当中，引导大众公开承诺对法秩序的顺从态度也同样会提升

---

① 闫然：《立法法修改五周年设区的市地方立法实施情况回顾与展望》，载《中国法律评论》2020 年第 6 期。

② Saltzstein，H. D.，& Sandberg，l. (1979). Indirect social influence：Change in judgmental processor anticipatory conformity. *Journal of Experimental Social Psychology*，15，209－216.

③ Katzev，R.，& Wang，T. (1994). Can commitment change behavior? A case study of environmental actions. *Journal of Social Behavior and Personality*，9，13－26.

大众进行适法活动的可能性。然而这一议题有两个"细化"上的困难。其一，这种公开承诺与顺从行为的关联性只体现在个体上。因为社会懈怠（social loafing）① 现象的存在，群体性的承诺（譬如宗教仪轨）对于群体中的个体并不必然产生影响，因此想要通过这一路径增加大众的适法行为，就要尽可能多地让个体基于自己的判断（或者说，引导个体将其行为归因于自我判断而非外在强制）做出行为。其二，承诺遵从的对象应该是特化的某个具体事项，而非空泛的某个概念（相比于让人们承诺会遵守法律，让人们承诺"会遵守《××法典》第××条"更容易引导人们的行为）。

即时通信工具的普及为解决上述两项困难提供了可能。根据腾讯公司发布的统计数据，截至 2019 年年底，微信和 Wechat 用户已经达到 11.65 亿。随着微信等即时通信软件逐渐成为全民性的社交终端，许多地方人民政府也设置了各式各样的官方公众号。然而在地方立法工作领域则尚未明显地利用此种技术手段，至多是将地方方法规草案依照公示制度在公众号中加以推送，而这种程度的引导是难以起到理想的作用的。针对此种情况可采取如下改进措施：

对公示于即时通信平台的立法条文进行分类。全文的公布固然是不可省略的环节，但对于某些核心性的、关乎人民群众切身利益的条文，可以以其他方式着重呈现，譬如可以以小程序的方式设置调查问题（回答"是"与"否"的简单问题），询问大众对于该法律条文的态度，并在最后设置"如果该法律条文获得通过，你是否会积极地遵守××义务"之类的问题。这样的技术型设计既可以收集公众对于立法草案的态度，增强立法的民主性和科学性，也可以促使公众以个体的身份对某些具体的条文做出遵守的承诺，进而提高他们做出适法行为的可能性。

这种设计的意义还在于提供了前文所称的"态度—依从—行为"的引导路径。当社会公众因为对于某些具体条文的承诺而做出了适法行为后，就容易产生"我是一个守法公民"的自我评价，维持这种自我评价的内在动机会促使其做出更多的适法行为，从而形成良性的循环。

---

① Latane, B., Williams, K., & Harkins. S. (1979). Many hands make light the work: The causes and consequences of social loafing. *Journal of Personality and Social Psychology*, 37, 822—832.

（二）设置简单适法行为

一次顺从行为会引发更多的顺从行为，这在社会心理学中称为登门槛现象（foot-in-the-door phenomenon）。研究者发现，当人们承诺公开进行某种政治性行为并且认为这些行为是自觉做出的时候，他们会更加坚信自己的所作所为。[①] 这与"态度—依从—行为"的逻辑其实是一脉相承的。但将这一理论应用到地方立法工作当中还需要进一步补正，即使其积极、无意义、低难度低回报、有地方特色。集此四点于一身的条文才能发挥出我们试图达到的效果。

所谓的积极是指这类条文必须是对大众课以某种积极义务的条文，而不能是简单地、消极地要求大众在某件事上不作为。因为大众对于消极行为的归因可能是多元的、无意识的。只有被课以积极的义务，行为人才有可能主动地将自己的行为归因为内部动机。之所以说有可能，是因为如果仅仅是一项课以积极义务的条款，受众更可能会将其行为动机归因于外力强迫。

无意义性是这类条文应当具备的第二个特征。这一论断是基于前文所述的"理由不足会加剧认知失调"的理论所提出的。倘若一个行为的积极意义过于明显，行为人就很容易合理化自己的行为（认为自己这样做是"天经地义""理所当然"），进而就不会有为自己行为辩护的动机，更无从引导其建立"我这样做是因为我是一个守法公民"一类的信条。因此，此种条文规定的行为应当是缺乏所谓的"意义"的。

这类条文中低回报和低难度应当是共存的。同样基于前文所述的逻辑，如果设置的无意义行为回报过高，则行为人容易将其行为归因于为了获取回报；而如果行为的难度过大，则显而易见会大大提高公众守法的成本。

第四点也是最重要的一点，这类条文应当突出地方性的特色。依据社会同一性（social identity）理论，个体的自我概念所包含的不仅仅是个人同一性（我们对自己的个人特性和态度的感受），还包括社会同一性，即我们会将自己归类为某一群体，并认同、偏爱自己的内群体（ingroup），与外群体

---

① Burger，J.M.，& Guadagno，R.E.（2003）. Self-concept clarity and the foot-in-the-door procedure. *Basic and Applied Social Psychology*，25，79—86.

（outgroup）比较并对外群体加以排斥。①

"某一地方的人"显然是一个群体概念。当某一法律条文与这种群体概念相结合，也就意味着它与这一概念的内群体（换而言之，就是当地人）在内群体中获得的归属感和自豪感联结在了一起，群体内部的成员将会自然而然地遵守、维护这样的规定，并为之辩护。因为维护这样的法规条文就是在维护他们这一群体的归属感、自豪感，进而也是在维护他们自身的价值感。这是最强烈也最毋庸置疑的内部行为动机。

以上所称的四点虽然各不相同，但其内部的逻辑是一以贯之的，即通过"态度—依从—行为"的链条，促使人们将守法行为的动机内部化，建立新的态度，最终实现适法行为的增加。

（三）与基层自治相融合

基层群众自治制度是我国基本政治制度之一，其包括农村村民自治制度和城市居民自治制度。本文所称的基层自治是指其中的城市居民自治。虽然目前设区的市所获得的地方立法权还局限于城乡建设与管理、环境保护、历史文化保护三个方面，似乎与居民自治组织尚有较为遥远的距离，但地方立法权作为一种相较于中央立法权而言与基层群众自治组织在距离上更加"贴近"的权力，想要取得更好的实效，就必然要与基层自治组织及其规范相融合。

如前文所述，当态度的建立是基于某种经验而非道听途说时，这种态度就更具备可接近性。而可接近性更强的态度，更可能影响、左右人们的行为。对于一个个体而言，可接近性最强的规则莫过于他自己制定的规则，其次就是他所生活的社区所制定的规则。因为对于一个个体而言，社区在大多数情况下都是最小规模的内群体，也是最容易形成内群体偏袒（ingroup bias）的。② 通过结合城市居民自治组织的制度，就更容易让居民觉得，地

① Smith, H. J., & Tyler, T. R. (1997). Choosing the right pond: The impact of group membership on self-esteem and group-oriented behavior. *Journal of Experimental Social Psychology*, 33, 146−170.

② Sack, K., & Elder, J. (2000, July 11). Poll finds optimistic outlook but enduring racial division. *New York Times* (www. nytimes. com).

方立法机构制定的条文是"我们的规则"，从而将这种规则变成社会内部规则，进而增强这一规则被广泛遵守的可能性。

结　语

法秩序最终的目的是作用于人、使人接受，建立一个精美的法秩序本身并非目的。在社会内部规则与社会外部规则之间，无论是从逻辑出发还是从经验出发，都可以看出前者比后者更容易获得社会公众发自内心的信仰和遵循。因此，我们在进行地方立法工作的时候，就不应当采用"要如何才能使公众接受我施加的外部规则"这一思路，而应当尽可能地去思考"要如何才能将社会外部规则转化成社会内部规则"。社会心理学的研究正好提供了这样的思路。通过"态度—依从—行为"这一逻辑链条，以引导归因变化作为基点，为将社会外部规则转化为社会内部规则提供了可能。

建设中国特色社会主义法治社会是我们当下的宏伟蓝图和重要愿景，也是需要所有社会成员共同参与、携手努力的宏大工程。作为比国家立法者更加贴近社会大众的地方立法者，不仅应当在建设地方法规本身上加以努力，更应当了解所在地方的特点、引导地方公众的热情，如此才有可能创制出适合地方的良法，才有可能实现"良法之治"。随着我国法治建设进程不断推进，公民法治参与意识不断提升，地方立法的理论工作也势必需要多学科的交叉支撑，社会心理学理论在其中的作用也将日益凸显。

设区的市地方立法后评估制度
构建现状及完善对策

黄肖寒①

摘　要：2015 年《立法法》修订，赋予设区的市地方立法权，全面扩大地方立法主体范围，同时也明确针对国家立法的立法后评估制度，二者彰显了我国立法体系的不断完善。设区的市行使地方立法权作为立法类型之一，是广义的立法后评估可以且有必要适用的范围。因此对设区的市地方立法后评估制度构建的现状与不足展开研究，并提出相应完善对策。已有制度在评估主体、条件、成果转化等方面已构建起科学合理、可推广的范式，呈现出科学、全面、客观、合理的制度优势。但从整体来看，各地立法后评估制度建设完成度不高；从制度内容看，现有制度在评估标准、评估方法上的设计科学性不足。各地应加紧步伐建立健全制度，为地方立法后评估活动提供科学指引与制约。

关键词：设区的市　立法后评估　评估制度　评估指标　评估方法

立法后评估，是指特定主体基于一定条件、依据一定标准，对已实施的法律规范展开立法质量、实施效果等情况进行全面调查、分析与综合评价，为法律规范的"立改废释"提供参考的制度。立法后评估是完整立法过程中不可缺少的一环。一方面，立法后评估是科学立法原则的内在要求，科学原则不仅要求法律规范在形式上明确具体，还要求立法应从实际出发，适应基本国情与经济社会发展。另一方面，法律的生命与活力在于实施，立法质量

---

①　黄肖寒，四川大学地方立法研究基地研究人员。

往往在实践中才能得到完整展现。立法后评估能够及时对法律法规的运行情况做出反馈，保障和提升立法质量，真正立好法、惠民生。

一、文献综述

在立法后评估的相关研究中，学者们首先关注制度的概念、原则等基本原理。随着实践经验累积，其理论研究广度不断拓宽，逐渐精细化至评估指标体系、具体评估方法、完善对策、制度衔接、成果应用与转化等方面，总体呈现出推进制度完善、辅助制度落地并发挥实效的趋势。

（一）基础制度构建研究

汪全胜根据"可评估理论"提出评估选择的对象须有价值、有现实需要、可行性。① 孙晓东从比较法角度提出以制定机关为主导，高等院校、社团组织、社会公众为参与者的多元评估主体机制。② 张艳丽关注程序设计。③ 陈伟斌关注立法后评估成果的应用与转化④。早期的研究多为原则性、一般性的制度构想，较缺乏精细化的制度设计。

（二）精细化制度设计研究

随着立法后评估在各地开展，实践对制度的落地性和可操作性提出要求。而评估的指标体系和方法体系，作为评估活动开展的首要指引和基础，成为学者们关注的重点：

在指标体系的标准研究上，学者们提出了"三标准"⑤"五标准"⑥"八

---

① 参见汪全胜：《立法后评估对象的选择》，载《现代法学》2008 年第 4 期。
② 参见孙晓东：《立法后评估的原理与应用》，中国政法大学出版社 2016 年版，第 10~19 页。
③ 参见张艳丽：《立法后评估的程序设计》，山东大学 2008 年硕士学位论文。
④ 参见陈伟斌：《地方立法评估成果应用法治化问题与对策》，载《政治与法律》2016 年第 3 期。
⑤ 参见王亚平：《论地方性法规的质量评价标准及其指标体系》，载《人大研究》2007 年第 2 期。
⑥ 参见俞荣根、刘艺：《地方性法规质量评估的理论意义与实践难题》，载《华中科技大学学报（社会科学版）》2010 年第 3 期。

标准"①。在具体内容上，俞荣根教授提出在评估中按"文本质量"和"实施效益"两部分分别量化计分，再结合定性评价形成综合结论。② 李店标、冯向辉基于理论、文本和实践三个视角，认为评估标准缺项、定量评估不足。③ 孙晓东提出一般性和特殊性指标体系之分。④

在评估方法的研究上，苏黎兰、张紫薇等指出，将评估标准视为方法或只注重主观性强的定性分析方法等问题在实践中普遍存在。⑤ 孙晓东认为应借鉴经济学、社会学的知识，构建"参与式、数量化、经济性"有机联系的评估方法体系，各自侧重应用于获取信息、分析和加工信息、经济性影响分析领域。⑥ 刘迎新介绍多种结合先进科学技术的可应用于立法后评估的方法，但未涉及实践中方法的排列与组合问题。⑦

（三）制度构建现状研究

项程舵、魏红征梳理行政立法后评估的规范性依据，分析其在法律位阶、评估制度体系及内容上的不足，具体包括规范性依据法律位阶较低、外部监督乏力、法律责任缺失、主体配置和对象条件设定混乱等问题。⑧

（四）立法后评估应用及实践情况研究

孙晓东依据评估一般理论，评估劳动争议解决机制、上海市地方立法以及立法听证等法律制度的运行效果。⑨ 上海市立法研究所立法后研究课题组

---

① 参见申杰敏：《实证分析与制度构建：立法后评估问题研究——以地方政府规章为对象》，河北大学 2009 年硕士学位论文。

② 参见俞荣根：《不同类型地方性法规立法后评估指标体系研究》，载《现代法学》2013 年第 5 期。

③ 参见李店标、冯向辉：《地方立法评估指标体系研究》，载《求是学刊》2020 年第 4 期。

④ 参见孙晓东：《立法后评估的原理与应用》，中国政法大学出版社 2016 年版，第 47 页。

⑤ 参见苏黎兰、张紫薇、张志：《基于定量分析的立法后评估方法》，载《理论月刊》2012 年第 3 期。

⑥ 参见孙晓东：《立法后评估的原理与应用》，中国政法大学出版社 2016 年版，第 93 页。

⑦ 参见刘作翔、冉井富：《立法后评估的理论与实践》，社会科学文献出版社 2013 年版，第 116~155 页。

⑧ 参见项程舵、魏红征：《多维视域的行政立法后评估：依据与进路》，载《行政论坛》2020 年第 2 期。

⑨ 参见孙晓东：《立法后评估的原理与应用》，中国政法大学出版社 2016 年版，第 137~275 页。

回顾上海的实践经验，分析立法后评估制度化的必要性和可能性，并在指标体系、基本环节等方面做构建。① 郑文睿以立法后评估报告检视制度运行效果，认为其未发挥实效与执法检查制度挤占适用空间、自身模糊和难操作性等因素相关，提出应与相关制度做好衔接以发挥实效。②

综上，我国有关立法后评估的研究已较为丰富：学者们基于理论研究从多角度细化制度各要素，科学、规范化的立法后评估制度已能在理论上构建起来；也基于实证研究说明了立法后评估制度构建及完善的必要性。但现有研究多限于应然层面，实然层面对具体的立法后评估制度的梳理与研究较少。自 2015 年设区的市享有地方立法权以来，各设区的市积极行使地方立法权，制定了上千部地方性法规和地方政府规章，给立法后评估制度适用提供了沃土。作为保障和提升立法科学性的有效手段，许多学者在相关对策研究中，均提出应加强或完善设区的市地方立法后评估制度。③ 但目前将设区的市和立法后评估结合的实证研究较少。

因此，本研究以全国设区的市有关立法后评估的规范依据为研究样本，重点关注立法后评估制度是否建立和完善，探究我国设区的市立法后评估制度构建的现状、特点，总结现存问题并提出相应对策。

二、设区的市地方立法后评估制度的发展及现状概述

本研究所指的"设区的市"，是享有地方立法权的 292 个设区的市（由 240 个新享有地方立法权的设区的市、49 个原"较大的市"以及广东省东莞市和中山市、甘肃省嘉峪关市 3 个不设区的地级市组成）。④ 通过"北大法宝"检索并梳理设区的市立法后评估制度的构建情况。

① 参见刘作翔、冉井富：《立法后评估的理论与实践》，社会科学文献出版社 2013 年版，第 203 页。

② 参见郑文睿：《立法后评估的体系化思考：解构与重构》，载《江汉论坛》2019 年第 8 期。

③ 参见徐凤英：《设区的市地方立法能力建设探究》，载《政法论丛》2017 年第 4 期；李敏：《设区的市立法的法律控制机制研究——基于"五道防线"的思考》，载《苏州大学学报（哲学社会科学版）》2017 年第 5 期；余彦：《事实与规范之间：司法与地方立法关系考察及改良》，载《江西社会科学》2017 年第 4 期。

④ 参见闫然：《立法法修改五周年设区的市地方立法实施情况回顾与展望》，载《中国法律评论》2020 年第 6 期，第 170 页。

（一）发展概述

立法后评估的实践始于 2000 年，山东省、甘肃省等地方人大常委会开始开展不同程度的立法后评估活动。2008 年起，全国人大常委会在工作计划中开始提出"开展试点工作""完善制度"等要求；2015 年，《立法法》第 63 条明确对国家立法的立法后评估。在行政立法领域，《法治政府建设实施纲要（2015—2020 年）》提出"定期开展法规规章立法后评估，提高政府立法科学性"；2017 年《规章制定程序》规定："国务院部门，省、自治区、直辖市和设区的市、自治州的人民政府，可以组织对有关规章或者规章中的有关规定进行立法后评估，并把评估结果作为修改、废止有关规章的重要参考。"

我国地方立法后评估的制度化尝试，对地方政府规章而言，最早为2008 年宁波市出台的《宁波市政府规章立法后评估办法》；对地方性法规而言，则是贵阳市在 2012 年规定专家根据人大常委会的邀请参与立法后评估等有关活动的《贵阳市人民代表大会常务委员会地方立法咨询专家组管理办法》。随着享有地方立法权的主体范围扩大，各地立法后评估的实践也逐渐丰富起来。

（二）现状概述

目前共有 225 个设区的市在《立法条例》中对立法后评估做出规定，约占总数的 76.8%，表现形式主要为《立法条例》中的 1~3 个条款。从内容来看，《立法条例》中立法后评估条款多为原则性规定，主要含评估主体、对象要素，极少数涉及评估时间、原则、方式、制度衔接等方面的内容。最常见的范式为"市人民代表大会有关专门委员会、常务委员会有关工作机构可以对有关地方性法规进行立法后评估。评估情况应当向常务委员会报告"。当前对于地方法规后评估的具体评估办法还非常欠缺，截至 2021 年 11 月，仅广州、南京、兰州与邯郸 4 市出台单行评估办法。① 综上，设区的市行使

---

① 《广州市人大常委会立法后评估办法》（2012）、《南京市人大常委会立法后评估办法》（2013）、《兰州市人民代表大会常务委员会立法后评估办法》（2015）、《邯郸市人大常委会立法后评估办法（试行）》（2020）。

地方立法权的积极性强，绝大多数通过立法条例对立法后评估作初步规定。但从整体上看，地方法规后评估制度还未构建起来。

对于地方政府规章立法后评估（以下简称"地方政府规章后评估"），2008 年至 2021 年，共有 20 个设区的市出台评估办法，总体上数量较少，仅占总数的 6.8%，其他设区的市还须加紧步伐。从时间分布看，2017 年和 2020 年是各市出台办法的 2 次峰值。从内容看，评估办法包括评估主体、对象、原则、时间、标准、程序、成果应用等要素，呈现出体系性与科学性。且在主体、对象、原则等方面具有统一性，如均明确"客观公正、科学合理、公开透明、注重实效、公众参与"的立法后评估原则。综上，相较于地方性法规，地方政府规章后评估制度更为细致、可操作性强。

三、设区的市地方立法后评估制度构建的成效

（一）评估主体权责明确

评估主体是制度构建的首要问题，在初期理论研究和实践中均存在争议。一方面，立法后评估是完整立法程序之一，由立法主体承担似为题中应有之义；另一方面，法律只有在实施过程中才能展现出优劣，因此由法律实施主体来评估也具有合理性。实践中规定的不统一反映出以上两方面考虑，各市立法条例中规定的主体包括"人大有关专门委员会""常务委员会工作机构""主要负责组织实施的单位"等。

现有单行的评估办法均对此作出细化，构建起由立法主体组织领导，实施主体执行和承担责任，其他行政机关和有关单位配合，高等院校、科研机构、社会组织等受委托参与的多元评估主体体系。此外，有的市还按事项的重要性做进一步横向划分，如《西安市政府规章立法后评估办法（2020 修正）》明确市司法行政部门除组织协调和监督指导，负责"对重要的、直接涉及公民、法人或者其他组织重大利益以及规范政府共同行为的规章"的立法后评估。有的市明确争议处理方式，如《营口市政府规章立法后评估办法》规定了有多个部门实施和实施部门不明时，如何确定责任单位。有的市规定受委托机构应具备一定条件。此外，苏州、厦门等市评估办法明确评估

主体未依法履行评估义务的责任①；淮北、黄山、太原等市将评估工作纳入相关主体依法行政工作的考核范围②。综上，现有制度从纵向、横向丰富评估主体内容，明确各主体职责，有效防止评估义务虚置，给出了完备、科学的评估主体范式，未来各市在制定时可以借鉴。

（二）评估条件多元，程序完善

除了解决谁评估的问题，现有制度很好地回答了何时以及如何开展评估。

在评估条件上，作为启动立法后评估的"阀门"，现有制度对其作出不同程度的规定，可以大致分为三个层次：层次一，粗放式规定"实施一段时间后""适时"进行立法后评估，可操作性低，见于辽阳、盘锦、阳泉等少数市的立法条例。层次二，规定"实施满一年""满二年""满三年"后或"根据经济社会发展的实际需要"展开评估，设置明确的时间条件，对评估实践有一定的积极作用。多见于目前不够完善的地方法规后评估条款，有克拉玛依、汕头、萍乡等 22 个市的立法条例采用。层次三，除时间条件外，还规定"拟修改或废止""拟上升为地方性法规""社会反映问题较多""主任会议认为需要评估""法规实施后社会环境发生重大变化"等具体条件，与促进法规规章"立改废释"的目标相适应，有助于实质性推动评估活动展开。有云浮、江门等 21 个市地方法规后评估条款，以及除滨州市以外的所有评估办法采用。

对于如何开展评估，现有 24 部评估办法均对评估程序及方法做出精细化安排，为规范开展评估提供依据。评估程序的基本模式为"成立评估小组、制定评估方案、开展调查研究、进行分析评价、形成（并审查）评估报告"五步骤，并对评估报告内容、评估周期提出要求。其中，步骤三"开展

---

① 《苏州市规章立法后评估办法》第 26 条：评估实施机关、有关行政执法部门或者机构，违反本办法规定，有下列情形之一的，由市政府法制部门提请市人民政府责令其限期改正，视情提请有权机关对直接负责的主管人员和其他直接责任人员予以效能告诫或者依法给予行政处分：（一）不按照规定报送评估项目的；（二）不按照规定的程序进行评估的；（三）不按照规定提交评估报告的；（四）不按照规定落实改进行政执法工作的。

② 《淮北市政府规章立法后评估办法》第 25 条：规章立法后评估工作应当纳入对评估实施机关依法行政工作的考核范围。

调查研究"通常列举开展评估的具体方法。以《烟台市政府规章后评估办法》为例，"通过实地考察、专题调研、座谈会、问卷调查、专家论证等方法，收集实施部门、管理相对人、社会公众等的意见和建议"，为立法后评估提供科学指引。营口、桂林等市还规定特殊情况下简易程序的适用。① 此外，西宁、桂林等市明确"不得预设评估结论""不得按照评估机关和工作人员的偏好取舍信息资料""对重要意义和建议不予采纳的，应当在报告中说明"等要求，从程序上规范评估主体行为、限制主观恣意，确保评估结论的真实性与客观性，发挥控权与监督的功能。

（三）注重评估成果应用

有学者敏锐地指出：立法评估工作本身不能直接提升地方立法质量，只有在其基础上形成评估成果，并将成果有区别、有针对性地应用到法律法规的修正及完善中，才能实现立法评估提升立法科学、民主、适当性的目标。并提出"形成、提交、审查、固定程序"来确保评估成果得以应用。其中，"固定程序"指立法机关认可并批准，或以自己的名义做出具有拘束力的"立、改、废、释"的结论。② 以上述评估报告程序为标准，可以考察地方立法后评估制度对于成果应用的规定情况。

目前，设区的市地方立法后评估制度较为注重成果的应用与转化。在立法条例的立法后评估条款中，绝大部分规定至"提交评估报告"③。但也有16部立法条例④规定至"审定"或"固定程序"，如"需要提请常务委员会审议的评估报告，由常务委员会主任会议决定列入常务委员会会议议程"（呼和浩特市）、"经主任会议决定将相关立法项目列入常务委员会立法规划

---

① 《营口市政府规章立法后评估办法》第 14 条：评估责任单位根据工作实际需要，对政府规章个别条款或者部分制度的评估、政府规章集中清理的评估可以适用简易程序。适用简易程序的，评估责任单位可以不成立领导小组，通过召开座谈会、问卷调查、书面征求意见、公开向社会征求意见等方式收集资料，组织专家分析或者召开论证会等方式进行评估，形成评估报告。

② 参见陈伟斌：《地方立法评估成果应用法治化问题与对策》，载《政治与法律》2016 年第 3 期。

③ 表现形式有"评估情况应向常委会报告"（如《吉安市立法条例》）、"评估后认为需要修改、废止的，相关提案人及时提出立项申请"（如大连、朝阳、锦州、铁岭、丹东市的《立法条例》）。

④ 这 16 部立法条例分别出自呼和浩特市、九江市、宜春市、鹤壁市、上饶市、鹰潭市、濮阳市、赣州市、抚州市、吉安市、日喀则市、新余市、肇庆市、南平市、石嘴山市、清远市。

项目库或者年度立法计划"（赣州、抚州等 15 市）。

而在 24 部评估办法中，成果应用程序更完善、效力更明确。具体考察其中的成果应用条款，发现仅烟台、南京、营口、上海市未明确评估报告的直接效力，或规定其为"重要参考依据"；而其他市在规定"参考依据"的基础上，进一步明确评估报告的直接效力，具体体现为"应当采纳评估报告建议，未采纳的说明理由""应当按照立法程序进行修改或废止""应当实施并报告实施情况""列入下一年度立法计划"等。这些市的评估办法往往都具备完整的程序规定。总体而言，现有制度对于立法后评估成果形成及应用有较为精细化的程序性设计，有助于保障立法后评估制度落到实处、发挥实效。详见表 1。

表 1　评估办法程序性规定程度及成果应用条款

序号	名称	程序性规定程度	成果应用（效力）条款
1	《营口市政府规章立法后评估办法》（2021）	形成—提交—审查	第 17 条"评估报告作为政府规章是否继续施行或者修改、废止、制定配套制度、改进行政管理措施等的重要参考依据。"
2	《西安市政府规章立法后评估办法》（2020）	形成—提交—审查—固定	第 16 条"经市人民政府批准的评估报告是修改、废止规章，改进行政执法工作的主要参考依据。评估报告建议规章进行修改或者废止的，有关行政机关和单位应当按照立法程序提请市人民政府对规章进行修改或者废止。根据立法后评估报告修改规章的，应当采纳评估报告提出的建议，未采纳的应当说明理由。"
3	《海口市政府规章立法后评估办法》（2020）	形成—提交—审查—固定	第 17 条"经市政府批准后的评估报告中有建议修改或废止政府规章的，政府规章的实施部门应当及时启动修改或废止程序，市政府司法行政机关应当将其列入下一年度立法计划。"
4	《烟台市政府规章后评估办法》（2020）	形成—提交	第 16 条"建议列入市政府规章工作年度计划的修改项目，应当同时提交规章后评估报告。但是，根据上位法进行的规章批量修改或者个别文字修改以及因紧急情况需要进行规章修改的除外。"
5	《滨州市政府规章立法后评估办法》（2020）	形成—提交—审查—固定	第 19 条"立法后评估报告建议政府规章进行修改的，有关行政机关应当按照立法程序提请市政府对政府规章进行修改。根据立法后评估报告修改政府规章的，原则上应当采纳评估报告提出的建议，未采纳的应当说明理由。" 第 20 条"立法后评估报告建议废止政府规章的，应当按照法定程序废止政府规章。" 第 21 条"立法后评估报告建议政府规章的配套制度需要完善或者实施情况需要改进的，政府规章实施机关应当及时采取相应措施。"

序号	名称	程序性规定程度	成果应用（效力）条款
6	《淄博市政府规章立法后评估办法》（2020）	形成—提交—审查—固定	第20条"司法行政部门应当向市政府报告规章立法后评估工作开展情况，并提出继续执行、修改或者废止规章的建议。对于拟修改或者废止的规章，应当按照政府立法程序予以修改或者废止。"
7	《舟山市政府规章立法后评估办法》（2020）	形成—提交—审查—固定	第12条"立法后评估报告应当作为编制市政府立法工作计划、修改或者废止相关政府规章、完善相关配套制度以及改进相关行政管理工作的重要参考依据。对立法后评估报告中提出的建议，评估单位应当及时向有关单位进行反馈，有关单位应当及时予以研究处理。" 第13条"根据立法后评估报告提出修改、废止规章的立法项目，应当优先列入下一年度市政府立法工作计划，立法后评估报告可以代替该立法项目的立法前评估报告。" 第14条"立法后评估报告建议完善规章相关配套制度的，规章实施部门应当在评估报告完成后6个月内起草或者制定相关配套制度。"
8	《达州市政府规章立法后评估办法（试行）》（2020）	形成—提交—审查—固定	第18条"立法后评估报告应当作为编制政府立法计划、修改或者废止市政府规章、完善规章配套制度、改进规章实施情况的重要参考依据。…… 立法后评估报告建议完善市政府规章配套制度或者改进市政府规章实施情况的，市政府规章实施机关应当及时采取相应措施。"
9	《邯郸市人大常委会立法后评估办法（试行）》（2020）	形成—提交—审查—固定	第17条"……；报告提出的执法建议，市人民政府有关部门或者其他有关单位应当及时研究办理，并将办理结果书面报告市人大常委会。"
10	《黄山市政府立法后评估办法》（2020）	形成—提交—审查—固定	第18条"评估报告应当作为编制立法计划、行政规范性文件立项计划，修改、废止市政府规章、行政规范性文件和改进行政执法工作的重要依据。评估报告建议完善有关配套制度的或者提出改进行政执法建议的，有关行政机关应当采取措施予以落实，并将落实情况及时向市人民政府报告。"
11	《淮北市政府规章立法后评估办法》（2017）	形成—提交—审查—固定	第22条"经审核的规章评估报告应当作为编制政府立法计划、改进政府立法和行政执法工作的重要依据。规章需要修改、废止的，应当适时启动政府立法程序；对规章执行方面的建议，有关行政执法部门或者机构应当研究落实，并及时向市法制办反馈落实情况。评估报告的结论和建议经市政府形成决定的，有关行政执法部门或者机构应当实施，并将实施情况向市政府报告。"
12	《桂林市人民政府规章立法后评估办法》（2017）	形成—提交—审查—固定	第21条"……，根据立法后评估报告修改政府规章的，原则上应当采纳评估报告提出的建议，未采纳的应当说明理由。" 第22条"……，应当按照法定程序废止政府规章。" 第23条："……，政府规章实施机关应当及时采取相应措施。"

续表1

序号	名称	程序性规定程度	成果应用（效力）条款
13	《南京市政府规章立法后评估办法》（2017）	形成—提交—审查—固定	第18条"评估报告提出有关行政机关应当完善相关配套制度或者改进行政管理、行政执法建议的，规章实施机关应当采取措施予以落实，并将研究处理意见在3个月内报市政府法制部门备案。"
14	《上海市规章立法后评估办法》（2017）	形成—提交	第17条（评估报告的运用） 规章立法后评估报告是开展规章立法、完善配套制度、促进规章实施、评价本部门法治政府建设成效的参考资料。规章实施部门建议列入市政府规章立法工作年度计划的修改项目，应当同时提交规章立法后评估报告。评估报告是衡量规章修改条件是否成熟的重要依据。 第18条 （例外情形） 有下列情形之一的，无需按照本办法第十七条第二款的规定，提交规章立法后评估报告： （一）根据上位法进行的规章批量修改或者个别文字修改的； （二）因紧急情况需要进行规章修改的； （三）市政府法制机构认为无需提交规章立法后评估报告的其他情形。
15	《太原市政府规章立法后评估办法》（2017）	形成—提交—审查—固定	第17条"评估报告是修改、废止政府规章和改进行政执法工作的主要依据。评估报告认为政府规章的配套制度需要完善或实施情况需要改进的，政府规章实施机关应当采取相应措施。"
16	《兰州市人民代表大会常务委员会立法后评估办法》（2015）	形成—提交—审查—固定	第17条"经常务委员会会议审议通过的立法后评估报告应当作为编制立法工作计划和修改、废止法规的重要依据。与法规实施相关的行政部门应当认真落实常务委员会会议的审议意见，对需要完善法规配套制度和改进行政执法工作的落实情况应当在常务委员会会议后的三个月内向常务委员会报送书面报告。"
17	《西宁市政府规章立法后评估办法》（2013）	形成—提交—审查—固定	第17条"经市人民政府批准的评估报告应当作为修改、废止规章、改进行政执法工作的主要参考依据。" 第18条"……。根据立法后评估报告修改规章的，应当采纳评估报告提出的建议，未采纳的应当说明理由。" 第19条"评估报告建议规章的配套制度需要完善或者实施情况需要改进的，规章实施机关应当在法定权限内及时采取相应措施予以落实。"
18	《南京市人大常委会立法后评估办法》（2013）	形成—提交—审查	第17条"评估报告提出需要对地方性法规进行修改或者废止的，可以建议主任会议将其列入常委会立法规划或者年度立法计划，由有提案权的主体依照法定程序向常委会提出修改、废止该地方性法规的议案。 　　评估报告提出的立法和执法建议，有关单位应当及时研究办理，并将办理结果书面报告常委会。对评估报告提出的重点问题，可以组织市人大代表询问或者质询。"

续表1

序号	名称	程序性规定程度	成果应用（效力）条款
19	《无锡市规章立法后评估办法》（2013）	形成—提交—审查—固定	第13条"经批准的评估报告建议修改或者废止规章的，应当根据《无锡市人民政府规章制定办法》组织实施。需要修改规章的，应当采纳评估报告提出的建议。需要改进行政执法工作的，有关行政管理部门或者机构应当落实并向市政府法制部门反馈情况。"
20	《广州市人大常委会立法后评估办法》（2012）	形成—提交—审查—固定	第21条"经评估的法规需重新制定或者修改、废止的，应当尽快列入年度立法计划或者立法规划。" 第22条"……，法规的组织实施部门收到法制工委的有关函件后，应当按照函件要求及时处理相关问题、改进行政执法工作、建立相关的配套制度，法制工委和市人大常委会相关工委对法规的组织实施部门的落实情况进行跟踪监督。"
21	《厦门市规章立法后评估办法》（2011）	形成—提交—审查—固定	第21条"经审核的评估报告应当作为编制立法工作计划，修改、废止规章和改进行政执法工作的重要依据。相关部门对评估报告中完善制度以及改进行政执法工作的建议应当落实，并向市政府法制部门反馈。评估报告的有关建议经市人民政府形成决定的，相关部门应当实施，并将实施情况向市人民政府报告。"
22	《苏州市规章立法后评估办法》（2011）	形成—提交—审查—固定	第22条"经审核的规章评估报告应当作为编制政府立法计划、改进政府立法和行政执法工作的重要依据。规章需要修改、废止的，应当适时启动政府立法程序；对规章执行方面的建议，有关行政执法部门或者机构应当研究落实，并及时向市政府法制部门反馈落实情况。评估报告的结论和建议经市人民政府形成决定的，有关行政执法部门或者机构应当实施，并将实施情况向市人民政府报告。"
23	《重庆市政府规章立法后评估办法》（2011）	形成—提交—审查—固定	第21条"立法后评估报告建议政府规章进行修改的，有关行政机关应当按照立法程序提请市人民政府对政府规章进行修改。根据立法后评估报告修改政府规章，原则上应当采纳评估报告提出的建议，未采纳的应当说明理由。" 第22条"立法后评估报告建议废止政府规章的，应当按照法定程序废止政府规章。" 第23条"立法后评估报告建议政府规章的配套制度需要完善或者实施情况需要改进的，政府规章实施机关应当及时采取相应措施。"
24	《宁波市政府规章立法后评估办法》（2008）	形成—提交—审查—固定	第21条"评估报告是修改、废止政府规章和改进行政执法工作的主要参考。评估报告认为政府规章的配套制度需要完善或者实施情况需要改进的，规章实施机关应当采取相应措施。"

（四）具有显著制度优势

分析各市立法条例文本，可以总结三种反馈法律法规实施情况的制度，分别为立法后评估、执法检查和法规实施机关书面报告制度。三者在内容和功能上有重合，因此，许多地方在立法条例中同时对其做出规定。执法检查，是指各级人大常委会对"关系改革发展稳定大局和群众切身利益、社会普遍关注的重大问题"的法律法规的实施情况进行监督检查的活动。基本按照"工作基本情况→成效→困难及问题→建议"的程序展开。① 作为权力机关的监督职能之一，2006 年就已成熟和完善。书面报告，是指由"负责实施或执行的部门""市人民政府"等主体，在地方性法规或规章实施一定时间后，就其实施情况向市人大有关专门委员会报告的制度。② 可以看出，这两种制度侧重于关注执法机关在工作中遇到的问题，无法全面描绘法律法规实施情况。

而立法后评估能够弥补执法检查与书面报告因主体较为单一而产生的制度局限性。一方面，立法后评估引进第三方、参考社会公众的意见，集思广益，评估主体更多元、素材更丰富。另一方面，立法后评估重视制度规范性和实施有效性，评估范围更全面。相应地，评估结果也更为科学、客观、符合实际情况，更有利于法律法规的"立改废释"。

四、设区的市地方立法后评估制度构建的不足及完善对策

一般认为，一个制度是否建立和完善，包含"是否有""好不好"两个层次的考量，前者属于事实范畴，而后者需要恰当的标准来评价。结合实践可知，要素齐全且科学的制度，是立法后评估开展并发挥实效的前提。因此，本研究以"制度要素齐全"和"具有科学性"解构"完善"，考察设区的市现有立法后评估制度的完善程度。"齐全的要素"指评估主体、对象、原则、程序、条件、标准、内容、方法、成果应用、法律责任等皆具备；"具有科学性"则指各要素均发挥自身优势，助力立法后评估全面客观、有效开展、发挥实效，具体包括评估主体多元、方法可操作性强、程序简洁明了、成果应用明确等。上文展现了当前我国立法后评估制度建设的成果，本

---

① 见《中华人民共和国各级人民代表大会常务委员会监督法》第 4 章"法律法规实施情况的检查"。
② 见于自贡、商洛、河池市的立法条例等法律文件。

部分将结合"完善"的标准，重点考察制度尚存的问题。

（一）各地制度建设完成度低

"是否有？"就制度建立情况来看，地方立法后评估主要有三种规范依据，即立法条例中的1~3个条款、地方法规后评估办法以及地方政府规章后评估办法，如图1所示。从时间先后来看，各地通常先有立法条例作为总指导，以1~3个宣示性条款规定开展立法后评估的原则性要求；后由下位法作出详细规定，为制度开展与发挥实效提供规范指引，存在形式通常为单行的评估办法。对于地方立法后评估，最理想的制度构建状态为：既有立法条例做总指引，也有分别针对地方性法规和地方政府规章的单行评估办法存在。

地方立法条例
225部

地方性法规后
评估办法
4部

地方政府规章
后评估办法
4部

图1　设区的市立法后评估制度规范依据

而当前各设区的市制度建设进程不一，整体上完成度偏低，立法后评估制度的构建还处于初级阶段，有待进一步推进和完善。尤其从评估对象看，针对地方政府规章的评估办法有20部，针对地方性法规的立法后评估，全国仅广州、南京、兰州、邯郸4个市制定评估办法。而立法条例中粗糙、概括性的内容难以为地方法规后评估活动提供有效指引。总体而言，相较于原则性的立法条例，更为系统完备的评估办法还未普及，制定单行评估办法的市占比不足10%。在所有设区的市中，仅南京市同时具备立法条例、地方法规后和地方政府规章后评估办法3种，制度构建完成度最高。广州、兰州市同时具备立法条例和人大常委会立法后评估办法，宁波、重庆、苏州等13个市同时具备立法条例和政府规章立法后评估办法。邯郸市仅有人大常委会立法后评估办法，厦门、无锡、淮北等6市仅有政府规章立法后评估办法。而阳泉、通辽、龙岩等209个市仅以立法条例的1~3个条款规定立法后评估，还有60个市暂未启动立法后评估制度的建设。详见图2：

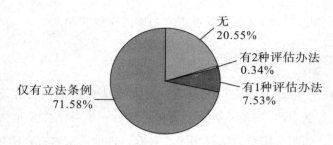

图2　设区的市立法后评估制度构建程度

（二）制度要素不齐全为常态

"好不好？"因基础载体限制，现有制度要素不齐全现象普遍存在。就现有制度内容来看，立法条例过于原则化：鞍山、鹤壁、濮阳、日喀则市的立法条例仅提到"立法后评估"；有161部立法条例中的立法后评估条款仅含主体、对象，甚至无明确的评估时间，要素极不完备，可操作性低。基本呈现为"市人民代表大会有关专门委员会、常务委员会有关工作机构可以对有关地方性法规进行立法后评估。评估情况应当向常务委员会报告。"有64部除包含主体、对象要素外，还明确评估时间或开展评估的其他条件，基本范式为"实施两年后，或实施后的社会环境发生重大变化的"，也有唐山、石家庄市进一步列明"拟废止或重大修改""主任会议认为需要评估"等具体情形。其中有的还对评估原则、内容、方法、成果应用等要素做初步规定，相较于前2种规定方式，具备一定可操作性，但仍不完备。评估办法总体上较完备：24部办法均详细规定主体、对象、原则、程序、时间或其他具体条件、标准、方法、成果应用等要素。但其中仅《广州市人大常委会立法后评估办法（2012）》采用"定性＋定量"的评估标准，科学性强。

可以说，因未出台单行评估办法，而立法条例又表述有限，绝大多数市还未完成"要素完备"这一制度基础性构建任务。虽有南京、广州市等极少数市构建起要素齐全、可操作性强的制度，但其在科学合理的精细化制度设计上仍有待提升。详见表2。

表 2 制度要素完备程度

完备程度	数量/个
极不完备（仅具备主体、对象要素）	161 个市的立法条例①
不完备（除主体、对象，还包括评估条件、内容、方法等部分要素）	64 个市的立法条例②
较完备（各要素基本齐全）	20 个市的地方政府规章后评估办法③、3 个市的地方法规后评估办法④
完备且科学	仅《广州市人大常委会立法后评估办法》

① 阳泉市、湖州市、郴州市、岳阳市、益阳市、娄底市、邵阳市、张家界市、衡阳市、怀化市、常德市、保山市、巴音郭楞盟、丽江市、昆明市、通化市、邢台市、玉溪市、抚顺市、吉林市、沧州市、齐齐哈尔市、牡丹江市、鹤岗市、伊春市、临沧市、永州市、连云港市、临汾市、鹤壁市、运城市、长治市、西宁市、昭通市、三亚市、包头市、焦作市、张掖市、淮安市、资阳市、湘潭市、西安市、克拉玛依市、濮阳市、葫芦岛市、绥化市、鸡西市、哈尔滨市、黑河市、定西市、乐山市、德阳市、海口市、白银市、曲靖市、吴忠市、阜新市、沈阳市、聊城市、平凉市、宿迁市、苏州市、枣庄市、白山市、日照市、日喀则市、北京市、重庆市、天水市、晋城市、来宾市、遂宁市、内江市、太原市、攀枝花市、天津市、景德镇市、延安市、呼伦贝尔市、乌海市、巴彦淖尔市、乌兰察布市、赤峰市、鄂尔多斯市、商洛市、嘉兴市、成都市、雅安市、通辽市、自贡市、达州市、株洲市、银川市、六盘水市、佛山市、榆林市、西安市、宝鸡市、安康市、咸阳市、桂林市、温州市、北海市、崇左市、泉州市、玉林市、宁德市、扬州市、梧州市、丽水市、黄冈市、漳州市、铜仁市、咸宁市、金华市、荆门市、巴中市、福州市、孝感市、泸州市、黄石市、绍兴市、台州市、绵阳市、衢州市、珠海市、杭州市、舟山市、襄阳市、随州市、兰州市、长沙市、湖州市、荆州市、十堰市、宜昌市、眉山市、鄂州市、三明市、毕节市、盘锦市、龙岩市、辽阳市、泰州市、盐城市、南通市、威海市、济宁市、泰安市、菏泽市、临沂市、潍坊市、烟台市、镇江市、常州市、东营市、铜川市、汉中市、渭南市、上海市、鞍山市

② 深圳市、营口市、汕头市、南京市、山南市、朝阳市、三沙市、唐山市、拉萨市、宜春市、秦皇岛市、徐州市、七台河市、萍乡市、石家庄市、宁波市、上饶市、鹰潭市、河源市、大连市、九江市、呼和浩特市、佳木斯市、汕尾市、双鸭山市、大庆市、赣州市、中卫市、抚州市、固原市、广安市、吉安市、茂名市、新余市、河池市、广州市、武威市、安顺市、肇庆市、遵义市、潮州市、贵阳市、贵港市、阳江市、南宁市、南平市、朝阳市、石嘴山市、莆田市、深圳市、揭阳市、湛江市、中山市、韶关市、营口市、江门市、钦州市、贺州市、清远市、云浮市、锦州市、铁岭市、丹东市、东莞市

③ 宁波市、重庆市、厦门市、苏州市、西宁市、无锡市、太原市、上海市、南京市、桂林市、淮北市、达州市、舟山市、黄山市、滨州市、淄博市、海口市、烟台市、西安市、营口市

④ 南京市、兰州市、邯郸市

（三）欠缺定量评估标准及方法

立法后评估是对立法质量及其实施效果的评价，其结论是影响某部法规范生命、决定未来立法工作资源配置的重要依据。只有正确的立法后评估才有助于提升立法质量、回应和缓解社会矛盾。[①] 这就必然要求评估是科学、客观、合理、全面的，多部评估办法也开宗明义，规定了"客观公正、科学合理、公开透明、注重实效、公众参与"的原则。但由于评价本身具有主观性，各评价者对事物认识的片面性及其主观恣意，可能减损评估结论的科学合理性。因此，在评估制度各要素的设计上，应注重引入客观因素。目前，各评估办法规定多元评估主体是一个成功的尝试，在一定程度上提升了评估的科学、全面、客观性。但作为立法后评估核心内容的评估标准和评估方法，在客观、量化的制度设计上仍有欠缺，导致我国现有立法后评估科学性不足。

1. 评估标准

构建评估标准需明确两层次问题：第一，哪些因素影响了立法质量而需要评价？第二，如何综合这些影响因素，得出一个科学、客观的评估结论？[②]

对于问题一，现有制度均选择了合法性、合理性、协调性、规范性、可操作性、实效性等因素，从规范文本到实际执行再到实施效果，对地方性法规或规章进行定性评价。现有评估办法中关于标准的基本范式为：规定合法、合理性等标准及其基本内涵，要求实施机关结合被评估地方性法规或规

---

① 刘作翔、冉井富：《立法后评估的理论与实践》，社会科学文献出版社 2013 年版，第 119 页。

② 参见刘作翔、冉井富：《立法后评估的理论与实践》，社会科学文献出版社 2013 年版，第 11 页。

章的特点，确定具体的评估标准。① 多位学者提出应构建的多级指标体系还未制度化。评估指标体系具有明确直观、操作性和客观性强的优点，但由于其建构有技术难度，可以理解制度制定者给予评估实施主体自主权的考量。但从立法后评估实践来看，有的市在评估前制定了详细的指标体系，循章办事；② 而有的市仅按上述标准做论述式评价，缺乏量化分析。③ 实践中指标体系运用的参差，不利于法治水平的提升，其制度化有一定必要性。

对于问题二，确定了需要评价的因素，整合各因素得出科学合理、客观全面的结论才是立法后评估的目标。通过赋予各指标一定权重，以分值来量化，得出直观、可比较的评估结论是一条科学客观的路径。理论研究也已对量化指标体系的优点做出深刻说明，并提出科学范式。④ 而在现有 24 部评估办法中，仅《广州市人大常委会立法后评估办法》对量化指标有所尝试：一方面，规定评估指标按百分制量化，各部分的权重为：合法性 15％、合理性 25％、操作性 25％、实效性 25％、协调性 5％、规范性 5％，满分为100 分。另一方面，按评估组和专家组分别赋权计分。⑤ 再由法工委按照"（评估组平均分×0.5）＋（专家组平均分×0.3）＋（法规的组织实施部门

---

① 《达州市政府规章立法后评估办法（试行）》第 11 条："评估实施机关应当根据下列标准，结合被评估规章的特点，确定具体的评估标准。（一）合法性标准，即内容是否符合立法权限，是否符合上位法规定。（二）合理性标准，即是否符合公平正义、权责统一的原则，各项制度、措施是否必要、适当，法律责任是否与违法行为的性质、情节以及危害程度相当。（三）协调性标准，即与同位阶的其他规章是否存在矛盾或者不一致，各项制度、措施是否协调、衔接。（四）执行性标准，即执法主体是否明确，制度是否有针对性地解决行政管理中存在的问题；措施是否高效、便民；程序是否正当、简便，易于操作。（五）实效性标准，即市政府规章是否得到普遍的遵守和执行，各项规定能否解决实际问题，是否实现预期的立法目的，实施成本与产生的经济、社会效益情况，社会公众的评价。（六）规范性标准，即语言表述是否准确、规范和简明，逻辑结构是否严密、便于理解和执行。"

② 见《重庆市产品质量监督管理条例》立法后评估报告、《重庆市公路路政管理条例》立法后评估报告、《重庆市城乡居民最低生活保障条例》立法后评估报告。参见注 15，第 379～424 页。

③ 见《〈汕头经济特区收费许可证管理办法〉立法后评估报告》和《〈汕头市地价管理规定〉立法后评估报告》。

④ 参见俞荣根：《不同类型地方性法规立法后评估指标体系研究》，载《现代法学》2013 年第5 期；李店标、冯向辉：《地方立法评估指标体系研究》，载《求是学刊》2020 年第 4 期。

⑤ 《广州市人大常委会立法后评估办法》第 10 条：开展立法后评估应当成立评估组和专家组。评估组由部分市人大常委会组成人员、市人大代表和市人大常委会相关工作机构的部分工作人员组成，必要时可以邀请市政协委员、公众代表、专家学者等参加；专家组由部分市人大常委会立法顾问和立法咨询专家组成，必要时可以邀请其他专家学者、法律实务工作者参加。评估组和专家组成员人数为各十人左右。

评分×0.2）"的公式计算评估总分，并结合评估意见和评估总分撰写评估报告。

综上，立法后评估应建立评估标准体系，既要有一般标准做原则性指引，也要有具体化指标全面评估，各指标按不同权重量化计分。现有制度基本上完成第一阶段，即一般标准的构建，完整的指标体系有待进一步研究和完善。

2. 评估方法

评估方法是立法后评估理论体系的重要部分，是评估活动展开的工具性保障。忽视评估方法、将评估标准视为方法、以信息采集方法替代实质的评估方法等问题，是立法后评估活动一直存在的问题。以现有制度来看，上述问题并未全部得到解决。完整的评估方法应包括信息采集、信息处理及分析信息。[1] 在现有制度中，信息采集方法较为完善：如《上海市规章立法后评估办法（2017）》规定"网上征询意见、第三方问卷调查、抽样调查、实地调研、个别访谈"；《淮北市政府规章立法后评估办法》规定"走访或者书面征求相关行政执法单位、监督机关、行政相对人或者其他利益相关者的意见，通过召开座谈会、听证会、专家论证会等听取意见等"。但评估素材收集后，处理和分析信息的方法比较单一：多为专题调研、个案分析、立法比较分析等主观性较强的法学分析方法。来自经济学的许多定量分析方法还未在立法后评估制度中得到充分纳入，目前仅淄博、厦门、苏州、淮北市规定了可采用"成本效益分析"方法。

总体而言，评估方法的制度化设计不完善，信息处理及分析环节多规定主观性强的定性分析方法，而缺少利用先进技术手段对立法质量和实施效果进行全面、客观、精确评价的科学化、规范化方法。制度层面缺乏科学指引，可能导致评估活动流于形式、减损评估实效，评估结果无法充分反映对法规质量的理性认识，达不到立法评估的目的。[2] 但值得肯定的是，多市对构建科学评估方法有积极探索趋势，如《滨州市政府规章立法后评估办法》

---

[1] 参见刘作翔、冉井富：《立法后评估的理论与实践》，社会科学文献出版社2013年版，第129页。

[2] 参见孙晓东：《立法后评估的原理与应用》，中国政法大学出版社2016年版，第87页。

（2020）、《桂林市人民政府规章立法后评估办法》（2017）规定"分析和评估应当尽量采用量化分析方法，做到定性和定量相结合。评估意见应当客观、公正、实事求是"。《达州市政府规章立法后评估办法（试行）》（2020）、《南京市政府规章立法后评估办法》（2017）规定"运用科学的方法和技术手段收集、分析和评估相关资料，客观全面地做出评估"。

五、总结与展望

自 2015 年《立法法》修订以来，可以看到大多数设区的市积极行使地方立法权，并对立法后评估展开初步尝试。从制度构建层面来看，完善的制度是有效开展立法后评估的前提。我国现有的 24 部立法后评估办法在主体、条件、程序、成果转化、公众参与等方面已构建起科学合理、可推广的范式，且相较于执法检查、实施机关书面报告等法规评价制度，具有全面、客观等制度优势。但同时，我国立法后评估制度的整体完成度不高、科学性不足：从整体看，设区的市地方立法后评估制度建设仍处于初级阶段，多数市仅有原则性、倡导性条款，极少数市建立起制度要素完备的评估办法。从局部看，现有评估办法的评估标准、评估方法体系仍不完善，分别表现为量化评估指标体系欠缺、处理及分析信息的评估方法单一。因此，各地一方面应加紧制度构建的步伐，推进《评估办法》的制定，为地方立法后评估提供科学的指引与制约；另一方面，注重制度科学客观性的提升，明确定量分析的重要性与必要性，引入经济、社会等学科的方法来健全评估方法体系。在具体范式上，可参照南京、广州等制度构建水平较高的市。

此外，制度构建与实践活动，作为某种机制落地并完善的一体两面，具有相辅相成的关系。制度为实践提供指引，实践经验反哺制度的完善。本研究未重点关注立法后评估的实践情况，缺少以总结和提炼实践经验来反思制度设计的研究路径，还待未来立法后评估活动进一步开展并累积素材和经验后，对制度完善做进一步研究。

设区的市立法后评估主体制度研究

郑 有①

摘 要： 本文从分析设区的市立法后评估机制主体的概念及其存在的必要性入手，列举设区的市立法后评估机制主体类型，总结立法后评估主体的特点并且反思其现存的问题。结合地方立法的工作实际科学地确定立法后评估的主导性主体，明确辅助性主体的作用，提高立法后评估质量和效果。对比参考国外的立法后评估主体探索中的失败和成功经验，联系我国地方立法后评估主体机制的发展实际，以完善设区的市立法后评估主体机制。

关键词： 设区的市 立法后评估 立法评估主体

引 言

2015 年 3 月修改的《立法法》赋予了设区的市地方立法权，在不同上位法抵触的前提下，可以对城乡建设与管理、环境保护、历史文化保护等方

---

① 郑有，四川大学地方立法研究基地研究人员。

面制定地方性法规。^① 从 2015 年开始设区的市的立法数量不断攀升，在经历了 2016—2017 年的大幅增长后，受限于法律的规定，设区的市制定法律需要考虑多方面因素，有研究认为，设区的市的立法数量会保持稳定的增长速度。^② 2018 年增长的为 351 件，其增长率为 25％，2019 年新批准设区的市制定法规 547 件，增长率为 55％。^③ 照此趋势，地方立法的数量会持续增长。

　　数量增加的同时需要对立法质量予以严格把控。在《立法法》修订过程中，一些专家学者就对设区的市赋予立法权提出反对意见：省级人大在某些领域已经出台了相关规定，设区的市的操作空间和能力都有限，可能会出现重复立法的现象。^④ 实践中本身也存在这些问题，以省级立法为例，其对比中央的立法，在法律条文上也存在高度的重复性，运用时不免使人认为地方立法的意义有限。因此对设区的市立法活动进行严格的控制监督具有必要性，也即需要建立完善有效的立法评估机制。

　　我国的立法评估分为三个阶段，即立法前评估、立法中评估和立法后评估。《立法法》对于设区的市地方立法前评估有明确规定；立法中评估则贯穿立法的全过程。对于立法后的评估，《立法法》第 63 条规定全国人民代表

---

　　① 《立法法》第七十二条："设区的市的人民代表大会及其常务委员会根据本市的具体情况和实际需要，在不同宪法、法律、行政法规和本省、自治区的地方性法规相抵触的前提下，可以对城乡建设与管理、环境保护、历史文化保护等方面的事项制定地方性法规，法律对设区的市制定地方性法规的事项另有规定的，从其规定。设区的市的地方性法规须报省、自治区的人民代表大会常务委员会批准后施行。省、自治区的人民代表大会常务委员会对报请批准的地方性法规，应当对其合法性进行审查，同宪法、法律、行政法规和本省、自治区的地方性法规不抵触的，应当在四个月内予以批准。省、自治区的人民代表大会常务委员会在对报请批准的设区的市的地方性法规进行审查时，发现其同本省、自治区的人民政府的规章相抵触的，应当作出处理决定。除省、自治区的人民政府所在地的市，经济特区所在地的市和国务院已经批准的较大的市以外，其他设区的市开始制定地方性法规的具体步骤和时间，由省、自治区的人民代表大会常务委员会综合考虑本省、自治区所辖的设区的市的人口数量、地域面积、经济社会发展情况以及立法需求、立法能力等因素确定，并报全国人民代表大会常务委员会和国务院备案。"

　　② 闫然、马潇：《设区的市地方立法大数据分析报告（2018）》，载《地方立法研究》2019 年第 6 期，第 101~111 页。

　　③ 闫然：《地方立法统计分析报告：2019—2020 年》，载《地方立法研究》2020 年第 6 期，第 93~105 页。

　　④ 庞凌：《依法赋予设区的市立法权应注意的若干问题》，载《学术交流》2015 年第 4 期，第 88~92 页。

大会的专门委员会、常务委员会可以组织立法后的评估。[①] 各地对于立法后评估制度的规定情况差异较大，部分地区并未进行具体规定，而有些地区则有较为详尽的安排。比如甘肃省就对设区的市立法进行了详细的规定，具体到各个设区的市立法后评估的情况。[②] 大部分地区规定一般是人民代表大会委员会组织实施或者实施机关在一定的期限内将实施情况报告给有关专门委员会。

上述种类的立法后评估主体对整个评估活动起着主导性作用，也对立法后评估情况的质量、效果、效率的掌控十分关键。本文在立法数量高速增加、立法质量难以保证、立法后评估主体繁多的背景下对我国设区的市立法后评估主体机制进行研究，对比研究我国中央立法以及省级立法的评估机制，同时参考国外的地方立法评估机制，发现现行我国设区的市的地方立法后评估机制的问题并提出解决建议。

一、设区的市立法后评估主体的概念探析

（一）立法后评估

学界对立法后评估的概念界定的认识比较统一，即对现有的法律法规的效果进行价值上的评估，基于此提出修改或者废除的意见。周旺生教授认为立法后评估是指法律实施一定时间后对法律功能作用实施效果的评价评估，在此基础上对整体的立法质量价值进行评估。[③] 立法后评估要求立法机关对法规实施情况进行调查研究，发现法规实施过程中存在的问题，分析法规中各项制度设计的合法性、操作性和针对性，从中得到科学客观的反馈信息。

地方立法后的评估指的是在地方性法规与政府规章实施之后，具有地方

[①] 《立法法》第六十三条规定："全国人民代表大会有关的专门委员会、常务委员会专门工作机构可以组织对有关法律或者法律中有关规定进行立法后评估，评估情况应当向常务委员会报告。"

[②] 康建胜、吴琼、吴灵玲：《设区的市立法后评估的价值与实践——基于甘肃四市实证分析》，载《人大研究》2020 年第 11 期，第 36～41 页。

[③] 周旺生：《立法学教程》，北京大学出版社 2006 年版。

立法权的地方国家机关，借助一定的标准、程序和方法①，对已经生效的地方性法规的价值、发展和效果进行综合性的评价、判断和预测，提出废止、修改等评估意见的活动，设区的市地方立法评价也属于这一范畴。

（二）设区的市立法后评估主体

设区的市立法后评估主体的问题是指在立法后评估的活动中谁来对立法进行评估的问题。在我国，立法后评估主体一般是法律法规或者规章的制定机关，有学者将这种以制定机关为主体的评估模式称为"内部评估"。对于立法后评估主体，需要进行分类讨论，以此强调既要发挥立法机关或者行政主体对于立法后评估工作的领导，又要保证立法后评估机制的有效性。

假设制定该法规的主体和评估的主体是同一主体，即形成一个类似自我监督的机制。在这种情况下，立法后评估工作的有效性就难以得到保证。同时，如果立法后评估主体种类过于单一，其在评估机制当中能够起到的作用也仅是同质化的评估，难以确定是否能够达到评估的目的。

二、我国现有立法后评估主体的类型

（一）内部主体

1. 立法机关及组成机构

立法机关及其组成机构都可以作为立法后评估的主体。设区的市的人大、人大常委会以及可以制定相关规章的政府部门，需要在制定相关的法规或者规章之后，对其进行立法后的评估。这里主要强调的是制定机关及其组成机关对自身所制定的法律法规的评估，得益于在前一阶段的立法调研过程中做的工作经验的积累，立法机关在立法后评估时就可以省略重新对该项立法内容进行全面熟悉和了解的过程，从而大大地提高评估的效率。其劣势也在于此，先入为主的印象难免影响评估结果的合理性。

---

① 参见张禹：《立法后评估主体制度刍议——以地方行政立法后评估为范本》，载《行政法学研究》2008 年第 3 期，第 16～21 页。

2. 法律实施机关

某项具体法律法规的实施机关一般长期接触该项法律法规所涉及的内容，因此其在法律法规与实践中间具有天然的连接性，实施机关能够直接地接触法律法规的实施情况，了解某一项法条在实践中运用的频率和难易度，同时还能够收集相关公众的意见。因此，实施机关作为评估的主体也具有诸多的优势。

3. 上级国家机关以及授权机关

《立法法》规定[①]，上级国家机关、授权机关对下级国家机关制定的法规具有撤销权，适用于违背宪法或者法律相关规定的情况，也包括超越授权范围或者违背授权目的的情况。实践中，由上级机关直接组织立法后评估的情况比较少，因为上级机关主要审查立法内容的法律冲突问题，而违背上位法的情况一般在立法流程中就能发现，很少会留在立法后评估中来解决。

（二）外部主体

1. 社会公众

法律法规在实施的过程中会直接或间接影响社会公众的生产和生活，我国是民主法治国家，对于公众的意见极为重视。因此，在进行立法后评估的过程中，公众群体需要参与立法后评估过程。但实践中的情况是，公众群体只有在评估的主导机关调研的情况下，其意见才更被重视。有学者认为公众不属于评估主体，公众意见体现的是民意不具有专业性和科学性。[②] 这里需

[①] 《立法法》第 97 条：改变或者撤销法律、行政法规、地方性法规、自治条例和单行条例、规章的权限是：（一）全国人民代表大会有权改变或者撤销它的常务委员会制定的不适当的法律，有权撤销全国人民代表大会常务委员会批准的违背宪法和本法第七十五条第二款规定的自治条例和单行条例；（二）全国人民代表大会常务委员会有权撤销同宪法和法律相抵触的行政法规，有权撤销同宪法、法律和行政法规相抵触的地方性法规，有权撤销省、自治区、直辖市的人民代表大会常务委员会批准的违背宪法和本法第七十五条第二款规定的自治条例和单行条例；（三）国务院有权改变或者撤销不适当的部门规章和地方政府规章；（四）省、自治区、直辖市的人民代表大会有权改变或者撤销它的常务委员会制定的和批准的不适当的地方性法规；（五）地方人民代表大会常务委员会有权撤销本级人民政府制定的不适当的规章；（六）省、自治区的人民政府有权改变或者撤销下一级人民政府制定的不适当的规章；（七）授权机关有权撤销被授权机关制定的超越授权范围或者违背授权目的的法规，必要时可以撤销授权。

[②] 王玮：《引入第三方评估开启立法新路》，载《中国环境报》2014 年 11 月 26 日，第 5 版。

要明确的是，评估的对象既包括事实问题又包括法律问题，立法后评估中法律的实施效果也是一项重要的指标，而法律实施的效果则与社会公众紧密相关，其在生活中对法律实施过程中的体验即为真实而科学的评估环节。因此社会公众是立法后评估的重要主体之一。公众不具有专业性的问题确实值得考虑，由于公众建议更加贴近生活，且基于个体认知差异有不同的见解，因此不适合作为主导性的立法后评估主体。

2. 第三方独立机构

独立的第三方评估机构指的是独立于法律法规的制定机关，能够独立地设计全套的评估体系、组织立法后评估活动，作为第三方出具报告的机构。学术科研机构可以作为独立的第三方评估主体，学术科研机构主要设置于高校，其专业性和公信力都较为可靠。目前已有成功案例——兰州大学中国地方政府评价中心作为完全独立的第三方圆满完成了政府绩效评价工作。[①] 此后立法后评估对于第三方评估机构组织在实践中的应用也在悄然增长。

社会机构典型的有 1992 年设立的零点研究咨询集团，中国专业研究第三方咨询市场的早期开拓者与当前的领导者之一，可以运用 GAT 快车、网上调查、搭车调查[②]等现代化手段完成市场调查、民意测验、政策性调查等。2016 年，我国首家经工商注册的地方立法咨询服务实务机构——湖南中楚地方立法咨询服务中心在长沙成立。此类独立的第三方机构可以接受政府机构和非政府机构的委托，独立完成各类定向与定性的研究，但在委托的条件下，如果不对其工作的主导地位做出明确的规定，最终的报告发布仍受制于有关部门，立法后评估的主导主体本质上还是相关的立法机关或执行部门。

三、国外的立法后评估主体的制度探析

虽然我国目前在探索新的立法后评估的方式方法，但最常见的仍是要求

---

① 《甘肃省政府首次委托第三方独立评价政府绩效》，载《重庆行政》，2005 年第 1 期，第 110 页。
② GAT 快车：全国性计算机辅助电话调查系统。网上调查：按照抽样调查的条件筛选调查对象。搭车调查（Homnibus）：多用户调查服务，多客服分享信息和分担费用，提高效率节约时间。

立法机关对法规实施情况进行调查研究，主体呈现单一化、固定化的特征。日本开展的第三方评估从地方开始试点，成功后再到中央形成制度化规范，其第三方评估运作模式探索的成果对我国评估主体功能的制度构建具有借鉴意义。英国设立政府专门机构进行审查评估，对于公众参与功能的认识和方法值得借鉴。美国对于公众这一主体格外重视，公众发现问题——启动地方立法后评估程序的设定对于我国公众主体的功能性定位也具有参考作用。

（一）日本——第三方评估机构探索

日本的地方立法后评估制度起源于 1995—1997 年"事务事业评价"活动，以此来评估行政职员的业绩问题。[①] 1997 年北海道政府设置了第三者委员会作为独立于政府的第三方评估主体，政府必须在做出评估前听取该委员会的意见，保证评价的客观性。同年中央政府也引入"再评价制度"，随后日本对于立法后评估做出了制度化的规定。

日本地方立法后评估主体包括地方政府、行政评价局、独立行政法人评估委员会、政策评价和独立行政机构评估委员会，以上均是政府的行政机关。而自负盈亏的独立行政法人评估委员会则是接受政府对于行政权力的让渡，政策评价和独立行政机构评估委员会承担调查、监察方面的功能。

日本的立法后评估机制与我国的机制在很多方面有相似处，但也有异于我国制度设计的地方，可结合具体情况予以借鉴。一是其从地方到中央渐渐实现制度化的探索方式。我国也不妨从设区的市立法后评估开始逐渐获取经验。二是分内外两次评估的机制。在重视质量的同时也要注重效率，因此我国的内外评估机制可以以主导-辅助类型的机制代替。日本的立法后评估由立法机构自身进行，虽然存在比较客观的第三方评估主体，同时也要求在报告时体现第三方评估主体的作用，但在实践中其意见很难被采纳，这一点和我国现实情况相同。我国地方性立法也意图通过此种方式增强第三方评估的作用，但效果并不理想，因此可以结合实践情况进行适当的调整。

---

① 参见汪全胜：《日本的立法后评估制度及其对中国的启示》，载《中州学刊》2009 年第 5 期，第 89~92 页。

（二）英国立法后评估主体的层次性特征

英国的立法后评估主体主要包括以下几个种类。第一种是制定规章的主体，制定规章的主体需要"高度地"自我规制，而其他评估主体在规章制定主体自身评估的基础上进行再评估或者监督。第二种是政府特别机构，也就是设立专门独立于政府的顾问委员会类型的评估机构对规章制度进行审查与评估。第三种是部长大臣和议会，这一类主体可以以个人的名义签署对规章的评价。第四种是公众，公众的评估在英国被认为是质量控制和信息收集的一个重要环节。[①]

英国的第一种和第二种评估方式和日本的内外部评估方式有异曲同工之处，但英国更加强调第一种方式的"高度性自我规制"，并为此制定了专门的规范，如《政府现代化白皮书》《减少国家干预经济和执行法案》《政策制定者必读》等。英国的政府特别机构并不同于完全独立的第三方机构，而是以一个特别的部门机构来减少国家的干预。而我国的第三方独立机构具有天然的独立性，并正在探索更好的制度规范。在公开平台收集公众建议的环节，其功能定位是信息提供和质量控制，在我国的主体"分工"建构中也可以安排与之类似的辅助性角色，但局限于网络平台会导致收集信息不充足。

（三）美国立法后评估主体重视公众参与

美国联邦政府各行政部门主要依据法律法令、行政命令以及内部的政策来进行立法后的评估工作，评估主体主要是行政部门，其对自己部门的规章进行评估。[②] 有些州为了保障立法后评估的有效进行，会建立监督机制，例如政府设立立法委员会、独立评估部门以及总检察官来行使监督权。美国立法后评估的一个重要特点是各部门在评估中特别强调公众参与，为了能够充分吸收公众的意见，有些部门会制定详细的方案、程序，使公众能够有更多机会提出更多的评估意见。除此之外，美国行政立法还十分重视日常的非正式评估，也就是在正式的评估还未启动的情况下，社会公众在日常生活中对

---

① 汪全胜：《英国立法后评估制度探讨》，载《云南师范大学学报（哲学社会科学版）》2009年第5期，第110～115页。

② 龙晓林：《美国行政立法后评估概况》，载《探求》2008年第1期，第44～46页。

问题的发现将成为启动立法后评估的条件。

四、对我国地方立法评估机制的思考

对我国的立法后评估主体，目前学界主要有三种意见。第一种是"内部机制"评估，简要而言就是谁制定谁评估。在实践中，这一角色通常是由地方人大常委会、人大专门委员会、法律工作委员会、政府法制部门来担任。此种立法后评估的优势在于评估的主体拥有足够的权力和公信力完成立法后评估工作。第二种意见是引入第三方评估主体，也就是立法和执行以外的公共部门，且与被评估的法律法规之间没有密切的利益关系。作为独立的第三方，在结果上能够保证较高的客观公正性。① 第三种是评估主体的多元化，重视引入多方评估主体的意见，包括法律法规所针对的特殊群体、普通民众、专业领域的学者、第三方评估机构等。本文结合前述研究、比较前人观点并参考国外制度探索的经验成果对设区的市地方立法评估机构提出几点思考。

（一）"自己不做自己的法官"

法律法规始终要保证其中立性和正义性，在立法评估活动中体现为评估主体需要保持不偏不倚的中立态度，对评估的对象做出客观的判断。

在立法主体单独对其部门的行为做出评估的情况下，其主观上很难克服自我认知的偏向性，因此不能保证立法后评估结果的客观性。从评估的效果来看，地方立法在我国《立法法》中有非常明确的规定，也即强调地方立法的质量问题，而立法后评估的一个重要功能就是在某项具体的法律实施后判断它实施的效果，是否有继续存在的必要或者是否需要修改完善。如果实行立法后评估的主体和制定该项立法的主体完全一致，就可能导致个体视角的限制影响其对实施效果和运用的判断，评估效果亦难以保证。

（二）重视第三方评估机制的力量和建设

由于我国设区的市地方立法评估工作开展较晚，第三方评估力量建设不

---

① 汪全胜：《立法后评估研究》，人民出版社 2012 年版。

足。目前的第三方评估力量主要是高校的专家或者科研机构，在专业性以及可信度上都具有较大的优势。但是这种不固定的方式，其长效性和稳定性难以保证。另外，虽然这些第三方评估力量的专业性和可信度都较高，但在大多数情况下容易被评估机构忽视，且没有相关规定要求其建议必须被评估的主导主体采纳。

（三）设区的市设置主导主体进行立法后评估

在地方立法评估工作当中，可以有多个评估主体，以起到相互制衡、相互监督的作用。虽然立法后评估机制并不属于立法的过程，但是其追求的目的和效果，和立法所要达到的目的和效果是一致的。二者都要求该法律法规能够在实践中为社会创造价值，维持秩序，平衡利益，降低负面影响。因此在一次地方立法后评估工作当中，可以存在多个不同种类的主体。

为了保证立法后评估工作的效率，各个评估主体在评估工作当中应当扮演不同的角色以发挥最大的作用。其中对于主导主体的选择最为重要，主导性的主体必须协调各个主体的功能作用，高效地完成评估工作：一方面对于其他主体的意见要充分地采纳，另一方面又要保证推动立法后评估工作的有效施行，不受各种因素的干扰。而建立此种机制，依靠地方自觉性实现难度较大，如果要对此类机制进行探索，那么以小范围的地区也就是设区的市为切入点不失为较好的方式。

以《合肥市重要地方立法事项引入第三方评估工作规范》[①] 为例，该规范规定了评估主体条件、程序及评估报告提交等问题，但认为评估报告仅仅是一种决策的参考。要更好地发挥第三方评估机构的作用，仅仅将其作为一种参考显然是不够的，规定要将第三方意见向上级汇报也难以制约有关部门的自主选择性。

我国立法后评估的主导性主体作为立法后评估机制的核心，应该满足以下几个要素。第一，作为主导主体，应当具备一定的专业性。担任主导角色

---

① 合肥市人民政府法制办公室关于印发《合肥市重要地方立法事项引入第三方评估工作规范》的通知（合府法〔2018〕70号）第12条：第三方评估报告应当作为协商处理有关争议事项、修改完善地方性法规草案和政府规章草案的参考。地方性法规草案和政府规章草案提请市政府常务会议审议和重要立法事项向市委报告时，市人民政府法制机构应当汇报、说明第三方评估情况。

的主体在地方立法的过程中具有举足轻重的作用，领导立法后评估，决定最后的结果，因此需要有评估的能力。第二，将原立法机关作为评估的主导主体可能因为原有的立法主观倾向而难以发现法律法规当中存在的问题，也不利于吸收其他的声音。如果将其作为主导主体必须要对此做出相应的规范，发挥其他主体的监督作用。第三，主导主体还需要具有实用性，立法后评估工作是十分严肃的，主导主体必须要具有一定的领导力和权威性，如果自身能力不够，主导作用不能体现，也不能够发挥其他评估主体的作用，其存在是不实用的。第四，主导的主体必须具有合法性，如果主体不合法，那么其评估的结果当然也不能被承认。

在满足以上几个要素的基础上，可以将该主体作为主导主体。而其他类型的主体可以作为辅助性主体，进行具体的分工，例如监督、信息提供、评估支持、专业支持等，发挥各自优势，在立法后评估中发挥最大的作用。

结　语

目前我国设区的市立法数量不断增加，相关的工作内容也在增多，立法后评估虽然不在立法的工作流程当中，但在地方立法活动中却有着举足轻重的地位。现有的立法后评估模式虽然相对于过去几年有所突破，但主要问题依旧存在，大部分评估的主导主体，也即起到关键作用的主体就是先前的法规制定机关，因此地方立法后评估机制常常受到质疑。设区的市作为我国目前最低层级的立法机关，可以小范围地进行新的尝试，不一定是将主导权直接交给独立的第三方机构，可以尽量弱化法律制定机关对于立法后评估的再影响，对各个主体的职能职权职责作出相应的分工。地方上可以制定相关的条例办法，在启动立法后评估流程之时重视外部机关的评估建议。本文尚未对具体机制做出完善的研究，需要进行进一步的探究以明晰主导主体和其他配合主体的关系问题。从目前地方立法后评估的实践来看，让所有的主体处于未知地位就有可能导致权力的独占和义务的推卸，因此形成"各司其职、各尽其责、各尽所能、各尽其事"的分工是十分必要的。

设区的市立法权限划分的实证分析

——以成都、杭州和武汉为分析样本

龚纪元[①]

摘　要：2015 年《立法法》新赋予了设区的市人大及其常委会地方立法权。现有立法中存在地方性法规与地方政府规章立法权限重叠的问题。因此本文选取成都、杭州和武汉三市作为典型样本，对该问题进行分析。针对立法事项法律设定不明确、地方性法规与政府规章的地位设定不清晰、地方立法技术欠佳等问题，建议法律对地方立法主体立法权限进行科学划分、提升地方立法水平与能力并完善省人大及其常委会的立法批准制度，以充分利用有限的立法资源，实现科学立法，维护国家法律权威和法制统一。

关键词：设区的市　地方性法规　地方政府规章　地方立法　权限划分

2015 年《立法法》修改之后，包括较大的市在内的 322 个设区的市获得了地方立法权。设区的市人民代表大会及其常务委员会获得了规定事项范围内的地方性法规立法权，且要求其不得与上位法抵触，并报省人大常委会批准；设区的市人民政府也有权在一定范围的事项之内依法制定地方政府规章。即使法律对制定地方政府规章和地方性法规的立法范围做了一定程度上的规定，但现实中还存在着二者立法权限划分不明确的问题。

现行《立法法》第 82 条规定，设区的市的地方政府规章可以就下列事项作出规定：（一）为执行法律、行政法规、地方性法规的规定需要制定规章的事项；（二）属于本行政区域的具体行政管理事项。该条规定赋予了设

---

①　龚纪元，四川大学地方立法研究基地研究人员。

区的市人民政府针对一定范围的事项依法制定政府规章的权力，但没有明确指出具体哪些领域的管理事项应当以地方政府规章的形式来进行规范。2015年修改的《立法法》在第 72 条中新增关于设区的市立法权的第二款，设区的市人大及其常委会可以根据本市的具体情况和实际需要，在遵循"不抵触"原则的基础上对城乡建设与管理、环境保护、历史文化保护等方面的事项制定地方性法规。该条规定首次赋予了除原拥有地方立法权的 49 个较大的市之外，其余 233 个设区的市地方性法规立法权，这在相当程度上扩大了地方立法的主体。但该条规定将设区的市地方立法权权限范围限制在了"城乡建设与管理、环境保护、历史文化保护等方面的事项"之内，立法空间极为有限，且学界对于"城乡建设与管理"事项的理解并不一致，该"等"是"等内等"还是"等外等"也颇有争议。

以四川省成都市为例，成都市人大（含常委会）在 2016 年发布实施了《成都市体育条例（2016）》，随后成都市人民政府在 2021 年发布实施了《成都市体育赛事活动管理办法》，两个法规皆属体育综合规定；另外，成都市人民政府在 2021 年发布实施了《成都天府文化公园管理暂行办法》，而成都市人大（含常委会）在同年发布实施了《成都市美丽宜居公园城市建设条例》，两个法规都与"城市规划与开发建设，营商环境优化"相关。实践中，设区的市的两个立法主体的立法事项划分不清晰导致了重复立法等现象的出现，因此有必要通过实证分析，对立法实践进行反思，构建二者间立法权限的界分思路。

本文以成都、杭州和武汉三个设区的市（下称三市）作为研究样本[①]，通过比对三市之间以及各市人大及其常委会制定的地方性法规和政府制定的政府规章，分析其中存在的立法事项重叠问题。

---

① 以成都、杭州和武汉作为分析样本的理由如下：《第一财经周刊》根据一定指标对中国城市进行排名，该三市进入了新一线城市名单当中，城市化发展水平相近。政治方面，三市同作为较发达省份的省会，是行政中心。经济方面，21 数据新闻实验室发布的"2020 年中国城市 GDP 百强榜"显示，三市的 GDP 水平皆为全国十强，且排名靠近，其经济发展水平相当。法律规定方面，2000年《立法法》规定较大的市享有地方立法权，三市作为较大的市行使立法权由来已久，立法能力水平相似。

一、设区的市地方立法权限划分的实证考察

当前设区的市立法权限划分的问题主要体现为法规规章条文重叠、立法结构相似和立法事项重叠三个方面。

（一）法规规章条文重叠

就有关污染防治的立法而言，三市一共制定了 7 部法规规章，其中包含针对建设施工工程中生产、运输和储存等活动产生的烟尘进行防护与治理法条的法规规章有 6 部，在这方面三市范围内的法规规章存在着较高的相似度。

成都市人大（含常委会）在 2021 年发布实施的《成都市大气污染防治条例》在监督管理责任主体、机动车排放检验和城内建设燃煤工业工程等方面的法条与成都市政府在 2009 年实施的《成都市大气污染防治管理规定（2018）》相似。二者皆规定，机动车排放检验不合格的，公安机关交通管理部门不得办理登记注册；禁止在一定区域内焚烧秸秆、沥青、油毡、橡胶、塑料、皮革、垃圾等产生有毒有害烟尘或气体的物质等。再以"体育综合规定"的立法事项为例，成都市人大（含常委会）制定了《成都市体育条例》，成都市政府在同年颁布《成都市体育赛事活动管理办法》，二者在体育赛事的规划与监管、完善体育产业物质资源与服务以及体育赛事违规行为等方面制定了相似的法条。例如，二者皆规定了在体育赛事活动中参与者应当遵守的行为规范，包括所有参与者都应当遵守相关法律、法规规定；禁止展示具有侮辱性的标语或条幅；禁止打架斗殴等。

杭州市政府制定的《杭州市水上交通安全管理规定》侧重于船舶、船员的管理及通行安全，杭州市人大（含常委会）制定的《杭州市水上交通管理条例》侧重水上交通基础设施管理。虽然二者对于同一类事项有不同的立法重点，但在有关航道作业管理、有碍航行安全、航道内倾倒废弃物和船舶及工作人员许可证件等多个法条上存在重叠。二者皆规定禁止向航道倾倒砂石和废弃物；发现航道有沉船和暗桩等阻碍船只安全航行的物体应当及时报告有关管理机构；从事水上营业性活动的应当向有关部门办理审批手续等。

武汉市人大（含常委会）制定《武汉市旅游条例》，规定其市、区政府应当将旅游业作为本市国民经济和社会发展的战略性支柱产业①，因此本法对于武汉市旅游业进行了综合规定，而武汉市政府制定的《武汉市颁布旅游标准化工作管理办法》在市旅游管理主体的指导、协调以及监管职责和本市旅游发展规划方面与前法作出了相似的规定。二者皆对特定区域内的旅游项目、硬件设施和服务功能配套提出了基本要求；规定市旅游主管部门负责本行政区域旅游标准化工作，指导本市旅游标准化工作的组织实施和监督管理等。

（二）立法结构相似

成都市人大（含常委会）2021年发布实施的《成都市大气污染防治条例》与成都市政府2009年实施的《成都市大气污染防治管理规定（2008）》的法规体系有很大的相似之处：二者同在第二章规定了对于大气污染防治的监督与管理，《成都市大气污染防治管理规定（2008）》的第三章和第四章分别规定机动车排气和燃煤污染的防治，《成都市大气污染防治条例》则在第三章和第四章分别规定了移动源和固定源污染的防治，而这两章规定的实质内容就是前法规定的机动车排气和燃煤污染。

杭州市政府在2019年发布实施的《杭州市城市河道保护管理办法（2019）》与杭州市人大（含常委会）在2000年发布实施的《杭州市河道管理条例》法规体系结构也存在较大相似处：前者通过不同章节分别规定了河道的规划整治、保护和保障措施，后者将规划与建设、保护与管理划为一章规定，保障措施依旧作为独立一章，二者整体结构相类似。

（三）立法事项重叠

成都、杭州和武汉三市在多方面的相似影响到了各自的立法主体针对本地区事务所进行的立法活动，因此三市对于部分事项的立法存在着一定程度上的重叠。

如图1所示，三市的地方人大及其常委会与地方政府在污染防治（共7

①《武汉市旅游条例（2016）》第4条。

部)、房屋建设管理（共 8 部）两个立法事项上存在重叠立法；除此之外，杭州和武汉的地方人大及其常委会与地方政府还在交通（共 12 部）和房地产（共 4 部）两个立法事项上存在重叠立法。

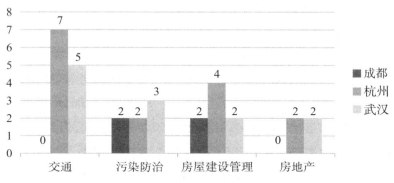

图 1　三个设区的市重叠立法的同类事项

成都市现行有效的地方性法规有 145 部，地方政府规章有 271 部，共计416 部。二者事项重叠的立法共计 12 部，占总立法数量的 2.9%。如图 2 所示，成都市地方人大及其常委会与地方政府在污染防治、文物遗迹、体育综合规定、城市规划与开发建设、房屋住宅建设和生活垃圾 6 个立法事项上存在重叠，且每个事项各有一部设区的市地方性法规与地方政府规章在内容上相类似。

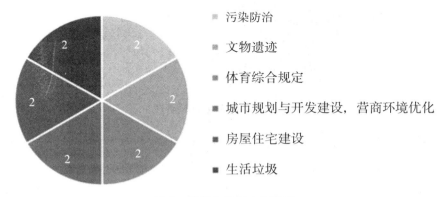

图 2　成都市重叠立法事项

杭州市现行有效的地方性法规有 164 部，地方政府规章有 149 部，共计313 部。二者事项重叠的立法有 32 部，占总立法数量的 10.2%。如图 3 所示，杭州市地方人大及其常委会与地方政府在高新技术产业（共 5 部，占 15.6%）、交通运输综合规定（共 4 部，占 12.5%）、水上交通运输（共 3 部，占 9.4%）、城市河道建设管理（共 3 部，占 9.4%）、污染防治（共 2 部，占 6.3%）、建设施工（共 4 部，占 12.5%）、科技进步（共 2 部，占 6.3%）、土地综合规定（共 3 部，占 9.4%）、房屋建设（共 4 部，占 12.5%）和房地产（共 2 部，占 6.3%）10 个立法事项上存在重叠。

杭州市地处中国东南沿海、钱塘江下游、京杭大运河南端，是长江三角洲的核心城市，江、河、湖、水库占其总面积的 8%，因此水上工程在杭州市的城市建设中有着重要的地位。国务院在其关于杭州市城市总体规划的批复中提到，杭州市要进一步完善公路、水运、铁路、机场等交通基础设施，加强城市内外交通衔接，优化长江三角洲城市群交通网络。[①] 而在杭州市出现重叠现象的立法中，与交通运输相关的就有 11 部，占总重叠立法的 34.4%。

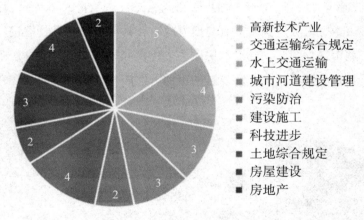

图 3　杭州市重叠立法事项

武汉市现行有效的地方性法规有 121 部，地方政府规章有 170 部，共计 291 部。二者事项重叠的立法有 23 部，占总立法数量的 7.9%。如图 4 所示，武汉市地方人大及其常委会与地方政府在交通运输综合规定（共 5 部，占 21.7%）、档案（共 2 部，占 8.7%）、建设综合规定（共 2 部，占

---

① 《国务院关于杭州市城市总体规划的批复》（国函〔2016〕16 号）。

8.7%)、房屋住宅建设（共 2 部，占 8.7%）、旅游综合规定（共 2 部，占
8.7%)、国防事务（共 3 部，占 13.0%）、外商投资企业（共 2 部，占
8.7%)、房地产企业（共 2 部，占 8.7%）和污染防治（共 3 部，占
13.0%) 9 个立法事项上存在重叠。

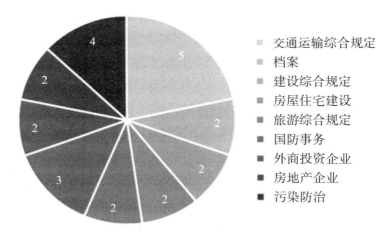

交通运输综合规定
档案
建设综合规定
房屋住宅建设
旅游综合规定
国防事务
外商投资企业
房地产企业
污染防治

图 4　武汉市重叠立法事项

二、设区的市立法权限重叠的成因

（一）立法事项法律设定不明确

《立法法》规定地方人大及其常委会可以根据具体情况和实际需要，在
不同宪法、法律、行政法规相抵触的前提下，就"三个事项"制定和颁布地
方性法规。"其中，'城乡建设与管理'不仅涉及大量城市行政管理领域的问
题，是辐射范围最广的重要立法事项，同时也是关于立法范围解释的理论与
实践明显争议的焦点所在。"① 根据以上三市的重叠立法状况来看，一共有
24 部地方法规规章的立法事项属于"城乡建设与管理"，占总数的 77.4%。
而地方人民政府可以根据法律、行政法规和省级地方性法规，就本行政区域

---

① 魏治勋：《市域社会治理视阈下设区的市城市管理权限界定》，载《法律科学（西北政法大
学学报）》2021 年第 5 期，第 102 页。

内的地方性行政管理事务制定规章。"但实际上，依据以上标准无法明确区分权力机关和行政机关的立法权限。"[①] 根据《地方各级人民代表大会和地方各级人民政府组织法》第73条第五项关于县级以上各级人民政府职权的规定[②]，政府所谓的"地方性行政管理事务"覆盖范围极大，而且未进一步明晰具体内容，因此可操作性较低。并且按照常理来理解，《立法法》赋予设区的市人大及其常委会有权立法的三大事项也属于地方性行政管理事务的范畴。立法者对于这类事项的内容未作具体明确的说明，学界对此也众说纷纭，设区的市地方人大及其常委会与地方政府对事项的具体范围理解有所不同，导致其在进行立法活动时缺乏合理依据。"对于特定事项应制定地方性法规还是制定地方政府规章还缺乏明确的标准，实践中多依赖人大法工委与政府法制部门的沟通协调。"[③] 地方性法规与政府规章立法事项界定不清容易导致地方权力机关与行政机关的职权错位，[④] 而地方性法规的位阶又高于规章，由此产生的较为混乱的立法状况会影响法律在社会中的权威。地方立法主体针对某一立法事项究竟应该制定地方性法规还是地方政府规章也尚不明晰，因此最终出现以上重叠立法的现象。

（二）地方性法规与政府规章的地位设定不清晰

根据《立法法》的规定，地方性法规是指法定的地方国家权力机关依照法定的立法权限，在不同宪法、法律和行政法规相抵触的前提下，制定和颁布的在本行政区域范围内实施的规范性文件。政府规章则是指地方人民政府依据法律、行政法规和地方性法规，在一定的立法权限范围内制定的规范性

---

① 宋烁：《〈立法法〉赋权后自治州立法的问题与完善——基于我国107部自治州立法的规范分析》，载《青海民族研究》2021年第3期，第114页。

② 《中华人民共和国地方各级人民代表大会和地方各级人民政府组织法（2022修正）》第73条第五项："县级以上地方各级人民政府行使下列职权：（五）编制和执行国民经济和社会发展规划纲要、计划和预算，管理本行政区域内的经济、教育、科学、文化、卫生、体育、城乡建设等事业和生态环境保护、自然资源、财政、民政、社会保障、公安、民族事务、司法行政、人口与计划生育等行政工作……"

③ 白利寅：《实现地方立法科学化的创新机制研究》，载《云南大学学报（社会科学版）》2019年第1期，第138页。

④ 刘松山：《地方性法规与政府规章的权限界分》，载《中国法律评论》2015年第4期，第79页。

文件。现有法律对地方性法规与政府规章的立法权限范围的规定尚停留在较为笼统的层面，而对于二者分别的"职能"的规定也模糊不清，地方在立法的过程中往往难以根据法律来区分二者的不同。二者各自的功能到底是什么，这个问题在实践中困扰着立法者。再者，"在我国，地方政府行政管理的事权有多大，通常就意味着地方立法的权限范围有多大"①。过于概括的立法事项范围设定，使立法者不知该如何从地方性法规和政府规章的功能角度出发，来对立法事项进行明确的划分。因为在立法者看来，既然没有准确的界分，那么"能抓耗子的猫就都是好猫"，一个事项本应当由哪种法来规定已然不再重要。如果从源头上无法厘清二者的功能，就可能导致法规规章体系的混乱，最终影响整个行政区域内的法治秩序。

（三）地方立法技术欠佳

当前我国各地方立法立项均采取相对集中的立法立项机制，由地方人大法工委主导，人大法工委、人大各专门委员会和政府法制办三家协调。② 然而从当前的立法实践看来，多数的地方性法规由地方政府相关部门进行申报并起草，地方人大自主提起的项目数量较少，地方人大及其常委会作用发挥甚微，使得其难以在立项阶段发挥应有的主导作用。而且由于政府部门通常负责提项，地方人大对此甚至已经习以为常，以至于这变成了一个惯例。地方人大常委会举行全体会议对立法项目进行审议是其行使职权最基本的形式，然而在实践中，其立法审议的功能基本没有得到发挥。③ 国家对于审议制定的法律较少，人大常委会针对立法项目的审议制度并不完善，因此审议程序在立法实践中不被重视，人大常委会难以起到较好的实际指导作用。

由于地方对于立法活动的重视不足，其在招聘立法人才时更侧重于政治素养而非法律素养，因此部分立法机构的工作人员缺乏相应的法律知识基

---

① 封丽霞：《地方立法的形式主义困境与出路》，载《地方立法研究》2021 年第 6 期，第 73 页。

② 秦前红、徐志森：《论地方人大在立法过程中的主导作用——以法规立项和起草的过程为中心》，载《荆楚学刊》2015 年第 3 期，第 39 页。

③ 参见丁国峰、代桂明：《论地方立法审议程序制度的构建和完善——以设区的市的立法审议为视角》，载《学术探索》2017 年第 4 期，第 62 页。

础，最终在立法时常发生越权立法、抄袭立法和重复立法等问题。[①] 1982 年修改的《地方组织法》在 1979 年版的基础上新赋予了较大的市人大及其常委会根据本地实际需要拟定地方性法规的权力，因此原较大的市在一段时间之前就已经开始行使地方立法权，但相对于省级及以上的立法主体而言其立法经验还是较为欠缺。再者，除开已有一定立法能力的原较大的市，初获地方立法权的设区的市人大及其常委会的立法能力则更加薄弱。设区的市立法主体如何依照《立法法》在各自法定立法事项范围内充分完成本主体的任务，怎样实现地方性法规与地方政府规章相互协作推动地方治理法治化、现代化等都是在实践中由于立法能力不足而暴露出来的重要问题。

以上三点是设区的市出现立法事项重叠现象的原因，当然还存在其他的原因，如地方法理念较为滞后、地方政府规章制定权缺乏必要的规制和上级机关审批制度有待进一步完善等。这些问题都在主客观上导致了设区的市重叠立法的出现。

三、设区的市地方立法事项划分的完善思路

（一）科学划分权力机关与行政机关的立法权限

在法律中多采用列举式立法，对立法主体的立法权限做出具体、明确的规定，从而实现对地方立法活动的清晰指导。对于《立法法》中设区的市人大及其常委会三个立法的事项等的"等"字作出可操作的合法性解释，并在地方政府宽泛的立法权限中划出一块法律保留的事项范围，规定这些事项只能由地方性法规来进行，以降低地方人大及其常委会与地方政府对权限范围的理解出入。我国实行人民代表大会制度的政治体制，人民代表大会在国家机关体系中处于核心地位，统一行使国家权力。因此按照这个体制，地方在处理人大及其常委会与政府的关系时，必须以有利于人大及其常委会统一行

---

① 参见魏治勋、汪潇：《论地方立法技术的内涵、功能及科学化路径》，载《云南大学学报》（社会科学版）2019 年第 1 期，第 131 页。

使国家权力为基本原则。① 同时，权限划分还应遵循宪法及法律分别针对地方人大及其常委会和地方政府职权的划定，避免从源头上留下越权立法和重叠立法的空间，最终实现立法资源的高效配置，维护法律在社会中的权威性。同时应按照《立法法》第82条第六款的规定，在没有地方性法规作出规范的前提下，地方政府不得制定有关减损公民、法人和其他组织权利或增加其义务的规章，进一步严格遵循在一定事项范围内的地方立法机关优位。

（二）明晰地方性法规与政府规章的功能定位

法律在设定地方人大及其常委会和地方政府立法权时，分别赋予了二者何种职能？其立法应当发挥怎样的作用？地方人大及其常委会是地方权力机关，代表着本行政区划内的民意。地方性法规作为权力机关制定的规范性法律文件，其功能应在于控制权力的运用，因此其立法的内容应当有所指向。而由于法律和法规的立法程序更为严格，其制定周期往往较长，并且其立法内容通常更加原则化和抽象化。地方政府作为行政管理机关，其制定的政府规章应以法律、行政法规和地方性法规作为依据，目的是执行地方性法规以上的规定或规范涉及本行政区域的具体行政管理事项。② 因此政府规章则能发挥其灵活、高效并能体现地方特色的特征，依其功能定位将地方性法规及其以上的法律法规转化或补充为更具执行性和针对性的规定。因此政府规章的功能应注重于运用权力。

（三）提升地方立法主体的立法能力

中共十八大第四次会议提出，要健全有立法权的人大主导立法工作的体制机制，发挥人大及其常委会在立法工作中的主导作用。③ 地方人大及其常委会应广泛参与地方政府部门法规草案的调研、论证、起草等过程，人大常

---

① 参见刘松山：《地方性法规与政府规章的权限界分》，载《中国法律评论》2015年第4期，第81页。
② 参见徐静琳、刘力铭：《地方性法规与政府规章关系论》，载《政治与法律》2008年第1期，第126页。
③ 《中共中央关于全面推进依法治国若干重大问题的决定》（2014年10月28日第十八届中央委员会第四次全体会议通过），载人民网 http://politics. people. com. cn/n/2014/1028/c1001－25926121. html，2021年11月28日最后访问。

委会也要不断增加提起立法项目、牵头起草法规的数量[①]，强化地方人大在地方立法中的主导地位。发挥好地方人大常委会审议制度的过滤作用，全体会议或更具专业性的专门会议应对立法项目的必要性与可行性进行充分的分析审查，利用好有限的立法资源制定出具有针对性与可操作性的地方性法规规章。在实践中，参与地方人大立法活动的主体主要有立法者、立法工作人员和第三方参与主体三类人员，他们为地方人大立法提供了必要的人力资源保障[②]，而他们也会对地方立法的质量产生直接影响，因此有必要对三者的法律知识基础和立法技术进行确认并培养，力图实现科学立法。

（四）完善立法批准制度

2015 年新修改的《立法法》赋予了省人大常委会对设区的市地方性法规的批准权，这也应该被理解为，为了确保设区的市立法质量，上级人大对下级人大立法活动行使的监督权。但又根据《地方组织法》规定，只有经过省人大常委会批准之后，设区的市制定的地方性法规才能实施，由此不少学者认为这个批准权实际上拥有着半个立法权的属性。[③] 而地方立法权是出于推动地方自治的考量，实践中批准权对地方立法进行的干预在一定程度上侵犯了设区的市地方立法权。省人大及其常委会应发挥好批准制度的监督作用，对于设区的市立法过程及法规内容进行审查监督，避免出现重叠立法和越权立法等问题。但同时也需要完善和限制批准制度，防范批准权过度深入设区的市立法程序，以保护设区的市立法积极性和主动性。

四、结语

通过比较分析成都、杭州和武汉三市地方性法规和规章，发现设区的市地方立法实践中存在地方性法规和地方政府规章立法事项重叠的问题，并且

---

① 参见徐凤英：《设区的市地方立法能力建设探究》，载《政法论丛》2017 年第 4 期，第 117 页。

② 参见胡弘弘、白永峰：《地方人大立法人才培养机制研究》，载《中州学刊》2015 年第 8 期，第 60 页。

③ 参见侯学勇：《设区的市地方性法规批准制度的宪法回归》，载《政法论丛》2020 年第 6 期，第 67 页。

地方立法主体对于应当以地方性法规来规范的立法事项也并不明晰。立法应服务于地方社会经济发展的需要，重叠立法只会导致极为有限的立法资源的无谓浪费。

设区的市享有了地方立法权就代表着同时强化了其自行管理本辖区内地方事务的责任。因此为了实现我国治理的现代化，在治理中注入法治力量，就必须要以清晰具体并且具有可操作性的法律为依据，加强设区的市地方立法的能力，充分发挥地方人大在立法过程中的主导作用，制定出切实有效的高质地方法规规章。同时，应完善并制约在地方立法中起监督作用的上级人大批准制度，为地方人大及其常委会行使立法权增添活力。

论自治州一般地方立法权与自治立法权的关系

袁虎林①

摘　要：2015 年《立法法》修订后，自治州拥有了一般地方立法权与自治立法权。但赋予自治州的地方立法权并不明晰，自治立法权长期以来又存在诸多问题，导致自治州在享有双重立法权的背景下出现了立法权区分困难的情况。对两者进行概念及来源的区分，有利于厘清两者之间的关系，从而推动自治州立法工作的发展。

关键词：立法权　一般地方立法权　自治立法权

2014 年年底，湖北恩施土家族苗族自治州与湖南湘西土家族苗族自治州就两州的界河酉水河的保护问题达成了联合立法的合作意向，双方采用联席会议的方式进行合作立法，共同形成了《湘西土家族苗族酉水河流域保护条例》（以下简称《酉水河流域保护条例》）这一草案。

这一草案在立法意义上是两个自治州进行立法合作的典型案例，2015 年《立法法》修订出台之后，两州分别出台的《酉水河流域保护条例》在内容形式上大致相同，但在其法律性质上，恩施州人大将其列为通过行使地方立法权形成的地方性法规，湘西州人大则将其列为通过行使自治立法权形成的单行条例。②

这两部法规在形式、内容、维护的客体以及立法的主体上都十分相似，但最终选择的立法权使两者性质出现了变化。在查阅了公开的相关立法文件

---

① 袁虎林，四川大学地方立法研究基地研究人员。
② 戴小明、冉艳辉：《区域立法合作的有益探索与思考——基于〈酉水河保护条例〉的实证研究》，载《中共中央党校学报》2017 年第 2 期。

后，能够知悉的是，原本共同形成的草案性质是地方性法规，但湘西出于立法工作的要求，最终以单行条例的形式出台该保护条例。① 可以肯定的是，2015 年《立法法》的修订出台是对这一立法产生巨大影响的一个事件，这表明拥有了一般地方立法权与自治立法权的自治州在立法权的选择上面临困境。

一、自治州双重立法权的规范分析

双重立法权的出现，使得自治州在理论层面上拥有了更多的立法权的选择，有利于对州内事务进行更有针对性的法律规制。但在实践层面，双重立法权的选择俨然成为立法事务中的一个难题。

此外，还需要明确的是，赋予自治州一般地方立法权并不是因为自治立法权的实践已经达到一定高度；相反，自治州的自治立法权一直是民族自治地方立法的痛点之一②，而在自治州拥有双重立法权之后，这一问题又更加复杂化。因此，厘清自治州拥有的两个立法权间的关系并对二者进行合理配置和规范运用，是推动自治州科学立法的一项重要前提。

民族区域自治制度是我国的一项基本政治制度。自新中国成立以来，民族区域自治制度就明确地载入宪法，在团结各族人民、推动民族区域经济发展等方面都发挥了重要的作用。民族自治地方享有的自治立法权作为民族区域自治制度的重要内容也几乎是随着该制度的确立而诞生的，1954 年《宪法》将非自治地方享有的立法权收归中央，但保留了民族自治地方的自治立法权，自此之后，自治立法权作为民族自治地方享有的一项特色制度延续至今。

（一）如何正确理解自治权

正确理解自治权，是梳理自治立法权的概念及来源的重要一环。

---

① 湘西土家族苗族自治州人大官网，www.hnxxrd.gov.cn/mzlf/，最后访问时间：2020 年 12 月 22 日。

② 雷伟红：《论民族自治地方自治法规立法权与地方性法规立法权的协调》，载《中南民族大学学报（人文社会科学版）》2018 年第 4 期。

我国《民族区域自治法》序言第二段提道："实行民族区域自治，体现了国家充分尊重和保障各少数民族管理本民族内部事务权利的精神，体现了国家坚持实行各民族平等、团结和共同繁荣的原则。"这说明自治权可以理解为各少数民族管理本民族内部事务的自治权利，而且更多的是从政治意义的角度而言。[①] 而根据《宪法》第 115 条和《民族区域自治法》第 4 条，自治权又可理解为民族自治地方自治机关管理本民族内部事务和本地方事务的权力，这一概念上的自治权更具有立法层面的可操作性和指导意义。

这两种意义上的自治权存在密切联系，前者是基础与前提，后者是前者的制度化表现。单从理论层面进行分析，民族自治地方的自治权并不是特别复杂，但在实践中却常常遇到巨大阻力。

（二）立法实践中的偏向性问题

根据《民族区域自治法》第 19 条的有关规定，民族自治地方的人民代表大会制定自治条例和单行条例。但在立法实践中，我国的五大自治区至今仍未颁行本自治区的自治条例。之所以会出现这样的情况，一方面是源于自治区自治条例综合性法规的客观属性。关于财税、金融、投资等方面的自治权的权力范畴的规定具有极大的难度。另一方面，自治区自治条例必须报全国人大常委会批准之后才能生效。我国采取的是行政化的分权模式，中央在地方各项工作中都发挥着举足轻重的作用，立法工作也不例外，这就使得自治区自治条例需要兼顾多方面的利益进行博弈。[②] 基于上述原因，可以看出，能够作为自治州立法工作借鉴对象的自治区自治立法并不成熟，这使得自治州进行立法时更多选择制定地方性法规，有些自治州甚至连单行条例都没有颁行过。

1979 年，全国人大通过《地方组织法》赋予省级人大及其常委会地方立法权，40 多年来，各省级人大及其常委会从本地实际出发制定了一批重要的地方性法规，对推动地方经济社会发展发挥了重要作用。在这 40 多年间，我国先后颁布了《立法法》《监督法》等法律法规，使得一般地方立法

---

① 潘红祥：《论民族自治地方自治立法权和地方立法权的科学界分》，载《法学评论》2019 年第 9 期。

② 冉艳辉：《民族自治地方自治立法权的保障》，载《法学》2015 年第 3 期。

在立法制度、备案审查制度等方面都有上位法可以参考，地方立法日趋规范化。① 不论是常规的省一级立法机关，还是自治区立法机关都进行了大量的地方性法规的立法。在立法实践层面和理论层面，地方立法在这 40 多年间都得到了长足的发展。但这样的发展更加衬托出自治立法的尴尬处境。

正如上文所提及的，自治区的立法工作对于自治州的立法工作有着较强的指导作用，特别是在 2015 年自治州拥有了双重立法权之后，这一作用更加明显。但在立法实践中，自治立法权作为民族自治地方自治权的重要内容在立法工作中却并没有获得与其政治意义相匹配的重视，自治区在对双重立法权进行选择时偏好于地方立法权已经是数十年实践中的规律总结，而在2015 年修订的《立法法》赋予自治州部分一般地方立法权之后，自治州立法机关也偏向于使用一般地方立法权，自治立法权的使用频次呈现萎缩态势。②

（三）地方立法权的相对优势

自治区与自治州在立法权选择上不约而同地偏向于制定地方性法规，这说明地方立法权相较于自治立法权存在一定的突出优势。

首先，相较于自治立法，自治地方的立法机关在进行地方立法时拥有更大的主动权，需要进行的利益博弈较少，立法成本也较低，自然也就偏向于选择制定地方性法规。此外，根据我国宪法规定，自治立法的主体只能是民族自治地方的人大，而一般地方立法的主体则是人大及常委会。同时，自治区的自治立法需要报请全国人大常委会批准，类似的，自治州的自治立法必须报经省级人大常委会审批，一些省市还规定自治立法需要向省级人民政府进行报批。③ 立法工作的复杂性和长期性使得立法机关对立法效率十分重视。因此在拥有双重立法权的选择机会时，选择不论是效率还是规范性都更强的一般地方立法也就有了合理的解释。简言之，采取一般地方立法是基于

---

① 周静文：《浅析地方立法权规范运作与国家法制统——从各地人口与计划生育条例修正谈起》，载《人大研究》2020 年第 8 期。

② 冉艳辉：《论民族自治地方自治立法权与地方性法规制定权的合理配置与规范运用》，载《政治与法律》2020 年第 7 期。

③ 彭建军：《自治区自治条例所涉自治立法权问题研究》，载《民族研究》2015 年第 2 期。

更高效率的考虑。但立法工作不能单单看效率，其价值准则也是很重要的，特别是在民族自治地方，自治立法权对该地方富有民族色彩的物质、文化保护都具有重要的价值导向意义。

二、双重立法权区分困难的原因分析

自治州立法机关偏向于一般地方立法的另一个重要原因就是在立法实践中存在对两种立法权区分困难的问题。解决这样的困难，可以从两者的立法主体及程序、立法对象以及法律完善等方面着手。

根据《宪法》及《立法法》的规定，自治立法权由自治地方的人大行使，具体到自治州，即州人大。《立法法》修订后赋予州人大及常委会在城乡建设与管理、环境保护、历史文化保护等方面的一般地方立法权，这样一来，自治州也就同自治区一样可以同时行使自治立法权和一般地方立法权，但《立法法》又并未对这两种身份的转换做出明确的规定，这就使立法机关在进行身份选择时容易发生混乱。[①] 同时，受制于历史文化、经济水平等多种因素，自治州的立法需求与立法水平之间存在一定的落差，使两种立法权的区分进一步受到限制。因此，在主体及程序上的相似性是造成两种立法权科学区分困难的一大因素。

两种立法权的对象也具有高度的关联性。根据《立法法》，"自治州人大可以根据本自治州的具体情况和实际需要，在不同上位法相抵触的情况下，在城乡建设与管理、环境保护、历史文化保护等方面的事项行使一般地方立法权。同时，自治州人大有权依照当地民族的政治、经济和文化的特点，制定自治条例和单行条例"。尽管自治州人大享有的地方立法权只限于三大方面的一部分，但是从文义上不难看出与自治立法权的对象有重合，特别是在城乡建设与管理、历史文化保护这两方面，很容易造成对立法对象的误判，例如古建筑的保护、民族特色民居的修建等，从而导致立法权区分困难。

法律的不完善也是导致这种困难出现的原因之一：我国自治区长期存在的双重立法权的区分困难还没有得到解决，一直以来都是轻自治立法而重地

---

① 张昊骏：《民族自治州立法科学化问题探究》，载《法制博览》2020 年 7 月（下）。

方立法的立法格局。在长期存在的历史问题没有解决的前提下，《立法法》将部分地方立法权赋予自治州更像是作为赋予设区的市地方立法权的附带行为，对于自治州的立法水平和立法实践考虑得并不充分。①

对于这一问题，有部分学者认为这样能够更好地划分自治立法与地方立法的边界，也有声音认为这会架空地方立法权。可以看出，没有配套的法律规范，使得自治州人大在进行立法工作时缺少了必要的规范指导，也易导致双重立法权区分困难。

三、双重立法权的科学区分

区分好这两种立法权，有利于发挥自治立法权在民族区域自治中的特殊作用。

尽管二者在主体上具有高度的相似性，但仍然存在一些区别，例如自治立法的主体只能是人大，而地方立法除了重大事项主体为人大，其余立法主体都是人大常委会。此外，自治立法还存在变通立法这一特殊情形，同样可以作为区分的标准。

在立法对象上，《立法法》对两种立法权规定的文本在文义上有一定的重合，这不利于对两者进行区分，因此，可以考虑在上位法中寻求区分标准。自治立法是民族区域自治制度的重要内容，而民族性无疑就是它最主要的特征，这一特征亦可作为确立区分标准的重要依据。

根据《民族区域自治法》有关规定，在自治州，各民族拥有管理本民族内部事务的权利，而这一权利在法律层面的形式保障就是民族自治地方权力机关享有的自治立法权，行使自治立法权也是各民族管理本民族内部事务权利的体现。根据《民族区域自治法》第 16 条："民族自治地方的人民代表大会中，除实行区域自治的民族的代表外，其他居住在本行政区域内的民族也应当有适当名额的代表。"说明自治州中的各个民族包括实行区域自治的民族，都享有行使自治立法权的权利。而对于此处的"本民族内部事务"的理

---

① 郑毅：《〈立法法〉修改后自治州一般地方立法权与自治立法权关系研究》，载《法学评论》2018 年第 4 期。

解，学界的观点较多，第一种观点认为本民族内部事务是民族自治地方自治主体民族的内部事务[①]；第二种观点认为本民族内部事务是民族自治地方各少数民族的内部事务[②]；第三种观点认为本民族内部事务包含本地方各民族的一切事务，涵盖关系到各民族共同利益的一切事务[③]；第四种观点认为"本民族内部事务"的提法已经过时，因为"本民族内部事务"存在的特殊的历史背景已经消失，再继续提"本民族内部事务"这一名词是对民族概念的误用[④]。

笔者赞同第二种观点，因为就"本民族"进行理解时，可以认为是自治地方的所有少数民族，相应的，本民族内部事务也就应该是指各少数民族的内部事务。尽管这一概念在初创之时，更多的是指少数民族内部的旧政权，但随着历史的发展以及对于法的流动性的考虑，第二种观点显然更加契合当今的立法实践。这样，对"各民族管理本民族内部事务"作出完整的解释之后，就能够更好地理解自治立法权应该调整的客观对象，也就能够从这一方面对双重立法权加以区分。

当然，如果想要充分、权威地解决双重立法权的区分问题，相关法律的完善应该被摆到首要位置。具体而言，需要《立法法》对赋予自治州的一般地方立法权进一步明确。比如在部分自治州，传统民族文化已经和周围的环境形成了和谐有机的整体；又如，民族历史文化已经和抗战文化、改革文化等交融为一体。这些情况在自治州并不鲜见，都需要从《立法法》的层面加以明确。此外，正如上文提到的，由于历史、经济、社会条件发生了变化，对"本民族内部事务"的理解也发生了相应的变化，可以考虑在《民族区域自治法》中对相关名词加以明确。

另外，需要对自治立法权的不足之处进行完善，这一过程受历史、政治等多方面因素的影响面临一定困难，但对于民族区域自治制度的发展毫无疑

---

① 额尔敦初古拉：《应充分发挥自治主体民族的主人翁作用》，载《中国民族报》2012年7月27日，第6版。
② 吴宗金：《"本民族内部事务"之我见——兼与赵学发商榷》，载《中国民族》1987年第12期。
③ 潘红祥：《论民族自治地方自治立法权和地方立法权的科学界分》，载《法学评论》2019年第3期。
④ 沈寿文：《"本民族内部事务"提法之反思》，载《思想战线》2013年第3期。

问是有利的。我国作为统一的多民族国家，民族问题是政治问题中的一个重点问题，在民族法治的发展中存在政治视角的审视是必要的。但这种审视需要以法治和政治的平衡为前提，一旦失衡就会对自治立法权的施行产生影响。例如《民族区域自治法》就存在法律规范性相对欠缺的问题。基于这样的现状，有必要以《民族区域自治法》为中心，对自治立法所涉及的法律进行体系化的整理；对于各项法律的具体内容则需更侧重于规范性作用的修改。

此外，考虑到自治州作为少数民族聚居的自治地方受到经济、历史、政治等多方面因素的影响，其立法机关的立法水平相对有限。因此通过发达地区的优秀立法工作人员的对口帮助来提高立法水平也是可以考虑的手段。

结　语

对于自治州而言，如果能够对双重立法权加以科学区分并合理配置，既能够提高立法效率，又能够落实保护民族文化多样性、促进各民族共同发展的价值导向。从短期来看，想要实现这一目标，需要厘清两者的边界，特别要重视从各自的调整对象来区分。而从长期来看，则需要立法工作的进一步发展，为自治州双重立法权的合理调配提供科学指导。

Ⅱ 重点领域地方立法研究

我国医疗卫生人员保障立法研究

荣　露[①]

摘　要：2019 年 12 月作为医疗卫生领域基本法的《基本医疗卫生与健康促进法》颁布，该法对医疗卫生相关法律法规的制定完善具有重要的意义。笔者梳理了当下我国与医疗卫生人员权益保障密切相关的法律法规、指导性案例以及新冠肺炎疫情期间各地为保障、关怀医疗卫生人员权益在立法、政策上的探索与尝试，总结出当下我国对医疗卫生人员权益保障的立法的三个特点，并尝试提出三点建议：其一，始终坚持把人民健康放在优先发展地位与保障医疗卫生人员权益并举。其二，提升社会整体道德水平，提高医疗卫生人员社会支持。其三，完善医疗卫生人员权益保障机制。

关键词：医疗卫生人员　人格尊严　立法研究

2020 年党的十九届五中全会通过了《中共中央关于制定国民经济和社会发展第十四个五年规划和二〇三五年远景目标的建议》，提出了"全面推进健康中国建设"的重大任务。在全面推进健康中国建设，促进我国基本医疗卫生事业发展的过程中，广大医疗卫生人员发挥着"螺丝钉"的先锋作用。2019 年 12 月，作为医疗卫生领域基本法的《中华人民共和国基本医疗卫生与健康促进法》（以下简称《基本卫促法》）颁布，对医疗卫生相关法律法规的制定完善具有基础性、综合性的意义。新冠肺炎疫情期间我国涌现出大量高风亮节、无私奉献的医疗卫生人员，各地也做出许多关怀保障抗疫医护人员的立法、政策尝试。尽管近年来中央法律法规及地方法规政策都做出

---

①　荣露，四川大学地方立法研究基地研究人员。

了积极尝试并取得了良好效果，但仍未形成完备的医疗卫生人员权益保护法律体系。《基本卫促法》实施之际，探索建立的医疗卫生人员权益保障机制，有助于激发医疗卫生人员工作热情，形成社会尊医重卫的良好风尚，为健康中国建设助力。

一、医疗卫生人员概念及角色定位

（一）概念界定

《基本卫促法》作为中国医疗卫生领域的根本法，既统领现有医疗卫生相关法律法规，也建构了公民基本医疗卫生服务权利的制度保障。《基本卫促法》第 51 条规定，医疗卫生人员应当弘扬敬佑生命、救死扶伤、甘于奉献、大爱无疆的崇高职业精神，遵守行业规范，恪守医德，努力提高专业水平和服务质量。法条中没有采取列举的方式界定"医疗卫生人员"的概念，笔者将结合理论与实践，对"医疗卫生人员"的内涵及外延作出界定。

"医疗卫生人员"概念的首次正式出现，是在人民日报出版社 2007 年出版的《医疗卫生人员法律法规必读》中，该书将医疗卫生人员界定为医师、护士、乡村医生、来华行医的外国医师四个群体，《基本卫促法》语境中也包括这四个群体。学术界与实务界有对药师监管机制及权益保护的呼吁，因此本文提到的"医疗卫生人员"亦将药师包含在内。但医疗卫生人员区别于药品生产企业的医药研发人员，后者没有直面病患及家属的执业内容；医疗卫生人员也区别于红十字会等社会组织中从事急救、医疗支援工作的人员，后者没有经过长期系统的医疗知识培训或不会长期持续从事诊疗工作；医疗卫生人员概念不包含兽医群体，后者没有与人体生命健康安全密切相关的执业内容。各级医疗机构 120 急救出诊中的医师、护士及担架员属于本文医疗卫生人员范畴。

"医疗卫生人员"执业过程中的一系列行为并不当然归属于"诊疗活动"。根据 2018 年 7 月 31 日颁布的《医疗纠纷预防与处理条例》第 10 条，医疗机构应加强对"诊断、治疗、护理、药事、检查等工作的规范化管理"。笔者认为，条文中列举的"诊断、治疗、护理、药事、检查"这五项内容是医疗卫生人员直接与病患及其家属接触的诊疗活动，亦是本文语境中"诊疗活动"的范围。医疗卫生人员下班后对公众采取的诊疗行为不属于本文认为的"诊疗行为"，不应当由与医疗卫生人员密切相关的法律规范予以规定、解决。

（二）医疗卫生人员执业困境

法官往往被社会公众视为"正义的化身"，医学则被广泛评价为一种"道德实践科学"[①]，医德建设贯穿于医疗卫生人员学习、从业的始终。西方的《希波克拉底誓言》以及我国的《中华人民共和国医师宣言》等都体现了社会对医疗卫生人员的高要求、高期待。以问题为导向形成完备的医疗卫生人员权益保护法律体系，首先就需要结合医护职业特性、社会文化等因素对医疗卫生人员的执业困境展开分析。一方面，作为医疗卫生机构职工的医疗卫生人员，其执业前培养阶段一般长达5到8年，且绝大多数医疗卫生人员需要根据学科发展及实践需求不断学习。但大量调查研究显示，医疗卫生人员的收入与其付出和期待存在较大差距。另一方面，目前我国医疗费用中体现医疗卫生人员智力成果的挂号费、诊疗费以及手术费等收费较低，各项检查所需的医疗器械、先进医学手段的精密仪器使用费以及凝聚专利价值的新药、"特效药"价格相对较高，这使得病患及其家属存在医疗费用过高的刻板印象。医疗卫生人员的工作内容本身就存在诸多压力，而在日常的诊疗活动中还要直接面对病患及其家属的紧张情绪。

职业倦怠，通常指个人在日常工作中因不能有效应对职业压力而导致的身心疲劳状态。在卫生健康领域，我国针对医务人员职业倦怠方面也进行了大量研究。对广西公立6家、民营10家养老机构的调查分析显示，有职业倦怠心理的护士占比达69%，产生职业倦怠的原因主要是人员不足、工作负荷过重、薪酬较低以及社会尊重等高层次需求得不到满足。[②]再以吉林省为例，其县区疾控人员职业倦怠率达到54.27%，超负荷工作是最主要的因

---

① 沈振亚：《医患关系伦理研究》，苏州大学2018年博士学位论文，第2页。
② 谢烨：《广西养老机构护士职业倦怠现状研究》，广西中医药大学2019年硕士学位论文，第25～30页。

素，此外提升工资收入是最大的职业需求。① 立足于各项调查研究，针对医疗卫生人员的法律法规及各项政策都在不断地修改完善，影响最为全面、深远的便是"十年医改"。

2009年3月新一轮医疗卫生体制改革开始。中国医学科学院的《中国医改发展报告（2020）》分析了十年医改的成果与前景。医改背景下对医疗卫生人员激励制度方面的研究取得了一些进展，对激励机制构建的必要性、现状以及问题对策都有深入分析，但对医疗卫生人员权益保障的命题却没有延伸到精神层面需求的保障。《中国医改发展报告（2021）》主要分析了医改阶段性成果在疫情防控和健康扶贫中的积极作用，在医疗卫生人员权益保障方面则是围绕公共卫生体系、基本医疗卫生制度、卫生人事薪酬制度等现阶段医改重点领域和重点问题，从专家视角进行系统分析。现代行为科学中广为传播的马斯洛需求理论提出，人满足了低层次的生理需要后会追求对安全、秩序和稳定的满足。当下我国严惩涉医违法犯罪，医疗秩序良好，但对医疗卫生人员更高层次需求，例如对归属、尊重和自我实现需求的保障制度仍然有待完善。

二、医疗卫生人员权益保障立法概览

笔者收集整理了与医疗卫生人员权益保障密切相关的法律规范，包括法律2部、法规10部、司法解释7部以及非典期间对医护人员权益保障政策4部、新冠肺炎疫情期间各地政府为保护医疗卫生人员颁布的法规与政策23部。医疗卫生人员作为自然人及劳动者，其权益在民法、刑法、劳动法等部门法中均有涉及，此处仅收录与医疗卫生人员及其诊疗行为密切相关的法律法规。

（一）法律

通过检索，我国涉及医疗卫生人员权益保障的法律主要是1999年5月1日施行的《中华人民共和国执业医师法》（以下简称《执业医师法》）与

---

① 高勇：《吉林省县区疾病预防控制中心工作人员职业倦怠研究》，吉林大学2020年硕士学位论文，第6页。

2019年12月28日第十三届全国人民代表大会常务委员会第十五次会议通过的《基本卫促法》。

《执业医师法》第1条规定："为了加强医师队伍的建设，提高医师的职业道德和业务素质，保障医师的合法权益，保护人民健康，制定本法。"条文中直接提出了"保障医师合法权益"的命题，同时在第21条中采取列举的方式规定医师在执业活动中享有的权利：（一）在注册的执业范围内，进行医学诊查、疾病调查、医学处置、出具相应的医学证明文件，选择合理的医疗、预防、保健方案；（二）按照国务院卫生行政部门规定的标准，获得与本人执业活动相当的医疗设备基本条件；（三）从事医学研究、学术交流，参加专业学术团体；（四）参加专业培训，接受继续医学教育；（五）在执业活动中，人格尊严、人身安全不受侵犯；（六）获取工资报酬和津贴，享受国家规定的福利待遇；（七）对所在机构的医疗、预防、保健工作和卫生行政部门的工作提出意见和建议，依法参与所在机构的民主管理。《执业医师法》的规定，多维度地构建了对医师群体权益保障的法律规范体系。可见，早在1999年，我国立法者就关注到医疗卫生人员中医师群体的人格尊严、人身安全、待遇及进修权益保障问题。2009年全国人大常委会对《执业医师法》进行修正，第1条和第21条的规定都未有变化，即《执业医师法》的保护范围没有涵盖护士、药师等同样进行诊疗活动的医疗卫生人员群体。另外，多年来医师权益保障实践中也存在保障机制不完善、保障动力不足的问题。

《基本卫促法》第8条提出大力培养医疗卫生人才。第13条规定，对在医疗卫生与健康事业中做出突出贡献的组织和个人，按照国家规定给予表彰、奖励。第46条规定，任何组织或者个人不得扰乱医疗卫生机构执业场所的秩序。第57条规定，全社会应当关心、尊重医疗卫生人员，维护良好安全的医疗卫生服务秩序，共同构建和谐医患关系。医疗卫生人员的人身安全、人格尊严不受侵犯，其合法权益受法律保护。禁止任何组织或者个人威胁、危害医疗卫生人员人身安全，侵犯医疗卫生人员人格尊严。国家采取措施，保障医疗卫生人员执业环境。《基本卫促法》第九章法律责任中规定，医疗卫生机构保障措施不健全会依情况受到责令改正、警告或罚款的处罚。对于扰乱医疗卫生机构执业场所秩序，威胁、危害医疗卫生人员人身安全，侵犯医疗卫生人员人格尊严，非法收集、使用、加工、传输公民个人健康信息，非法买卖、提供或者公开公民个人健康信息等，构成违反治安管理行为的，依法给予治安管理处罚。构成犯罪的，依法追究刑事责任；造成人身、财产损害的，依法承担民事责任。相较于《执业医师法》，《基本卫促法》在保障医疗卫生人员基本权益的同时，对损害其权益的行为应承担的法律责任进行了细化规定。将侵犯医疗卫生人员人格尊严的不法行为与刑法、行政法进行衔接。2019 年年底修订的《基本卫促法》强调了医疗卫生人员这个概念，回应了药师群体多年来的诉求。《基本卫促法》规定了国家需要保障医疗卫生人员的执业环境、医疗机构需要采取保障措施维护诊疗秩序以及公民不得侵害医疗卫生人员人身安全及人格尊严，从根本法角度通过增强国家、医疗机构及公民的相关责任，实现对医疗卫生人员的间接保护，形成了相对完整的权责体系。

（二）法规

医疗卫生人员作为国家事业单位工作人员，受到诸多法规约束。笔者收集整理近 20 年来医疗卫生人员相关法规中关于权益保障内容的条款。2004 年 1 月 1 日施行的《乡村医生从业管理条例》第 23 条规定，乡村医生在执业活动中人格尊严、人身安全不受侵犯。该条文明确提出了对乡村医生群体人格尊严与人身安全两个维度的保护。2008 年 1 月 31 日国务院第 517 号令公布的《护士条例》及其在 2020 年的修订版本中，第 3 条均规定："护士人格尊严、人身安全不受侵犯。护士依法履行职责，受法律保护。全社会应当尊重护士。"这实际上体现了立法者对医疗卫生人员的保护逐渐从药师与医师扩大到护士以及其他医疗卫生人员，法律法规引导全社会尊医重卫风气的养成。2011 年 7 月 2 日施行的《国务院办公厅关于进一步加强乡村医生队伍建设的指导意见》明确提出完善乡村医生补偿和养老政策，这是基于城乡医生群体的待遇差距以及乡村医生流失现状提出的倾斜补偿政策。法规对乡村医生的倾斜保障反映出我国医疗卫生人员待遇问题始终存在，并且已经在部分地区引发人才流失等问题。2017 年 11 月 3 日公布实施的《国务院关于同意设立"中国医师节"的批复》规定，自 2018 年起每年 8 月 19 日被设立为"中国医师节"。这一举措着力于增强医疗卫生人员群体的职业荣誉感、增强社会对医务工作者的尊重，立法者的视角从单独的医疗卫生人员群体转移到了整个医疗卫生人员，切实地给医疗卫生人员带来一些实惠。但实际上，"中国医师节"仍然处于医疗卫生人员"圈地自萌"的状态，对社会公众的思想引领作用微乎其微。2018 年 1 月 14 日公布施行的《国务院办公厅关于改革完善全科医生培养与使用激励机制的意见》提出："增强全科医生职业荣誉感。坚持精神奖励与物质奖励相结合，实行以政府奖励为导向、单位奖励为主体、社会奖励为补充的全科医生奖励办法，提升全科医生职业荣誉感和社会地位。对长期扎根基层、作出突出贡献的全科医生，按照党和国家有关规定给予表彰奖励。在享受国务院政府特殊津贴人员推选和全国杰出专业技术人才、全国先进工作者、全国五一劳动奖章、全国优秀共产党员等评选工作中，向基层全科医生倾斜。鼓励各地按照有关规定开展全科医生表彰奖励工作。组织开展全科技能竞赛等活动，对优秀全科医生给予适当奖励。"该意见提出从政府、单位与社会三个维度对全科医生群体进行精神物质双重奖励，尤其是对基层奉献的全科医生给予关注，是政府对医疗卫生人员中的全科医生群体权益保障的积极探索。这种特殊保障也从侧面反映出当时基层全科医生的缺乏与激励制度的不完善。至此相关法规都是立足于国情对部分医疗卫生群体的权益进行保障、奖励，抑或是以设立节日的方式增强医疗卫生人员职业荣誉感。

2018 年 4 月 25 日国务院办公厅发布了《国务院办公厅关于促进"互联网＋医疗健康"发展的意见》，此意见第 14 条规定："严格执行信息安全和健康医疗数据保密规定，建立完善个人隐私信息保护制度，严格管理患者信息、用户资料、基因数据等，对非法买卖、泄露信息行为依法依规予以惩处。"这体现了中央政府对个人信息保护的关注，但应当注意到该意见在强调患者信息保护的同时缺失了对医疗卫生人员信息保护的单独规定，而现实的医疗纠纷中，医护人员的公开资料往往为单方面的网络暴力提供了便利。单方面强调患者个人信息的保护可能导致医疗卫生人员的隐私权等人格尊严的保障被忽视。在医患关系语境中，医疗卫生人员作为专业知识持有者被天然地认为处于优势地位，立法者与医疗卫生主管单位制定了诸多法律、政策来约束前者，保障病患及家属的权益。2018 年 7 月 18 日公布的《国务院办公厅关于改革完善医疗卫生行业综合监管制度的指导意见》提出"落实对医疗卫生行业全方位监管"的监管目标。2018 年 10 月 1 日施行的《医疗纠纷预防和处理条例》第 1 条便规定了保护医患双方的合法权益的宗旨，并在第 29 条中规定："医患双方应当依法维护医疗秩序。任何单位和个人不得实施危害患者和医务人员人身安全、扰乱医疗秩序的行为。医疗纠纷中发生涉嫌违反治安管理行为或者犯罪行为的，医疗机构应当立即向所在地公安机关报案。公安机关应当及时采取措施，依法处置，维护医疗秩序。"《医疗纠纷预防和处理条例》在第 18 条规定了投诉接待制度，第 19 条规定了卫生主管部门应当督促医疗机构落实医疗质量安全管理制度，第 20 条规定了患者配合医务人员开展诊疗活动的义务，第 21 条规定了各级人民政府加强健康促进与教育工作的职责。该条例是我国立法层面化解医患矛盾、保障医患双方权益的重要探索，回应了实际需求。但仍要注意，该条例在医疗卫生人员权益保护层面仅关注到了基本的工作秩序和人身安全，对医疗卫生人员执业中的名誉权、隐私权等则没有明确规定。

《国务院关于医师队伍管理情况和执业医师法实施情况的报告》提到了近十年来我国在医师权益保障方面采取的措施与取得的成效："一、维护和保障医师合法权益。允许医疗卫生机构突破现行事业单位工资调控水平，允许医疗服务收入扣除成本并按规定提取各项基金后主要用于人员奖励。二、不断改善医疗环境，宣传先进典型事迹和经验，促进全社会形成尊医重卫的良好氛围。推动出台《刑法修正案（九）》和医疗损害责任纠纷案件司法解释，明确打击涉医违法犯罪的法律依据。贯彻落实《医疗纠纷预防和处理条例》，进一步完善'三调解一保险'医疗纠纷处理机制，发挥人民调解化解医疗纠纷主渠道作用，推动实施医疗责任保险。联合多部门开展打击涉医违法犯罪专项行动，切实维护医师合法权益。"该报告同时也指出了目前医师权利保障和义务履行不到位的问题："《执业医师法》对医师的权利和义务都作出了较为具体的规定，但医师权利保障和义务履行都存在不到位的情况。在权利保障方面，医师的休息休假、劳动安全保护、薪酬待遇与福利等保障措施不足，与医师工作负荷大、职业风险多、成才周期长、知识更新快的特点不相适应，影响了职业吸引力和医师的工作积极性。"最后，该报告从完善医师激励保障机制、构建和谐医患关系以及营造尊医重卫良好风尚三个方面提出解决措施。该报告通过详细的调查与分析，揭示了十年来我国医师队伍管理现状和《执业医师法》实施情况，提出医师群体权利保障方面存在的主要问题：休息休假、劳动安全保护、薪酬待遇与福利保障、职业特性等，同时指出法律对医疗卫生人员的心理疏导、工作压力等仍缺乏足够的关注。

（三）最高人民法院司法解释

最高人民法院司法解释的效力在法律中没有明确规定，在学术界和实践层面也没有定论。但最高人民法院发布的系列司法解释与法院裁判结果密切相关，事实上会影响医疗卫生人员的权益保障。因此笔者收集整理了近十年来最高人民法院发布的与医疗卫生人员权益保障相关的司法解释，并试图从中分析出司法界对医疗卫生人员权益保障问题的观点变迁。

2014 年最高人民法院、最高人民检察院、公安部、司法部、国家卫生和计划生育委员会印发《关于依法惩处涉医违法犯罪维护正常医疗秩序的意见》的通知，该通知规定了采取措施维护正常医疗秩序的四个方面，一是充分认识依法惩处涉医违法犯罪维护正常医疗秩序的重要性，二是严格依法惩处涉医违法犯罪，三是积极预防和妥善处理医疗纠纷，四是建立健全协调配合工作机制。关于医疗卫生人员权益保障的内容主要体现在第二点的具体规定中："（一）在医疗机构内殴打医务人员或者故意伤害医务人员身体、故意损毁公私财物，尚未造成严重后果的，分别依照治安管理处罚法第四十三条、第四十九条的规定处罚；故意杀害医务人员，或者故意伤害医务人员造成轻伤以上严重后果，或者随意殴打医务人员情节恶劣、任意损毁公私财物情节严重，构成故意杀人罪、故意伤害罪、故意毁坏财物罪、寻衅滋事罪的，依照刑法的有关规定定罪处罚。（二）在医疗机构私设灵堂、摆放花圈、焚烧纸钱、悬挂横幅、堵塞大门或者以其他方式扰乱医疗秩序，尚未造成严重损失，经劝说、警告无效的，要依法驱散，对拒不服从的人员要依法带离现场，依照治安管理处罚法第二十三条的规定处罚；聚众实施的，对首要分子和其他积极参加者依法予以治安处罚；造成严重损失或者扰乱其他公共秩序情节严重，构成寻衅滋事罪、聚众扰乱社会秩序罪、聚众扰乱公共场所秩序、交通秩序罪的，依照刑法的有关规定定罪处罚。在医疗机构的病房、抢救室、重症监护室等场所及医疗机构的公共开放区域违规停放尸体，影响医疗秩序，经劝说、警告无效的，依照治安管理处罚法第六十五条的规定处罚；严重扰乱医疗秩序或者其他公共秩序，构成犯罪的，依照前款的规定定罪处罚。（三）以不准离开工作场所等方式非法限制医务人员人身自由的，依照治安管理处罚法第四十条的规定处罚；构成非法拘禁罪的，依照刑法的有关规定定罪处罚。（四）公然侮辱、恐吓医务人员的，依照治安管理处罚法第四十二条的规定处罚；采取暴力或者其他方法公然侮辱、恐吓医务人员情节严重（恶劣），构成侮辱罪、寻衅滋事罪的，依照刑法的有关规定定罪处罚。（五）非法携带枪支、弹药、管制器具或者爆炸性、放射性、毒害性、腐蚀性物品进入医疗机构的，依照治安管理处罚法第三十条、第三十二条的规定处罚；危及公共安全情节严重，构成非法携带枪支、弹药、管制刀具、危险物品危及公共安全罪的，依照刑法的有关规定定罪处罚。（六）对于故意扩大事态，教唆他人实施针对医疗机构或者医务人员的违法犯罪行为，或者以受他人委托处理医疗纠纷为名实施敲诈勒索、寻衅滋事等行为的，依照治安管理处罚法和刑法的有关规定从严惩处。"此通知详细梳理了各类侵害医疗卫生人员人格尊严和人身安全的行为应当承担的法律责任。同年最高人民法院公布涉医犯罪四大典型案例，四个案例分别是因怀疑治疗不当杀死医生被判处死刑、因不满治疗效果杀死主治医生被判处死刑、因不满医生转院建议殴打医生致轻伤被判处有期徒刑一年零四个月以及就诊时随意殴打医生、任意毁损财物被判处有期徒刑数月。上述四个案例，既没有刑事附带民事判决，也没有民事赔偿的另条判决。2015 年，最高人民法院发布四起涉医犯罪典型案例，涉及因怀疑治疗不当杀死医生、多次到医院滋事并殴打辱骂恐吓医务人员、聚众扰乱医院秩序并造成严重损失等，同样没有关于医疗卫生人员及其家属的相关赔偿及补偿。2017 年最高人民法院公布《最高人民法院关于审理医疗损害责任纠纷案件适用法律若干问题的解释》，最高人民法院研究室负责人对医疗损害责任纠纷案件中医疗卫生人员的民事损害赔偿问题进行了解析说明，对于医疗机构邀请本单位以外的医务人员对患者进行诊疗，因受邀医务人员的过错造成患者损害的，由邀请医疗机构承担赔偿责任。该解释将医疗机构纳入医疗损害责任纠纷案件责任承担主体，对医疗卫生人员安全有序的工作环境给予足够的关注，但仍然忽略了医疗卫生人员的人格尊严保护，在其面对侮辱诽谤时，医疗机构的主体责任问题仍缺乏法律依据。

（四）政策

1. 新冠肺炎疫情前对医疗卫生人员人身安全保障的政策

2013 年国家卫生计生委办公厅、公安部办公厅下发《关于进一步加强医院安全防范系统建设的指导意见》，该意见指出："近年来，各级卫生（卫生计生）行政部门和公安机关在当地党委、政府的领导下，加强协作配合，指导医院逐步构建了人防、物防、技防相结合的三防系统，有效提升了医院安全管理水平，维护了医院秩序总体的持续稳定，取得了良好工作成效。但是，扰乱医院诊疗秩序、伤害医务人员的各类案事件仍时有发生，反映出当前涉医违法犯罪活动在一定范围内仍较为突出，暴露出医院安全防范工作存在不少问题和薄弱环节。"2014 年 4 月 28 日，最高人民法院、最高人民检察院、公安部、司法部以及国家卫生和计划生育委员会联合发布《关于依法惩处涉医违法犯罪维护正常医疗秩序的意见》，详细列举了严重侵害医疗卫生人员人身安全、人格尊严以及损害医疗秩序的行政责任与刑事责任。国卫办医发〔2017〕27 号文件《关于印发严密防控涉医违法犯罪维护正常医疗秩序意见的通知》提出：实行住院患者探视实名登记制度。建立特殊人群就医接诊制度，遇有醉酒、精神或行为异常患者就诊，要安排保卫人员陪诊，一旦出现突发情况立即采取果断措施，确保医务人员及患者安全。公安机关应当在有条件的二级以上医院设立警务室并配备相应警力，警务室民警应当每天带领医院安保队伍在重点时段、重点区域进行巡查，及时查处违法犯罪，维护医院正常治安秩序。卫生计生行政部门、公安机关应当将涉医违法犯罪行为人纳入社会信用体系，依法依规施行联合惩戒并通报其所在单位。卫生计生行政部门、公安机关应当建立涉医违法犯罪案件处置督办通报机制。涉医违法犯罪处置的考核评价工作由上级部门组织，并将医务人员、患者对维护医疗秩序工作的满意度纳入评价体系。我国各级政策对医疗卫生人员的权益保障从无到有、从粗犷到详尽，从中央到地方积极展开相关创新实践，在人身安全保护层面理论与实践都取得了很大的成果。

2. 新冠肺炎疫情期间对医疗卫生人员权益保障的政策

新冠肺炎疫情发生后，医疗卫生人员在疫情抗击中发挥了巨大作用，社会各界对医疗卫生人员权益保障问题空前关注。中央多部委于 2020 年 1 月 23 日联合发布《人力资源社会保障部、财政部、国家卫生健康委关于因履行工作职责感染新型冠状病毒肺炎的医护及相关工作人员有关保障问题的通知》，该通知规定："医护及相关工作人员因履行工作职责，感染新型冠状病毒肺炎或因感染新型冠状病毒肺炎死亡的，应认定为工伤，依法享受工伤保险待遇。"中央层面陆续发布对医疗卫生人员中抗疫群体的关怀政策，各省市迅速转发落实，同时各地方对医疗卫生人员中的抗疫群体也有保护性政策的创新实践。晋城市《关于激励关爱疫情防控一线医疗医护专家人才的十条措施》提出落实临时性工作补助政策，开通医护人才引进绿色通道，加大防控一线人才选拔培养力度，实行职称评聘特殊机制，支持开展校企地科研攻关，落实党委联系服务专家人才制度，建立家庭服务专员制度，开展补休假和集中疗养，加大先进典型宣传力度以及加强政治引领和政治吸纳。中共甘肃省律师行业委员会与甘肃省律师协会在 2020 年 2 月 17 日发布《中共甘肃省律师行业委员会、甘肃省律师协会关于为甘肃援鄂医护人员免费提供律师法律服务的通知》，该通知提出遴选政治素质高、业务能力强的律师，与医疗队成员一对一结对，及时高效地开展法律服务。2020 年 2 月 20 日，湖北省文化和旅游厅发布《湖北省文化和旅游厅关于组织对医护人员开展抗击疫情感恩回馈活动的通知》，该通知规定："对援鄂医疗队员颁发'灵秀湖北感恩卡'，凭卡可携带亲属一名，5 年内不限次免门票（首道大门票）游览省内 A 级旅游景区，自疫情结束后景区恢复正常运营至 2024 年 12 月 31 日。"2020 年 2 月 24 日，贵阳市卫生健康局发布《关于进一步加强疫情防控期间医疗机构安全防控工作切实维护正常医疗秩序保障医护人员安全的通知》，该通知规定："市卫生健康局将按照《省发改委、省卫健委转发国家发展改革委、国家卫生健康委等 28 家单位印发〈关于对严重危害正常医疗秩序的失信行为责任人实施联合惩戒合作备忘录〉的通知》（黔发改财金〔2018〕1451 号）有关要求，及时将危害正常医疗秩序的失信行为人相关信息上报归集至全国信用信息共享平台（贵州），对严重危害正常医疗秩序的失信行为责任人实施联合惩戒。"在伙食补助方面，福建省财政厅、福建省卫生健康委员会《关于预拨集中收治定点医院一线医护人员伙食补助经费的通知》中规定："疫情防控期间，按每人每天 50 元予以发放（厦门市自行承担）。

发放时限为突发公共卫生事件应急响应开始至响应终止之间的响应期。"在社会倡议方面，深圳市社会组织管理局于 2020 年 3 月 5 日发布《关于激励关爱医务防疫人员的倡议书》，倡议各主体立足自身实际，广泛开展医务防疫人员关爱慰问等活动，例如鼓励医疗类、公益慈善类基金会设立医务抗疫人员关爱专项基金，奖励为此次疫情做出突出贡献的医务人员，帮扶有特殊困难的医务人员，支持医疗科研机构开展疫情防治相关领域的科学研究等。该倡议要求发挥社会工作、心理咨询等专业性社会组织的专业优势，开通心理陪护、心理援助热线，通过语音、视频通话、网络等多种形式，为医务防疫人员及其家属提供心理关怀、减压辅导、情感支援、关怀慰问等，让服务更温馨。

疫情期间，各地对医疗卫生人员权益保障进行了许多有益的探索。医疗卫生人员在疫情期间的奉献值得全社会回馈，但日常诊疗活动中医师、护士与药师群体同样需要某种程度上的心理疏导。违法犯罪的患者、家属及社会人员认罪伏法，是对其行为的负责，同时，也应加强对人身权益与精神权益受到侵害的医疗卫生人员的关注，建立相应的赔偿机制。

（五）小结

从立法施行日期看，对医疗卫生人员的保护自 1999 年便不断发展，随着社会需求逐步调整。从 2011 年关注乡村医生群体到 2018 年强调全科医生的培养，立法者与政策制定者以务实的态度逐步加大对医疗卫生人员保障的力度。2014 年至今，立法者与司法者将关注点放在了打击涉医违法犯罪、大力保障诊疗秩序上，取得了很好的成效。2018 年年底全国范围完成了对医疗卫生行业全方位监管的目标后，病患权益能够得到很好的保护，但医疗卫生人员与病患矛盾凸显。2019 年立法者开始着眼于保护医疗卫生人员的精神权益。而 2020 年的新冠肺炎疫情时期，医疗卫生人员的付出令人充满敬意，社会也开始对医疗卫生人员的权益保障进行再审视。

对近二十年颁布的医疗卫生人员权益保障相关法律法规的收集梳理，可以总结出当下中国医疗卫生人员权益保障法律规范体系的如下特点：其一，保障主体范围逐渐扩大。从《执业医师法》关注医师群体权益保障再到《基本卫促法》关注全国各类医疗卫生人员，将医师、护士以及药师等其他医疗卫生人员纳入其中，保护的主体范围逐渐扩大。其二，同时关注医疗卫生人员的人身安全与人格尊严。在诸多法律法规中医疗卫生人员的人身安全与人格尊严处于原则性规定的位置，自《执业医师法》开始便将两种权益同时在法律层面予以规定。其三，具体法规及政策对医疗卫生人员人格权益保障不足。尽管上位法有对医疗卫生人员人格权益的原则性规定，下位法及政策等却没有精神损害赔偿、心理干预机制等细化规定。疫情期间各地出现了大量对医疗卫生人员权益保障的关怀政策，但此类规定缺乏常态性、持续性。

《基本卫促法》施行后，新冠肺炎疫情期间医疗卫生人员可歌可泣的事迹在社会中广为流传，同时医疗卫生人员权益保护理论在实践中得以证成。此时以修法、立法的方式对医疗卫生人员权益进行明确、加强保护，将会取得事半功倍的效果。

三、结论与建议：完善医疗卫生人员权利保障法律体系

《基本卫促法》从根本法的角度明确了对医疗卫生人员权益保障的原则要求，为地方各级立法者从刑事、行政及民事角度细化规定打下基础。新冠肺炎疫情期间对医疗卫生人员权益保障的探索如火如荼地开展，但顶层设计却有待梳理完善。笔者深刻理解《基本卫促法》规定及立法精神，立足医疗卫生人员权利保障视角对疫情防控及十年医改成果进行总结，从立法确权、制度保障两个角度提出我国医疗卫生人员权利保障体制完善的措施。

（一）把人民健康放在优先发展地位与保障医疗卫生人员权益并举

实践中，医疗机构以及医疗卫生人员在承受民事侵权后往往不向肇事者索赔。首先相较于其他职业，社会对医疗卫生人员树立了较高的道德标准，向造成严重后果并已承担刑事责任的病患及家属进行索赔或许会显得"不近人情"。而面对一些没有引起严重后果或是没有产生直接经济损失的侵害行为，医疗卫生人员往往选择隐忍。其次，部分医疗机构将医患纠纷的发生频次及持续时间与医疗卫生人员的职称评定、薪资待遇与评奖评优直接挂钩。医疗卫生人员遭受不法侵害后倾向于以和解的方式消除纠纷，而不会上报给

医疗机构或医疗健康主管单位。医疗机构与医疗卫生人员长期以能忍则忍、息事宁人的态度面对病患，无疑会加深医疗卫生人员的"职业倦怠"。《论直接拒绝权立法以保护医护人员权益》一文中，陈晓冬医师、李婷医师依据《宪法》第 37 条、38 条，从医患关系平等地位的理解上提出应从法律上明确规定医护人员有权拒绝接待特定就医者（含患者），且不必做出解释①，文中进一步提道：直接拒绝权是一项系统工程，全方位、全层次的就医者黑名单系统及其配套规则是不可或缺的环节。合同法中一方当事人有拒绝接受权与拒绝受领权等规定，在行政法中行政相对人对当场缴纳的罚款亦有权拒绝。我国目前对病患及家属权益的保障从理论研究到制度设计上有了长足的发展，保障患方权益的另一面就是加强对医疗卫生人员的监管。患者享有自主权、知情权以及拒绝医疗救治的权利，其中拒绝医疗救治权在世界范围内被公认为患者的基本人权。历史、现实等各方面原因造成在伦理学角度医疗卫生人员受到近乎严苛的医德要求，社会期望医疗卫生人员成为一个济世救民的道德符号，医德水平高低与医疗卫生人员的待遇等密切相关。实践中病患及家属也经常以"违背医德"为理由投诉相关医疗卫生人员。而医疗卫生人员却没有以"拒绝权"为代表的保障性权利。保障医疗卫生人员权益乃至实现健康中国建设的伟大目标都是系统性的工程，应当牢牢把握保障人民健康安全的核心目标。因此，对医疗卫生人员权利的法律确认与保障机制的设立，始终要坚持人民健康的优先发展地位，对赋予医疗卫生人员"拒绝权"以及病患黑名单制度应当持非常谨慎的态度。《最高人民法院关于公布失信被执行人名单信息的若干规定》公布了诚信黑名单制度，凡是被纳入失信被执行人名单中的被执行人，将会在政府采购、招标投标、行政审批、政府扶持、融资信贷、市场准入、资质认定等方面受到限制。但公立医疗机构作为国家出资设立的公益机构，与作为权益保障最后一道防线的法院存在根本差异。直接建立医疗卫生事业的黑名单，还需要建立医疗卫生事业对黑名单人员的惩处措施、定点收治医院以及黑名单修改与退出的公示系统等，无疑会耗费巨大的人力物力。对于一个进入黑名单的危重病患，医疗机构以及医疗

---

① 陈晓东、李婷：《论直接拒绝权立法以保护医护人员权益》，载《中国卫生法制》2019 年第 6 期，第 57 页。

卫生人员如果拒绝救治，必然会违背职业道德的基本要求并引起舆论哗然。

当下我国最宜从畅通医疗卫生人员维权渠道入手，通过医疗卫生主管部门与医疗机构支持和鼓励医疗卫生人员受到侵害后采取多种渠道维护自己的权益，避免出现医疗卫生人员因担心影响绩效考核、提薪晋升等而消极维权的情形。例如，最高人民法院发布的涉医犯罪四大典型案例中，受到侵害的医疗卫生人员民事赔偿部分均没有涉及，而在裁判文书网上也没有检索到受到侮辱诽谤的医疗卫生人员对病患及家属提起诉讼要求赔偿民事权益的案例；医疗卫生人员或出于"息事宁人"的考虑，或受到"济世救人"等医德观念影响，对于部分病患及家属的辱骂、诽谤等人格权益的侵害都没有采取维权措施。与此同时，应当从顶层设计的角度探索通过法规及政策督促医疗机构与医疗卫生主管单位承担起保障医疗卫生人员人格尊严的责任，重视对医疗纠纷中医疗卫生人员受到的人身安全、人格尊严的侵害进行维权与补偿，形成良性安慰机制。

（二）提升社会整体道德水平，提高医疗卫生人员社会支持

医疗卫生人员权益受到损害的绝大部分原因是医患纠纷，保障医疗卫生人员权益除了规范医护人员执业行为以及建立健全病患及家属投诉调解的渠道，还需要通过各种举措提升社会整体道德水平。立足于人民健康的优先发展地位，不宜过早将医疗卫生人员的"拒绝权"引入法律规范体系，但对病患及家属的行为可以结合已有的社会机制来约束。对医患纠纷的研究已经有了丰富的成果，立法者应当适时吸收其中的积极成分，以法律的形式将其加以固化和推广。除了日常持续的价值观引领，在具体的诊疗行为中，医疗卫生主管部门应鼓励各级医疗机构适时开展医疗基本道德规范普及工作。例如在医疗机构张贴、发放各类宣传资料，以增加病患及家属的医学常识、对医疗卫生人员分工及职责的了解、对诊疗行为风险性的理解等；而在具体诊疗过程中，应当减少对通知书、知情书、确认书等纸质文件需要病人及家属签署的强制性要求，可以有效减少激化医患矛盾的风险。提高医疗卫生人员的社会支持是一项系统性工程，但尊医重卫风气的形成无论是对社会公众更高效安全地享受诊疗服务、对医疗卫生人员的权益保障，还是对我国医疗卫生事业的发展都具有深远的影响。

（三）完善医疗卫生人员权利保障机制

通过对与医疗卫生人员权益保障密切相关的法律法规进行梳理，可以发现每一次相应保障措施及具体实施细则的出台都在实践上增加了对医疗卫生人员的保障。例如《医疗纠纷预防与处理条例》对损害医疗卫生人员人身权益的刑事责任、行政责任的明文规定已经在医患纠纷的判定上体现出了很大的作用。立法者可以适时地对侵害医疗卫生人员人格利益的具体行为及责任承担以法律的形式作出明确规定，卫生健康主管单位以政策的形式明确加强医疗机构对职工精神权益的保障与补偿，明确医疗卫生人员民事赔偿维权的相关路径，这将对医疗卫生人员的人格尊严保障起到立竿见影的效果。

地方立法视角下突发疫病防控问题研究

——以 S 省 C 市为例

林宇焘[①]

摘　要：新冠肺炎疫情的暴发对我国突发疫病防控法律体系的完备性和实操性及在非典（SARS）时期建立起来的突发疫病防控及应急制度进行了实证性的检验。从整体的疫情防控工作来看，防疫控疫成果显著，相较于世界其他国家，中国取得了举世瞩目的成效，但突发疫病应急法律体系仍存在弊端。本文在国家层面突发疫病应急法律制度体系已然存在及相对完善的前提下，鉴于各地地方立法的同质性，基于位阶较低的地方性法规以及地方政府规章，对 C 市突发疫病地方性规范进行综合探究，指出其存在立法缺失、重复性高等弊病，并在此基础上提出完善的原则与对策。以完善 C 市突发疫病地方立法为依托，为其他地区突发疫病立法提供借鉴，以构建完善的突发疫病防控地方立法体系，从而实现疫病防控的社会基础、逻辑基础以及价值基础的统一，最终有助于实现天理、国法、人情的统一。

关键词：地方立法　突发疫病防控　疫病立法体系

引　言

2019 年年末暴发的新型冠状病毒肺炎（Corona Virus Disease 2019，COVID-19），简称"新冠肺炎"，在极短的时间内席卷全球，其传播速度

[①]　林宇焘，四川大学地方立法研究基地研究人员。

之快、影响范围之广、危害之大令人咋舌。我国针对突发公共事件的防控主要是在国务院确定的"一案三制"应急管理制度上进行，"一案"指的是应急预案，"三制"分别是应急管理体制、应急管理机制以及应急管理法制。在运用各种方式与手段进行疫情防控的过程中，"我们可以设想一种制度，它是依照一批在司法和行政过程中使用的权威性法令来实施的高度专门形式的社会控制"①。这种制度就是法律，法律②作为社会控制的主要手段，起着不可替代的作用。因此，法律法规体系的完备性、科学性、严谨性以及协调性显得尤为重要。近年来疫病防控形势尤其严峻，全国人大常委会于1986年制定的《中华人民共和国国境卫生检疫法》与1989年鉴于1988年上海市急性病毒性甲型肝炎的流行而制定的《中华人民共和国传染病防治法》不足以应对不断更新迭代而超出认知的突发公共卫生事件。自非典发生以来，为了提高国家以及地方应对突发公共卫生事件的能力，建立并且完善突发公共卫生事件法律体系，在《中华人民共和国宪法》第67条、第89条的根本指导下，国务院于2003年5月7日通过并公布施行《突发公共卫生事件应急条例》；全国人大常委会于2004年对《中华人民共和国传染病防治法》进行了修订；全国人大常委会于2007年颁布施行突发疫病龙头法《突发事件应对法》，作为新中国成立以来颁布的第一部应对各类突发公共事件的综合性规范，同年，对《中华人民共和国国境卫生检疫法》进行了修订；2011年国务院对《突发公共卫生事件应急条例》进行了修订；2013年，全国人大常委会对《中华人民共和国传染病防治法》进行了修订；2020年10月2日，国家拟修订《中华人民共和国传染病防治法》，国家卫健委发布《传染病防治法》修订征求意见稿，明确提出甲乙丙三类传染病的特征，并对故意隐瞒病情的行为进行追责③。

　　突发疫病具有意外性、危害性、不确定性、公共性、紧迫性等特征，需要有相应的措施来预防和规制，法律便肩负了这一使命。由上看来，我国在

---

　　①　罗斯科·庞德：《通过法律的社会控制》，沈宗灵译，商务印书馆2017年版，第25页。

　　②　本文中"法律"的含义皆为广义的法律，即由国家制定或认可的，以权利义务为主要内容的，由国家强制力保证实施的社会行为规范的总称。包含宪法、法律、行政法规、地方性法规和地方政府规章等。

　　③　庞海宇：《〈传染病防治法〉拟修订，故意隐瞒病情追责》，见 http://www.bjnews.com.cn/video/2020/10/02/774809.html。

国家层面已经建立并逐步完善了突发疫病防控及应急法律体系，在地方层面，国务院到地方各级人民政府还以意见、通知等各种形式施行了大量的规范性文件与内部文件，这标志着中国突发疫病应急法制已经初步形成。因此，中央与地方的规范性文件的结合在法律渊源的范畴内共同构筑了我国当前突发疫病应急法律制度。"没有完善的公共应急法制就没有高效的突发事件政府管理，完善的公共应急法制是国家公共应急系统中最重要的非技术支撑体系之一，也是我国社会主义法律体系和法律学科体系的重要组成部分。"① 应当看到的是，我国现行法突发疫病应急法律制度尚存较多的缺陷，世间没有两片纹路一样的树叶，不同的地域有自身不同的"纹路"，因地制宜才能"因事而决"，但纹路不同终究无法脱离其树叶的性质，秉持"以小见大，见微知著"观察事物的理念，在上位法层面不予论述，仅就地方立法这样的下位法进行一些探究。

一、C 市突发疫病立法的研究背景

地方立法是特定的地方国家政权机关依法制定和变动的，效力不超出本行政区域范围的规范性法律文件的总称。② 本文选取 C 市作为样本，尝试为完善突发疫病应急地方立法体系提供经验和借鉴。

（一）C 市突发疫病立法的基本概况

C 市，作为国家重要的高新技术产业基地、商贸物流中心和综合交通枢纽，公共卫生与医疗系统较为完善，全方位地保障城市居民安全及城市稳定与发展是其宗旨，所以面对突发疫病时的防控对 C 市显得尤为重要。

笔者分别以"C 市突发""C 市突发公共卫生事件""C 市突发疫病""C 市新冠"为关键词在北大法宝以及 C 市人大官网上进行检索，排除重复性结果，检索结果显示：地方法规 0 部；地方政府规章 1 部——《C 市〈突发公共卫生事件应急条例〉实施办法》（2019）；地方规范性文件 8 部；地方工

---

① 莫于川：《我国的公共应急法制建设——非典危机管理实践提出的法制建设课题》，载《中国人民大学学报》2003 年第 4 期。

② 本文所称地方立法，包含地方性法规、地方政府规章及地方规范性文件。

作文件 11 部。

（二）C 市应对新冠肺炎疫情的概况及借鉴意义

截至 2020 年 12 月 17 日 16 时，根据国家卫健委公布的信息，C 市累计确诊新冠肺炎患者 441 人，死亡 3 人，治愈 400 人，现存确诊 38 人。新冠肺炎疫情暴发以来，C 市人大、政府、卫健委、公共卫生事件应急指挥部等各机关、部门及机构依据相关法律法规、预案以及上级指示，结合地方实际积极进行疫情防控，同时在各医疗机构"逆行者们"的努力下，在疫情防控方面取得了显著成效。

作为中国乃至国际的超级大都市，C 市在防控面巨大、社会多领域、主体多元化、需求多元化等纷繁复杂的情况下完善自己的突发疫病应急地方立法体系，合理地应对突发疫病，进行突发疫病的防控；在国务院"一案三制"，即应急预案、应急体制、应急机制与应急法制为应急管理体系的核心内容的指导下，编制 C 市新冠肺炎疫情快速响应应急预案、成立 C 市新冠肺炎疫情防控指挥部、协调各部门各市区县、完善防控体制、实施医疗救治、颁布落实 C 市应对疫情的各类措施，做到了疫病一旦发生，第一时间响应到位、第一时间处置到位、第一时间防控到位，实现及时发现、快速处置、精准管控、有效救治；在实现新冠疫情防控的同时，稳定了 C 市疫情局势，整顿了社会秩序，促进了经济复苏，形成了卓有成效的防控模式。对于 C 市外的其他各地域来说，在借鉴完善的 C 市突发疫病地方立法以及防控经验的基础上，在国家突发疫病应急法律体系的框架下形成契合自己地方特色的体系和模式，完全值得期待。

二、C 市突发疫病应急地方立法存在的不足

（一）突发疫病应急地方立法体系不完善

在理想层面上，中国目前突发公共卫生事件的应急法律体系应当同其他法律体系一般，可以这样去表述，即以《宪法》有关规定为统帅，与《突发事件应对法》为主干的各类法律法规、规范性文件相结合的，从中央到地方

权限分明、全面部署、科学统一的法律体系。但是，在宪法、法律、行政法规都有规定突发疫病应急立法的情况下，在国家法律体系较为完善的情形下，C市人大没有就突发公共事件（疫病）进行针对性的立法，仅有一部地方政府规章作为支撑，尚且不论地方政府规章是否属于地方立法范畴，即便将之纳入地方立法范畴也无法算作完善。所谓独木难支，这种情形确实存在突发疫病应急法律体系不完善之嫌。

（二）突发疫病应急地方立法积极性不足

2015年修订的《立法法》规定，拥有地方立法权的省、自治区、直辖市和较大市的立法机关和政府机关可以制定地方性法规和地方政府规章，更多的设区市拥有了地方立法权。C市针对突发公共卫生事件可以制定地方性法规和地方政府规章，但C市在2015年之前作为较大的市已经拥有这样的地方立法权的前提下，却未制定突发疫病应急地方性法规，仅在2004年制定了一部地方政府规章。时隔15年虽迎来了《C市〈突发公共事件应急条例〉实施办法》的制定，但是其性质仍然是处于法律最低位阶的地方政府规章。在《立法法》修订的过程中，部分专家、学者认为对设区的市赋予地方立法权应当慎之又慎，因为可能出现重复立法现象，立法质量难以保证。[1]在C市突发疫病应急地方立法方面，尤其在2019年《C市〈突发公共事件应急条例〉实施办法》出台之前，这种担忧貌似是不必要的，因为这类立法并不存在。直至近些年各类突发公共卫生事件如禽流感、甲型H1N1流感、埃博拉病毒、猪流感等的发生，使C市逐渐注重对突发疫病的关注，不过也还停留在中央立法主导下的细化性立法阶段，较少具备超前意识并对这类立法进行制度性的创新。

（三）存在重复性立法问题

近年来我国立法活动中存在重复立法问题。这主要表现为法律与法律之间、行政法规之间、地方立法与中央立法之间、部门立法与中央立法之间、下位法与上位法之间，由于立法事项上存在一些内容竞合，产生部分内容重

---

① 陈丽平：《是否赋予设区市立法权有争论》，载《法制日报》2014年10月20日。

复其他法内容的情况。① C 市于 2019 年制定了一部关于突发公共卫生事件的地方政府规章——《C 市〈突发公共卫生事件应急条例〉实施办法》，这部地方政府规章是对《中华人民共和国突发事件应对法》、国务院《突发公共卫生事件应急条例》和《S 省〈突发公共卫生事件应急条例〉实施办法》的细化。

首先，在框架上，其篇章布局与《突发公共卫生事件应急条例》一般无二，都是总则、预防与应急准备、报告与信息发布、应急处理、法律责任以及附则六章。其次，在内容方面，总则中，C 市政府规章有 12 条，其中除了第 4 条工作职责的细化、第 7 条增设的宣传教育、第 8 条增设人员保护与第 9 条救治保证，其余条文都是对《突发公共卫生事件应急条例》的重复，严格来说第 7 条也是对《S 省〈突发公共卫生事件应急条例〉实施办法》的重复；预防与应急准备章节存在 6 个条文，基本是对《突发公共卫生事件应急条例》条文中要求的细化；报告与信息通报章节中有 5 个条文，基本是按照《突发公共卫生事件应急条例》第三章节的 7 个条文进行的框架性重复，大多是主语的更改，但不可否定其对上位法做出了更细致的规定，例如在第 19 条对报告主体进行明确的界定；应急处置章节中共有 8 条条文，其中第 25 条属于细化应急指挥部的职权，第 29 条确定医疗机构首诊医生负责制，第 31 条秩序维护属于全新增设条文，其余条文均是对《突发公共卫生事件应急条例》条文顺序或主语进行调换后的结果；法律责任章节中有 9 个条文，除了第 38 条对民事责任的规定，基本延续了《突发公共卫生事件应急条例》在此章节中的下位主体、事项以及责任的设定，未超出这一范畴。最后一章附则则与《突发公共卫生事件应急条例》的生效时期有所不同。其中特别明示了 2004 年 9 月 1 日施行的《C 市〈突发公共卫生事件应急条例〉实施办法》（市政府令第 109 号）同时废止。

由上述看来，"拿来主义"应用得较多，而这样的立法所造成的不必要的重复，是否有碍于执行性或实施性的立法宗旨，这些都值得我们思考。

---

① 林鹭：《我国突发疫病应急法律制度研究》，首都经济贸易大学 2015 年硕士学位论文。

（四）存在"求全"立法思想

在体例结构上，C 市规章制定者基于"求全"目的而进行规范创制：在针对一个需要立法的事项进行立法，且这一事项已有上位法规定时，为了篇章结构的完备性，使之成为"万能口袋"，便采取全而密的方式进行规范以防相关事项的错失。

2019 年制定的《C 市〈突发公共卫生事件应急条例〉实施办法》虽名为《突发公共卫生事件应急条例》的实施办法，但实则在第一条中已点明了目的根据："根据《中华人民共和国突发事件应对法》、国务院《突发公共卫生事件应急条例》和《四川省〈突发公共卫生事件应急条例〉实施办法》等法律法规规章，结合 C 市实际，制定本办法。"然而如上文所述，在篇章体例上，几乎完全照搬《突发公共卫生事件应急条例》的篇章布局，许多内容也出现重复，出于规模宏大与填补形式完备的目的，把一些缺乏实操性的条文"塞进"这一部办法中。如 C 市这一规章在法律责任这一章节中，几乎都是参照性条文、援引性规范，赞成委曲求全、忽略地方特色。在一部针对突发公共卫生事件预防、调查、处置全过程的地方立法中，兼顾这种形式需要使得其缺乏了快捷、灵活及实操性，赞成具有实质性内容的条文未达理想的可操作状态，在严格执法与全民守法过程中难以达到预期效果。地方立法的"求全"思想所导致的不必要的条文篇章制定，在一定程度上是对立法资源的浪费，更是对地方立法所追求的价值的折损。[①]

（五）缺乏事后恢复与重建相关立法及条文

西方古老法谚曾言："法律为未来作规定，法官为过去作判决。"法律在确定及规制未来的社会关系的过程中所发挥的作用不言而喻。基于人性、自然法的基本原则以及社会的动态过程，法律应当始终发挥自己应有的价值。

在突发疫病得到有效控制并基本消除后，国家、政府、人民应当如何作为，以消解突发疫病带来的政治、经济、文化、社会、生态等全方位的损失，做好恢复与重建工作，使大部分的事项重归正轨，关于这一点，《C 市

---

① 参见胡春丽：《突发事件应对的地方立法研究》，西南政法大学 2011 年硕士学位论文。

〈突发公共卫生事件应急条例〉实施办法》只字未提。这一规章，虽然仅为国务院行政法规《突发公共卫生事件应急条例》的实施办法，但是作为硕果仅存的突发疫病相关地方立法，自居于下位法的地位，仅作出细则性的规定，而无未雨绸缪之意，未对突发疫病的法律规范与常态的法律制度进行缝合。

（六）理论性立法多，实操性立法少

对于突发疫病的地方立法，不仅应依照上位法以及概括性原则进行细化，而且必须保证规范的实操性，使之发挥"活法"的价值，而非成为休眠条款。立法的价值在于规范具有的实操性与实效性，在于解决当地的实际性问题。在《C市〈突发公共卫生事件应急条例〉实施办法》中：第一，涉及突发疫病宣传教育、人员保护、救治保证、人员待遇、关怀帮助等，大多都只到应然层面，即我们应该做这些，但关于如何做这些工作，做这些工作的标准以及具体的程序手续，还存在内容缺乏、不够细化的问题。第二，突发疫病过程中，肯定会涉及征收征用、隔离、劳动权利受限等事项。首先，《突发事件应对法》第12条①明确了征收征用的补偿规定，但所涉及的补偿制度在C市这一规章中未得到体现，遑论具体的补偿标准和具体程序。其次，隔离制度必然应当存在，但规章不曾涉及隔离的标准以及错误隔离时对公民的补偿。隔离标准的缺失与《国家赔偿法》的限定性规定的存在（即违法采取限制公民人身自由的行政强制措施，或者以其他方法非法剥夺公民人身自由的，受害人才有取得赔偿的权利），导致卫生防疫机构将隔离标准设置得太低。最后，劳动权利也是宪法赋予公民的基本权利之一，在疫情期间，单位应不得解雇或解除与疑似或患有疫病员工的劳动关系或劳动合同。同时，由于各项措施导致公民出外或入内的务工出现了意料之外的迟延，遭受了意料之外的损失，C市这一规章亦未对此权利的享有以及补偿进行规定。

法律作为社会控制的主要手段，需要充分发挥"清道夫""保护神"的

---

① 《突发事件应对法》第12条："有关人民政府及其部门为应对突发事件，可以征用单位和个人的财产。被征用的财产在使用完毕或者突发事件应急处置工作结束后，应当及时返还。财产被征用或者征用后毁损、灭失的，应当给予补偿。"

作用。防疫、控疫以及后疫情时代的安全性、稳定性、重要性要靠法律来保证和提升。同样，防疫的成果也需要靠法律来维系，突发疫病应急地方的治理需要更多地摸索"法治经验"①。

三、完善突发疫病地方立法的对策

（一）突发疫病地方立法的原则性对策

万物皆需求其本原，本原是有关于事物本质的东西。把握本质才能更全面地掌握事物及其具体特征，事物的延伸才具备根基。突发疫病地方立法的原则是地方在遵循中央突发疫病立法原则的基础上，按照本行政区域实际情况，结合地方特色，制定符合本地实际的突发疫病应对条例和实施办法时所应遵循的准则。地方立法有了原则的指导，才能量体裁衣，将原则与规则完美地缝合，以解决突发疫病的地方应急防控问题，以促进地方的稳定与发展。在笔者看来，各行政区域制定地方性法规或地方政府规章时，应当遵循以下原则性对策。

1. 合法性对策

"法律被抹杀便产生专制独裁"，地方立法对上位法的僭越便是地方的独裁。我国作为单一制的社会主义国家，有着严格的中央与地方的权力界限，地方权力来源于中央的授权。法律作为国家体制的一部分，也遵循这样的授权制度，位阶当然也存在。我国于2011年便已经形成中国特色社会主义法律体系，这一法律体系以宪法为统帅，以宪法相关法、民商法、行政法、经济法等多个法律部门的法律为主干，由法律、行政法规、地方性法规与自治条例和单行条例等三个层次的法律规范构成。这一体系在形成之时便天然具有位阶高低的特质，这种特质在理念上通常呈现为：上位法优于下位法，下位法服从上位法。在遵循宪法的基本原则，以经济建设为中心，坚持四项基本原则，坚持改革开放，以上位法为依托的前提下，作为下位法的地方性法

---

① 宛新平：《用法律来保障抗疫斗争有力有序有效》，载《江淮法治》2020年第4期。

规、地方政府规章①理应遵循这一理念，在规范制定、认可以及变动时，需在上位法的文字、立法原意、体系范围内，按照上位法确定的原则、规则、理念进行，并依照法定的权限和程序，从地方以及国家的整体利益出发，保证立法的绝大多数环节都能依法进行，以上位法为准则，方能保持突发疫病地方立法及地方立法体系的合法性，促进法制的统一、法律体系的完善，以建成法治国家。

2. 合理性对策

在亚里士多德看来，法治应当具有这样两层含义：已成立的法律获得普遍的服从，而大家所服从的法律又应该本身是制定得良好的法律。② 法治终究需要落在良法的基础之上。在逻辑上应是这样：法律本身是良法，良法受到民众的认可，所以他们服从它。而良法被称作良法最大的遵循便是合理，即合乎道理或事理。

合乎道理的地方立法应当是良法。在富勒笔下，良法具有这样两种内涵：可知性与可行性。可知性包含以下内容：一般性，即法律应当为大家所遵守，适用主权范围内的所有社会成员；公开性，法律一经制定并予以实施，就理当公之于众，为遵守者所知晓；确定性，法律解释存在的缘由正是文字的模糊、法律表达的模糊，法律应最大限度追求表达的清晰明确；法不溯及既往，一般说来，法律不具有对生效之前发生的行为的约束力。可行性则包含以下内容：稳定性，法律经颁布实施后，非经法定的权限与程序，不可更改，应保持稳定的属性；统一性，即保持法制的统一，保证法律体系是一个协调一致、有机统一的整体；不强人所难，作为立法的基本原则，法律理应保持理性，不制定那些不能期待公民去实施的行为规范；政府行为必须与法律保持一致，法律作出了怎样的规定，政府就应当不遗余力地遵守，不可有法外之权，法无授权即禁止。③

而在笔者看来，合理的法律也无外乎两点：科学与民主。这同富勒对良法的内容概括相差无几，科学表明地方立法应该在立法观念科学化、现代化

---

① 有观点认为地方政府规章并不属于正式法律渊源，但本文认为地方政府规章亦属广义上的法律。

② 亚里士多德：《政治学》，吴寿彭译，商务印书馆 1997 年版。

③ 富勒：《法律的道德性》，郑弋译，商务印书馆 2005 年版。

的前提下，高素质的立法参与人员遵循客观的社会发展规律，如突发疫病的客观情况，制定科学的权限划分制度和运行机制，符合国情、社情、地方实际而又与时俱进；民主便是要保证地方立法主体参与的广泛性、过程的民主性，使民众有效地参与突发疫病的地方立法。突发疫病地方立法属于法律范畴，其本质与立足点就应是良法，就是在科学、民主、可知、可行的基础上达到合理、契合人性与确定性的状态，如此的法律才具有权威，才能得到人民的信仰，得到由衷的服从。

3. 比例原则对策

比例原则不仅是行政的基本原则，也是整个法律体系的基本原则。在制定或者执行法律时，需要选择对公民侵害最小的或者使公民受益最大的方法。对于突发疫病的地方立法及其实施来说，这一原则显得更为重要，因为突发疫病作为突发性的公共卫生事件，本身带有紧迫性、社会危害性、不确定性这些特征，这就需要采取非常的手段来进行防控，例如限制公民的出入、对公民进行隔离、对场所进行封闭等，这将对公民权利施以潜在的威胁，稍有不慎，便可能造成对公民权利的侵犯。比例原则下隐含三个子原则，即适当性原则、必要性原则、狭义比例原则。当一项立法或措施完全满足三个子原则的要求，它就符合比例原则。第一，在针对突发疫病进行地方立法时，应保证立法的目的在于实现对疫病的防控，并且保证防控的方式适当，这便符合适当性原则；第二，在可以采取多种方式实现突发疫病的防控时，应选择对公民损害最小的那种，如疫情期间可以采用居家隔离的方式，就不必采取医院隔离或强制隔离的方式，在这一事项的标准上，针对各种情形应有不同的处理，这便是必要性原则；第三，站在评价的立场上，制定规范或采取手段的主要目的在于实现法益的均衡，即为了突发疫病的防控，对社会、公民或其他主体的法益造成的损害应低于疫病防控带来的利益，这便是狭义比例原则。当突发疫病地方立法兼顾比例原则的三个子原则时，它在维护和发展公民权利上便是做得很好的，毕竟，维护和发展公民权利是法律的最终归宿。

4. 保障人权对策

人权是人的价值的社会承认，"是人区别于动物的观念上的、道德上的、政治上的、法律上的基本标准。它包含着'是人的权利'、'是人作为人的权利'、'是人成其为人的权利'和'是使人具有尊严性人的权利'等多层意义"①。人权在宪法上已经表现为基本权利，是人天然所具备的，不可取代、不可剥夺，是母体性的权利。所以任何非法剥夺人权的法律，任何非经法定权限、法定程序剥夺人权的行为都不具备正当性基础，都应受到唾弃。针对突发疫病的处置最易对公民的基本权利造成损害，特别是公民的生存权、发展权、人身自由权、劳动权、私有财产权。所以在进行突发疫病地方立法时，应当注重在疫病防控过程中对公民人权即基本权利的保障，尤其需要注重在疫病预防、诊治，患者隔离、处置、信息发布等涉及公民权的方面把握好度量分界，这个分界便是人民群众的利益。这个分界不仅要求当公民权利受到损害时，法律提供合法合理的救济，而且要求在权利未受到侵害前，法律提供周密的预防，这是突发疫病防控的要求，也是现代法治社会的要求、法治国家的要求。

5. 预防为主、协调统一对策

突发疫病的地方立法应当是两道防线：第一道防线是预防，第二道防线是处置。第一道防线中，我们谈及突发疫病，大多是谈论应急信息的通报、应急的处置、法律责任等方面。即减少突发疫病给社会造成的影响，而不是杜绝这种影响的产生。其实，突发疫病不发生才是我们所追求的应然状态，"减少或减轻社会危害的根本方法就是加强对突发事件的有效预防"②。疫情往往是防控疏忽后的恶果。所以，防止突发疫病的发生便应该成为突发疫病地方立法的主旋律，如果能够将突发疫病的发生源扼杀在摇篮中，那么突发疫病的社会危害便不会发生。

第二道防线中，其一是职能划分的协调统一。倘若突发疫病成为已经发生的实然事件，具备巨大的社会危害性，那么在突发疫病发酵的过程中，预案的完善与发布、信息通报、应急处置各流程就显得尤为重要。所以，地方立法中，应周密地对各市州、区、县、乡人民政府及具体负责的职能部门或机构的权限进行明确的划分，保证各司其职、权责统一，以形成协调、统

---

① 张文显：《法理学》，高等教育出版社 1999 年版，第 96 页。
② 胡春丽：《突发事件应对的地方立法研究》，西南政法大学 2011 年硕士学位论文。

一、高效的突发疫病应对机制。在区县的职权设定上，应因地制宜，保证效率，发挥各区县控制突发疫病的能力，在市州统一的领导下发挥各区县乡一体化的功效。其二是法制的协调统一。这要求立法机关及政府在各自权限内制定的法律应该保持内部协调统一，法规、规章及其他规范性文件、工作性文件之间在原则和内容上应该相互衔接且协调一致，如此才能够保障突发疫病应对工作进展的秩序与效用。

6. 保持地方特色对策

我国各区域地理环境、人文环境、民族环境以及经济社会发展水平的差异化现状明显，这样的不同势必带来不同的地方立法要求。相较于中央立法，地方处于防疫工作、民众生活的一线，更清楚地方的实际情况，更深知当地群众的生活习惯、交往方式及疫病的高发区域等，这就已经为突发疫病地方立法提供了立法基础，所以地方应在遵循中央立法原则、规则与精神的前提下，针对地方的突发疫病防控制定出更加符合自己实际情况、带有地方特色的防控规范与措施。

（二）完善突发疫病地方立法的具体措施

细节能决定防疫工作的成败，防控环节的缺失会引发不可料想的社会危害。"大而化之"的思想在地方立法上实不可取。所以，在遵循突发疫病宏观基本原则的指导下，需要进行几点微观上的弥补。

1. 主动制定突发疫病地方性法规、规章

党的十八届四中全会指出："法律是治国之重器，良法是善治之前提。"治国理政在很大程度上有赖于法治。在《立法法》修改前，地方立法权仅为省级、省会市、经济特区所在地的市和国务院批准的较大的市所享有。党的十八届四中全会决定提出，明确地方立法权限和范围，依法赋予设区的市地方立法权。2015 年 3 月，十二届全国人大三次会议修改《立法法》，赋予所有设区的市地方立法权。[①] 修法完成伊始，地方立法热情高涨，"在宏观层面，2018 年设区的市地方性法规基本实现全覆盖，立法样态与数量已趋稳

---

① 闫然、毛雨：《设区的市地方立法三周年大数据分析报告》，载《地方立法研究》2018 年第3 期。

定；微观层面，设区的市立法范围日益探索完善，立法主题呈现'保护'与'管理'双轮驱动"①。C市作为2015年之前就拥有地方立法权的城市，在突发疫病防控立法上存在不足，缺乏完整性与稳定性。鉴于此，C市人大及常委会应该召开相应会议，制定立法规划，拟定或接收提案，并编制草案，通过有关突发疫病防控的地方性法规，以完善这一体系，保证突发疫病防控有法可依，才能做到有法必依、执法必严、违法必究。

2. 增加突发疫病地方实操性立法

人与周围环境的接触方式、强度的变化，都可能导致病毒变异，引发跨物种传播。突发疫病呈现出三个特征：国际共存性、跨种群多边性、频发凶险性。② 这便要求我们在应对突发疫病时，必须使我们的规范及措施能够达到实效，发挥应有的价值。

正如前文指出的，C市突发疫病立法存在理论性立法多、实操性立法少或无、重复性立法、"求全"立法思想等弊端。这也导致C市仅存的一部现行生效的规章出现了一些缺乏实操性的条文。在立法权限上，地方立法机关本就具有三种权能：第一，实施性（执行性）立法权能，即拥有地方立法权的各地方为了贯彻和实施我国有关法律和行政法规的相关规定，结合本行政区域实际情形的基础上制定实施细则；二是自主性立法，即地方立法机关针对本行政区域的地方事务管理活动制定法律规定；三是创制性（先行性）立法，即地方立法机关对于那些专属于中央立法机关立法权限范围之外的事项，在本行政区域符合一定条件并且确有立法需要的情形下，在法定权限范围内可以在中央相关立法未颁布前就进行相关规范。③ 根据突发疫病防控的性质以及特征，地方立法机关应当着重行使第一种权能，即执行性权能。地方立法的定位在于对中央立法的具体实施，我们在制定地方性法规与规章的过程中，不应只作"宣言式""理论式"的规定，而应侧重直截了当地规定上位法的实施细则，如细化和实施上位法授权性规定的内容，细化宣传教育

---

① 闫然、马潇：《设区的市地方立法大数据分析报告（2018）》，载《地方立法研究》2019年第6期。

② 张爱霞、肖振军、高秋菊、战庆臣：《构筑我国公共卫生监控预警创新体系》，载《中国公共卫生》2003年第10期。

③ 胡春丽：《突发事件应对的地方立法研究》，西南政法大学2011年硕士学位论文。

形式、内容等；完善和补充突发疫病上位法的程序性规定，如隔离程序、诊疗程序等；制定突发疫病防控的补充性规定，例如有关应急指挥部的成立与职责、防疫信息的发布、慈善募捐活动中公民权利保护的规范性、劳动权保护、迁徙自由、企业生存等内容。① 同时，实际情况变化莫测，在突发疫病法律的执行过程中，难免会遇到中央立法尚未规定但又非常紧迫需要处理的事项。此时，我们就应当允许地方立法机关根据《立法法》的相关规定，进行先行性立法，制定相应的地方性法规以应对疫病防控过程中的持续突发情况。

3. 完善事后恢复与重建相关地方立法

我们都怀着一种信念：突发疫病必将结束。一如马丁·海德格尔提出的"向死而生"的生死概念，死是生活过程，亡才是人的消亡。突发疫病从暴发时起，便经历向死的过程，最后消亡。但突发疫病又必然经历一些过程，就像理想中万物出生、历程、死亡、新生每个环节都必不可少一样，突发疫病的预防、应对以及事后的恢复同样如此。它们是不可分割的统一体，任何一个流程的缺失，都是突发疫病地方立法不完善的表现。关于突发疫病的应急方案，《C市〈突发公共卫生事件应急条例〉实施办法》已有所规定，但对于突发疫病消解后如何快速地使整个地区回归到不受疫病侵害时的状态，在这一规章中却尚未提及。疫病突发时社会的不完满与疫病根除后社会的完满之间需要一个衔接机制、一个过渡阶段。这个阶段或许长、或许短，但必然存在，突发疫病的消失与正常的市民生活、城市的发展之间需要衔接，并非奢求无缝，但需要尽量全面、稳定且安全。

事后恢复的相关条文，需要涉及征用之物返还、疫情档案记录、进行损害补偿、弥补经济建设、完善政治行为、弘扬抗疫文化等方面。存于社会中的人，很难跳出理论上的约束，不论是自然法则或是法律规则的约束，均是如此。但我们作为人永远具备一种能力，即在受到法则或规则约束的同时，又能够发挥主观能动性，运用它们的能力。既然我们生存并经历着，那我们便应对自身负责，为未来不确定的突发疫病留存经验、确定应对模式，不畏

---

① 王兆鑫：《"急法"与"急权"：突发公共卫生危机下公民权利的应急立法保障》，载《湖北经济学院学报》2020年第2期。

阻拦，继续前行。

4. 缝合突发疫病地方立法与预案、各法律制度缝隙

突发疫病存于社会，其防控受到社会性因素的强烈影响，如人、地域、文化、习惯、政策等，因此，传染病防治从来不局限于生物医学范畴。"经济发展与生物医学技术的发达确实是传染病防治体系建设之基础，但传染病防治成效很大程度上也取决于国家的公共卫生政策与治理能力。"① 这一政策和治理能力主要表现在突发疫病应急预案与突发疫病应急法律体系的统一协调上。在《突发事件应对法》尚未颁布实施、地方性法规与规章尚未制定、突发疫病地方立法体系尚未建立起来之前，国家层面以及 C 市已初步建成比较完备的突发疫病应急预案体系。在笔者看来，地方性法规与地方政府规章更多的是地方突发疫病应急预案体系的法制化与概括化。预案实则亦是对突发疫病上位法及上级应急预案与本级立法规范的细化，它同地方性法规与地方政府规章发挥一样的作用。所以，能否使二者契合，达成二者一体的目的，取决于规范与预案的协调统一。这就要求地方立法机关在制定相关规范的过程中，注重预案与规范的衔接，以强化各方责任、落实具体职能、提升应急准备能力，做到未雨绸缪的同时做好突发疫病的应对处置工作。②

此外，在突发疫病暴发及演进乃至结束的过程中，突发疫病地方立法几乎都在规范如何应对突发疫病，而与疫病相关的事项如公民权利的保护、征收征用的补偿等却未作规定。笔者建议相关部门通过援引性规范、参照性规范对以上事项予以规定，以便形成一个以突发疫病防控为主，辐射周边事项的完善的规范体系，为公民创造便利，提升公民安全感，同时为各行政区域的行政执法人员提供参照，节约执法与司法资源。

结　语

"天下从事者，不可以无法仪；无法仪而其事能成者，无有也。"（《墨

① 刘新星、佴澎、王颖：《多视角下完善中国防疫法律体系建设研究》，载《学术探索》2020年第 7 期。
② 薛睿杰：《急用优先 突发公共卫生事件应急立法提速》，载《北京人大》2020 年第 9 期。

子·法仪》）在突发疫病防控、应急过程中亦需要"法仪"，其在现代社会中主要表现为法律。法律是制止突发疫病在社会中蔓延所必需的交互行为规范。C市突发疫病的地方立法在本次新冠肺炎疫情防控中发挥了巨大的作用。但没有十全十美的法律，在立法层面上始终需要注意到不完美之处以求完善。突发疫病地方立法的不足要求我们对之进行完善，以此在法律层面达到对突发疫病防控的深刻把握，以此依法有效地进行突发疫病防控，以构建完善的突发疫病防控地方立法体系，防止疫病的肆虐，保障人民的安全、地区的安稳，从而实现疫病防控的社会基础、逻辑基础以及价值基础的统一。

中国城市养犬管理立法困境及解决路径研究

黄海僮　代兴茂　马宇宁　康琦鉴　夏鑫杰①

摘　要：我国养犬数量增加带来的社会问题催生了养犬管理立法的现实需求，规范管理养犬行为、实现社会利益平衡、营造城市文明风气是我国城市养犬管理立法的目的。当前我国城市养犬管理立法指导思想为限制养犬、方便管理，存在立法观念有待转变、可操作性差、管理力度不到位、责罚机制不完善、动物福利保护不足等问题。国外养犬管理立法各有特点，立法指导思想以养犬自由和动物福利保护为根本，坚持养犬准入高门槛低收费原则、严格管理原则和严格处罚原则。我国城市养犬管理立法应当立足国情，借鉴国外养犬立法法律体系健全、立法思想合理、配套制度完善的优点，合理确定养犬准入收费数额和违法处罚力度，与时俱进、打造地方特色、增强可操作性、注重人文情怀，从转变立法观念、保护动物福利、划清主体职责、健全登记制度、细化管理规定、合理设置责罚、落实监督执法七个方面进行完善。

关键词：城市养犬　养犬管理　养犬立法

引　言

近年来，我国多个城市将养犬管理条例列入立法工作计划，地方养犬管理立法数量呈逐年上升态势。这与我国宠物犬数量激增引发的社会问题不无

---

①　黄海僮、代兴茂、马宇宁、康琦鉴、夏鑫杰，四川大学地方立法研究基地研究人员。

关系。随着社会经济快速发展，越来越多的民众开始喜爱和饲养宠物犬。然而，随着宠物犬数量越发庞大，宠物犬咬伤路人、吠叫扰民等问题也越来越突出，被人遗弃的宠物犬在街上流浪，成为城市公共管理的一大难题。

养犬管理问题之所以长期存在且越发严重，究其原因是我国城市养犬管理立法存在较大的制度缺陷，行政主管部门可适用的规范层级效力较低，制度滞后且可操作性不强，导致在执法工作中出现了疏于管理、责罚不当以及不讲人情等问题，既没有协调好社会多方面利益，又伤害了养犬人的积极性。城市养犬行为急需有效规制，完善城市养犬管理立法势在必行。

放眼世界，部分发达国家在城市养犬管理方面已卓有成效：政府向养犬人提供优质完善的服务并实施严格管理；多数养犬人能自觉遵守养犬行为规范，保障社会公众的生活不受犬只干扰；宠物犬的健康受法律保障，流浪犬得以安置。部分发达国家养犬管理井然有序，归功于其相关立法指导思想与法律制度体系的合理与完善。

本文以国内城市养犬管理的立法需求与目的作为出发点，通过梳理比对国内外城市养犬管理立法的指导思想、现状及其成效，探索我国城市养犬管理的立法路径，进而为我国城市养犬管理立法提出具体可行的建议。

一、国内城市养犬管理立法需求与目的

（一）国内城市养犬管理立法的现实需求

近年来，我国城市养犬数量明显增加。丰富多样的网络信息对居民的生活有着越来越明显的影响作用，特别是受各大短视频平台的影响，社会出现饲养各类宠物的风潮，而犬类又以其活泼的性格、多样的品种和容易驯养的特点成为不少城市居民的选择。此外，对于工作生活节奏紧张的年轻人和空巢老人来说，宠物是慰藉精神的良方；对于家庭生活而言，养犬是促进亲子关系、培养孩童个人品质的良好互动方式。因此养犬成为一股城市热潮，极大地促进了宠物经济的发展，与社会发展形成了良性互动。

然而不断增加的宠物犬数量也给社会发展带来了困扰。尽管我国很多城市相继出台相关地方法规，但是由于宠物犬信息管理制度不健全，养犬管理

条例中对于执法部门分工规定不明确，缺乏有效的惩治措施等，居民的规范养犬意识依然欠缺。部分地方养犬管理立法不尽合理，其规定的执法机构由于无法全面掌握城市居民的养犬数据，在落实具体养犬措施时存在天然的管理困境，难以提高执法效能。此外，犬类粪便污染公共环境、犬类扰民、弃养导致城市流浪犬增加、犬类伤人等涉犬纠纷成为城市养犬文明发展的障碍，社会对养犬行为规范的急切需求与相关法律法规不尽完善之间存在冲突，导致相关社会矛盾频发。

（二）国内城市养犬管理立法的目的

城市环境是彰显社会文明的重要标杆，在犬类数量和养犬引发的社会问题不断增加的情况下，形成对养犬的规范管理对打造和维护良好城市环境具有重要影响。而针对养犬进行立法就是解决该问题的一项有力措施。

推动城市养犬立法最关键的目的就是追求实现利益的平衡。[①] 就养犬立法而言，不仅需要保护养犬人饲养宠物的自由权利，也需要保障非养犬人免受打扰的权利。因此，需要通过规范的立法找到城市居民的利益平衡点，既满足养犬人的精神追求，也保障非养犬人生活安定。

符合实际的立法能够从制度层面最大限度地推动城市的文明化发展。合理科学的城市养犬管理立法需要明确在制度执行过程中各部门、各社会主体的分工和不同群体的责任分摊，真正落实规范养犬，有效提高城市的公共管理水平，进而潜移默化地提高居民的文明素养，让规范养犬成为一种习惯，引导居民关注城市犬只的福利保护，从而有效减少涉犬纠纷和恶犬伤人事件，维护城市的和谐风气，让养犬管理法律法规在发挥其规范作用的同时，克制有度地保护人与动物之间的温情。

[①] 张芳：《我国城市养犬法律规制研究》，载《中共合肥市委党校学报》2020 年第 3 期。

二、国内城市养犬管理立法现状

（一）国内城市养犬管理立法情况、思想与特点

1. 国内城市养犬管理立法情况总体分析

现阶段，我国关于城市养犬管理的法律规范体系主要包括两大层次：一是国家法律层面；二是地方层面，包括地方性法规、地方政府规章等。

在国家法律层面，我国曾在 20 世纪 80 年代初出台过由卫生部、农业部、对外贸易与经济合作部以及全国供销合作总社四部门联合颁布的《家犬管理条例》。该条例制定的主要目的在于"预防和消灭狂犬病"，但因其中的部分内容，如"县级以上城市及近郊区、新兴工业区禁止养犬"明显落后于时代发展要求，已于 1998 年被废止。目前，我国并无关于城市养犬管理的专门立法，有关内容分散于有关动物检疫、社会公共秩序的法律法规中，主要包括四部分：一是《中华人民共和国侵权责任法》第十章专门规定的饲养动物损害责任，包含了养犬人对于所养犬只造成他人损害应承担侵权责任。二是《中华人民共和国传染病防治法》第 3 条将"狂犬病"列为乙类传染病。三是《中华人民共和国动物防疫法》和《中华人民共和国进出境动植物检疫法》涉及规范包括养犬人在内的饲养、管理动物人员的防疫义务，值得关注的是 2020 年全国人大对《动物防疫法（修订草案二次审议稿）》公开征求意见，明确将"犬只""狂犬病"等列入正文，在历史上尚属首次，相关条文明确提出饲养人职责，如果通过，将给养犬人的行为带来很大影响。四是《中华人民共和国治安管理处罚条例》第 75 条规定："饲养动物，干扰他人正常生活的，处警告；警告后不改正的，或者放任动物恐吓他人的，处二百元以上五百元以下罚款。驱使动物伤害他人的，依照本法第四十三条第一款的规定处罚。"此条重在规定饲养宠物伤人后的责任归属以及责任方式。

在地方层面，截至 2020 年 12 月 24 日，我国现行有效的城市养犬相关地方性法规有六十余部，其中仅包括四部省级地方性法规，即北京市、上海市、天津市和辽宁省各自颁布的养犬管理条例，其余包括两部经济特区法规及多部设区的市地方性法规。从图 1 中可以看出，1995 年至 2008 年间，地

方城市养犬管理立法数量小幅增长，2008年达到第一个小高峰。2019年立法数量骤增，共有12部设区的市地方性法规。2020年地方养犬立法的数量持续增长，共有15部地方养犬立法，成为1995年至2020年以来的最大值。在一些小城镇，因缺乏专门法规，养犬管理难以落实；相比少数已经制定养犬管理专门法规的城市，更多城市仅依靠地方政府规章、地方性规范文件、地方工作文件等作为城市养犬管理的依据。

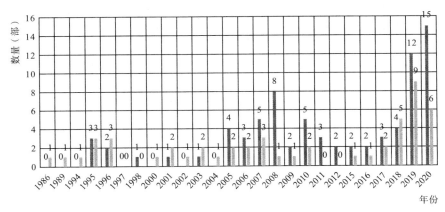

图1　养犬管理地方立法与行政法规数量统计图

数据来源：北大法宝，2020年12月。

2019年以后出台的养犬管理条例的共同点在于以规范养犬行为、加强养犬管理、保障人身健康和安全、维护社会公共秩序和市容环境卫生为目标，以公安机关、综合行政执法部门或市容环境卫生管理部门为主管部门，以禁犬、限犬为主要管理手段。近十年来，多个城市根据国家相关法律，在充分调研的基础上对原法规进行修改，体现了与时俱进的灵活性与进步性，地方养犬管理立法向协调管理机制、完善管理制度发展。当然，仍有许多城市的地方性养犬管理条例存在不合理之处，频频出现的集中整治流浪犬只、乱收费高收费、犬只伤人等问题暴露了法规在制定与落实等多个环节上的漏洞与缺陷。若想达到养犬管理立法的预期效果，还需从多方发力。

总体而言，我国养犬管理立法现状为：相关法律结构失衡，缺乏上位法规范，法律规范散乱；地方立法水平参差不齐，部分地方法规或规章滞后。

2. 国内城市养犬管理立法指导思想

纵览我国各地的养犬管理条例及政府规章，不难发现全国范围内的养犬管理立法指导思想主要有以下两种：

（1）限制养犬。

在 20 世纪末到 2010 年这近 20 年的时间里，我国各地出台的养犬管理地方性法规体现了从严禁养犬到限制养犬的指导思想转变，很多地方性法规的第一条直接点明立法的目的离不开"维护市容环境卫生""维护社会公共秩序"以及"保障公众健康和人身安全"。限制养犬与这些目的似乎有一定的因果关系，但若结合具体条款，便会发现一些规定似乎只是在很大程度上限制了养犬者的利益，并未达到平衡各方利益的效果。下面结合三方面的例子进行阐述。

制定较高的收费标准。以广州市为例，《广州市养犬管理条例》第 18 条规定："养犬管理费的征收标准为每只犬第一年五百元，第二年起每年三百元。"根据广州市人大常委会于 2019 年 7 月公布的数据，广州养犬登记的抽查登记率仅约 50%。而社区居民反映养犬登记费用过高，有关人员也提出广州市养犬收费标准 10 年间未曾调整，如今确实有必要适当调整。

严格规定饲养犬只的类型。多地地方性法规明确限制犬只的体型规格。例如，《北京市养犬管理规定》及相关部门公布的标准，在北京，原则上禁止饲养肩宽在 35 厘米以上的宠物犬，但犬只体型大小和攻击性强弱并无绝对联系。对比体型较小的泰迪犬和体型较大的拉布拉多犬，便不难看出以体型为标准的"一刀切"缺乏考量。

严格限制犬只出入的场所。目前，我国共有五十余个城市的养犬管理条例划分了不同管理区，一般分为重点管理区和一般管理区。以宁波市为例，《宁波市养犬管理条例》规定："下列场所，除专门为犬只提供服务的区域外，禁止携犬进入，并应当设置明显标识：（一）机关、医疗机构、教育机构、公共服务办事大厅等；（二）影剧院、博物馆、图书馆、美术馆、文化馆、科技馆、体育场馆、档案馆、城市展览馆等；（三）除出租汽车外的公共交通工具；（四）法律、法规规定的其他公共场所。前款规定以外的场所，可以设置明显标识，禁止携犬进入。"在许多公共活动场所，犬只都被严格禁止出入，在城市中的活动空间非常受限，养犬人携犬出行不便。公共场所是否允许宠物犬进入向来是养犬人与非养犬人激烈争论的一个问题，如果不考虑城市犬只数量、可供犬只活动的场所而只作笼统规定恐怕难以平息有关争论。

（2）便于管理。

我国各地地方性法规规定养犬管理以公安部门为主管部门，目的在于发挥各地方公安机关管辖范围广、有威信力的优势，相较其他部门能更方便快捷地对城市养犬进行管理。但法规规定的管理方式却比较粗糙。如因地方性法规缺乏对收容的流浪犬、遗失犬的后续处置规定，执法机关往往为达到维护城市卫生风貌，采取直接简单处死的措施。这一行为实际上既没有考虑到客观上有很大的公共卫生安全风险，也没有顾及主观上伤害了动物爱好者、保护者的情感，而只出于限制、管理的目的。值得关注的是东莞市于 2020 年 9 月 30 日公布的《东莞市养犬管理条例》做出了一些新尝试，如第 19 条明确规定收治犬只的后续处理措施，第 24 条规定了"养犬行为记分制度"，第 38 条规定了"遗弃或虐待犬只"应承担的法律责任。笔者期待这些尝试能作为先进经验在进行实践验证后推广，从而改变我国养犬立法中存在的部分不符合时代发展要求的指导思想。

3. 国内城市养犬管理立法的特点

（1）中央层面立法缺乏。

有关养犬管理的规定散见于《中华人民共和国传染病防治法》和《中华人民共和国民法典》侵权责任编第九章饲养动物损害责任中。关于养犬管理的具体制度立法在中央层面的法规中则完全缺失。

（2）地方立法缺乏地方特色。

通过对比现行有效的法规，可以发现养犬管理的城市立法存在的显著问题：发展情况不同的省、市之间，其养犬管理条例重复率和相似度高，缺乏地方特色，存在为了立法而立法之嫌。

由于缺乏中央法规的统一指导和规定，许多城市的养犬管理条例大都存在相互抄袭、照搬的现象。如对于基层群众自治组织参与养犬管理之原则的规定，在同为设区的市的地方性法规中，《宁波市养犬管理条例》第 8 条表述为"村（居）民委员会、业主委员会、物业服务企业和其他物业管理单位应当协助相关部门做好养犬管理工作，开展依法养犬、文明养犬宣传活动，引导、督促养犬人遵守养犬行为规范"。《天津市养犬管理条例》第 5 条表述为"居民委员会、村民委员会应当配合有关部门做好养犬管理工作"。《上海市养犬管理条例》表述为"居民委员会、村民委员会、业主委员会和物业服务企业协助相关管理部门开展依法养犬、文明养犬的宣传，引导、督促养犬人遵守养犬的行为规范"。后两者相差无几，对于基层群众自治组织，两则地方养犬管理条例只说明其有协助和配合有关部门进行管理的义务，而不同城市村委会、居委会的分布、功能、生活背景不同，具体是如何参与、协助何机关，均无结合地方实际情况的具体规定，缺乏地方特色。

不立足于地方实际和城市需要的管理条例可能导致缺乏可操作性。例如 2019 年《贵州省养犬管理条例》第 12 条①与 2003 年出台的《北京市养犬管理条例》第 17 条养犬人的义务②高度相似。贵州省与北京市经济发展的程度不同，环境差别较大，例如北京市的人口更为密集，因此需要通过法规对犬只在公共场所的活动进行十分严格的管控，规定比较细致；而贵州省的管理条例中第 12 条规定与北京市的规定高度类似，且更为概括、笼统，操作时会遇到与实际情况情况不相符而执行难的问题，也不能体现贵州省的地方特色。

（3）地方立法观念有待转变。

一方面，相关地方立法脱离地方特色，为了立法而立法，无法解决实际问题，上文已谈及，此处不再赘述；另一方面，不重视法规实用性，更新速

---

① 《贵州省养犬管理条例》第 12 条　犬只饲养人应当遵守下列规定：（一）不得携犬只进入机关、学校、医院、图书馆、博物馆、美术馆、展览馆、文化馆、影剧院、体育场馆、游乐场、候车室、社区公共健身场所及儿童场所等公共场所；（二）不得携犬只乘坐除小型出租汽车以外的公共交通工具，携犬只乘坐小型出租汽车时，应当征得汽车驾驶人和同车乘车人同意；（三）携犬只乘坐电梯的，应当避开乘坐电梯的高峰时间；（四）携犬只出户时，应当对犬只束犬链，由成年人牵领，避让老年人、残疾人、孕妇和儿童；……

② 《北京市养犬管理条例》第 17 条　养犬人应当遵守下列规定：（一）不得携犬进入市场、商店、商业街区、饭店、公园、公共绿地、学校、医院、展览馆、影剧院、体育场馆、社区公共健身场所、游乐场、候车室等公共场所；（二）不得携犬乘坐除小型出租汽车以外的公共交通工具；携犬乘坐小型出租汽车时，应当征得驾驶员同意，并为犬戴嘴套，或者将犬装入犬袋、犬笼，或者怀抱；（三）携犬乘坐电梯的，应当避开乘坐电梯的高峰时间，并为犬戴嘴套，或者将犬装入犬袋、犬笼；居民委员会、村民委员会、业主委员会可以根据实际情况确定禁止携犬乘坐电梯的具体时间；（四）携犬出户时，应当对犬束犬链，由成年人牵领，携犬人应当携带养犬登记证，并应当避让老年人、残疾人、孕妇和儿童；……

度慢。以辽宁省与沈阳市的养犬管理立法为例，沈阳市的养犬条例由于颁布较早，规定较为笼统和概括，存在可执行性不强等问题；而后出台的辽宁省相关法规借鉴了其他城市的做法，且吸收了实践经验，其规定更加细致合理，弥补了先前的法律空缺。如《辽宁省养犬管理条例》第九条、第十条分别规定了个人、单位在申请养犬办理登记时应当携带的证明材料；在第十六条规定、细化了养犬的单位和个人的养犬义务；在法律责任承担的部分规定了十一种养犬人违法行为的不同情形及其惩罚措施，这使得公安机关在执法时有法可依，增强了可操作性。而《沈阳市养犬管理条例》中对于申请养犬所需证明材料、养犬单位的义务都未进行规定，法律承担的部分也仅概括地列举了四种行为。这就导致该法规在执行时给公安机关较大的裁量空间，既难以据以执行，又可能造成处罚不合理的现象。

这实际上体现的是一种为了"存在"而立法，并非出于"解决问题"而立法的观念。虽然越来越多的城市开始重视地方养犬管理立法，但放眼全国，实际上未及时地根据社会需求进行适当更新、未意识到制定养犬管理条例重要性的城市占大多数，如洛阳市的养犬管理规定的最近更新是 2006 年，《长春市养犬管理条例》于 2005 年出台之后再未进行修改等。这种观念与社会对规范有效可行的养犬管理立法的期待是不相适应的。

（4）养犬立法热兴起，出现较多新举措，但仍存在可操作性差的问题

2019 年与 2020 年出台的地方养犬管理条例中出现了许多创造性的新措施，解决了一些先前普遍存在的问题。如东莞市、呼和浩特市都引入了大数据技术，规定、细化了对犬只植入电子芯片的措施；东莞市更是规定了新颖独特的电子芯片计分制度，与植入芯片配套使用，以更好地规范养犬人的行为。① 此外，近年许多城市的养犬管理条例中都细化和明确了有关部门的职能行使和分工协作，如《东莞市养犬管理条例》第五条分别规定了公安机关、农业农村部门、城市管理综合执法部门、住房城乡建设部门等部门具体

---

　　① 《东莞市养犬管理条例》第二十四条　本市实行违法养犬行为记分制度，记分周期为一年度，分值为十二分，从犬只植入犬只电子身份标识之日起计算。在一个记分周期内分值达到十分以上的，公安机关应当提醒养犬人；分值达到十二分以上的，公安机关可以组织养犬人参加养犬管理规范学习。一个记分周期期满后，记分分值累加未达到十二分的，该周期内的记分分值予以消除，不转入下一个记分周期。具体记分办法由公安机关另行规定。

明确的职权范围，有利于避免部门之间分工不明、相互推诿的问题。此外，许多城市的养犬管理条例还鼓励相关行业协会、动物保护协会等民间组织广泛参与、下放权力，进一步明确了群众组织工作的范围，如业主委员会、物业应当收集住宅小区内的养犬信息、处理业主投诉等，以对具体行为的规定替代"应当协助有关部门进行工作"这样的笼统表述。这种立足于经验、吸取教训、注重技术创新的立法方法和取向可谓是一大进步。

看到进步的同时，还需要意识到存在的问题。部分地区相关立法可操作性不强，条款表述不清，部分规范过于笼统，提倡性、号召性的条款多，具体化条款少等问题依然普遍存在。

（二）国内养犬管理立法的成效与不足

1. 登记准入方面。

我国关于宠物狗登记准入的问题实质上是管理理念的问题。1980 年《家犬管理条例》是我国首部涉及养犬管理的条例，这部条例顺应当时社会情况的需求，为防止犬患做出了重要贡献。但是受当时经济条件所限，这部条例的主要理念是禁止养犬，如本条例的第 2 条规定了在县级以上的地方，包括市区、郊区和工业区都严禁饲养犬只。而到了 20 世纪末，地方立法逐渐转变理念，主要通过提高登记价格等方式限制居民养犬。

近年来，面临流浪犬数量居高不下、因登记价格过高而导致"黑户"暴增、居民养犬意愿上升的情况，部分地方逐渐转变管理理念，如青岛等地的宠物狗登记价格逐步下调，贵阳甚至免除这一费用。自 2018 年 12 月 1 日起开展养犬管理专项整治工作，12 月 1 日至 12 月 15 日养犬登记数量较 11 月全月增长十倍之多。这其实体现出从"限制养犬"到"规范养犬"理念的转型之路。另外，也有城市逐步降低养犬的费用，如上海规定"城区内环以内，每条狗每年 500 元，内环以外，每年 300 元"，但收费仍然偏高，并且是持续性收费，截至 2019 年 9 月，上海犬只数量大约有 100 万，而办证犬只仅有 17 万，两者差距悬殊，规范工作成效甚微。

与此同时，"接受狂犬病免疫接种的登记犬植入电子标识"的做法在一些城市如上海得到了一段时间的贯彻执行，一方面为管理部门的工作提供便利，提高了工作效率；另一方面使居民更加安心，稳定了社会秩序。即使在没有植入电子标识规定的城市，登记犬接受狂犬病免疫接种的要求也普遍得到了落实。总的来说，我国城市犬类登记准入在向低门槛和信息技术化的方向转变，同时注重狂犬病的强制免疫，在一些城市已经取得了初步成果。

2. 管理部门及管理方式

目前我国地方关于城市犬类管理的立法正在逐步完善，理念也在与时俱进，但是管理方面仍然存在诸多问题。

管理部门履职不到位。许多部门对犬类管理工作重视程度不够。如《天津市文明行为促进条例》第6条要求"乡镇人民政府、街道办事处应当按照职责和本条例的规定做好文明行为的宣传、促进和执法工作"，"网信、发展改革、教育、公安、民政、城市管理、交通运输、农业农村、商务、文化和旅游、市场监管等部门，工会、共青团、妇联等群团组织，按照各自职责做好文明行为促进相关工作"，然而上述规定的落地效果并不理想，街道办事处、居委会、城市管理、物业等有关管理部门在养犬管理工作上参与度较低，对待群众投诉意见多是向公安机关推卸管理责任，职责履行尚不到位。①

管理方式简单化。我国多数城市养犬条例对于禁养犬的规定存在简单化倾向，如直接将大型犬、烈性犬规定为禁养犬，禁止居民个人饲养或者设立禁养区并对违规养犬人员设定罚款、没收或收容犬只等处罚措施。实际上，在缺乏统一的上位法情况下，各地城市养犬管理条例对于大型犬、烈性犬的规定名单并不一致，如山东临沂出台包括中华田园犬在内的48种烈性犬禁养名单，就被称为"最严禁犬令"。各地禁养管理规定不统一，难免会使养犬人对执法工作产生误解与不满，导致管理规定难以落到实处。

3. 犬类福利和保护

近年来，随着社会经济发展、对国外经验的借鉴以及相关立法工作的推动，人们的动物福利保护观念逐渐提升。我国城市犬类管理条例的立法和修改在犬类福利和保护方面虽然仍比较欠缺，但多数条例都对养犬人的养犬能力做出了要求，也规定不能遗弃和虐待宠物，如《上海市养犬管理条例

---

① 杨瑞强：《浅谈〈天津市文明行为促进条例〉养犬管理执行难问题》，载《法制与社会》2020年第3期。

（2016 修正）》第 47 条中规定，违反本条例第 27 条第二款规定，遗弃犬只的，由公安部门处五百元以上二千元以下罚款，并吊销《养犬登记证》，收容犬只。养犬人五年内不得申请办理《养犬登记证》。2020 年 8 月 9 日上海首例遗弃犬只案中养犬人被罚 500 元，被誉为"执法的一小步，文明养犬的一大步"。可以看出，我国在犬类福利和保护方面有所进展。

4. 养犬条例宣传方面

目前我国犬只伤人、扰民的情况仍层出不穷，这与养犬人的素质和法律意识偏低有一定关联，同时也说明养犬法律宣传的工作并不到位。尽管多数养犬条例如《贵州省城市养犬管理规定》有"广播、电视、报刊、网站等媒体应当加强城市养犬管理相关法律、法规以及卫生防疫的宣传教育，引导饲养人形成良好的养犬习惯"的要求，但是并没有强制性措施和有力的监督或者奖励机制，因此许多居民对于养犬条例既不关心也不了解。

三、国外养犬管理立法的经验启示

（一）国外养犬管理立法情况与特点

发达国家在养犬管理立法方面相对成熟，大多形成了适应自身国情的立法特色，其对协调养犬人与非养犬人的利益、保护城市犬类、维护社会秩序发挥了重要作用。我国目前城市养犬立法面临地区差异大、立法水平有待提高的困境，参考国外养犬立法现状、辩证地从国外借鉴养犬立法经验，不但有助于完善我国相关法律，也有利于因地制宜地解决城市养犬治理难题。

1. 美国——养犬大国，相关立法较为完善

（1）低门槛，高标准。

设立执照制度。在美国，养犬的第一步是获取养犬执照，从而得到合法的饲养资格。执照的价格通常便宜亲民，易于购买。拥有执照的养犬人可享有法律与经济上的各种便利，例如便于找失、执照可作为犬只接种疫苗的证据等；而没有执照的犬只无论是否被饲养都将被认定为"恶犬"，受到诸多

限制，并在被政府察觉后对饲养者进行罚款。[①] 同时，美国还通过该项制度发挥引导作用，如导盲犬等犬类的执照大都免除收费，而烈性犬等法律规定的恶犬的执照则会高于普通犬类；绝育犬的执照费用低、未绝育犬的执照费用高；等等。

养犬规范严格。虽然获取养犬资格比较简单，但美国法律对养犬人的行为做出了严格的规定，并体现在生活的方方面面。为了维护社区宁静，《睦邻法》中规定了著名的"三吠"原则，即若宠物犬在社区内狂吠三声，其主人就将受到有关法律的惩罚；为了维护街道干净整洁，相关法规规定养犬人必须立即清理宠物犬在公共场合的粪便。

（2）宠物福利制度。

美国《联邦动物保护法》注重动物福利与权益保护。遗弃或者虐待宠物犬的主人将会受到法律的严厉惩罚，更细致者如大多数州所规定的，主人不能将犬只锁在狭窄密闭的空间、不能留宠物犬独自在家超过 10 个小时。[②] 这些细微的方面都体现出对宠物犬权益的高度重视。

（3）限制恶犬，维护公共安全。

美国《恶犬法案》是涉犬法案的重要一项。美国加利福尼亚州法律对恶犬的定义做出了解释，并将是否为恶犬的判定依据主要设定为犬类的行为，养犬人对其宠物犬的管束也成为重点。如在公共场所，养犬人需为宠物犬时刻套上口套、戴好犬链防止其失控并咬伤他人；在自家门口的庭院也要设立标牌，提醒路人注意等。

2. 英国——动物福利突出

英国作为最早提出动物福利概念的国家，其动物福利法历史悠久、全面。1951 年《宠物动物法》规定宠物饲养者需要为宠物提供清洁食宿，这样才能获取饲养资格即执照，禁止街头出售宠物，禁止将宠物售卖给 12 岁以下儿童等；1959 年《犬执照法》要求养犬人持有执照并缴纳执照费，政府则利用这一笔费用去解决流浪犬的问题；1960 年《动物遗弃法》将遗弃动物的行为列为犯罪；1999 年《犬繁殖及出售（福利）法令》则规定了宠

---

① 路卿、曾祥华：《中美养犬管理立法的比较》，载《广西教育学院学报》2010 年第 4 期。
② 刘佳佳：《美国的宠物狗管理法及其对中国的启示》，外交学院 2017 年硕士学位论文。

物犬的繁殖和销售。这些法律都全面有力地维护了包括宠物犬在内的动物的合法权益。①

3. 日本——终身饲养制度

日本要求养犬家庭对其饲养的宠物犬终身负责。② 在民众动物保护意识逐渐加强的背景下，日本将《动物保护和管理法》修订更名为《动物爱护和保管法》。养犬人在登记时需详细申报姓名、住址、所养犬的数量、种类和用途，还有犬舍的大小及位置等情况，并要附上犬舍的说明图。如果哪一项有变动，包括犬死亡或丢失，也必须及时申报更正。管理部门有权对上述这些登记内容进行入户检查。如果发现养犬人有虚假申报或其他违反规定的情况，或者拒绝接受检查，就会被处以最高 20 万日元的罚金。如果养犬人有不及时喂食喂水等虐待动物或遗弃动物的行为，要被处以最高 30 万日元罚款。严厉的法律规定可以让有饲养意愿的家庭三思而后行，从而有利于保护宠物犬的权益，也减少了流浪犬的出现。

4. 德国——门槛较高，管理严格

德国饲养宠物犬的门槛相对其他国家更高。首先，在德国，宠物犬的价格极高，许多人因此会选择领养，而领养一只宠物犬的价格也需 150 欧元左右。

其次，与公民纳税相似，宠物犬要交纳"狗头税"和保险，饲养第二只还会提高税率，不履行纳税义务将会面临巨额罚款。

最后，除了养犬人需要提供一定的饲养条件，宠物犬自身还要接受为期三个月的学习培训，才能获得在一定空间内活动的自由，如跟随主人乘坐公交车、逛街等。

（二）国外养犬管理立法指导思想

1. 养犬自由思想

与我国坚持的限制养犬思想不同，许多国家在养犬管理立法方面以养犬

---

① 吴晓昊：《中英动物福利法比较》，东北林业大学 2012 年硕士学位论文。
② 易景、张华芳、吴丹：《中国城市养犬管理问题研究——以南京市为例》，载《现代商业》2018 年第 36 期。

自由作为根本指导思想。如美国《妨碍公共利益法》规定，在养犬方面公民享有法律赋予的权利①；又如芬兰法律规定，对于宠物犬一定限度内的喧哗邻居有义务包容，体现了对公民养犬自由的尊重②。在养犬自由思想的指导下，部分国家强调政府在养犬管理中更多扮演服务者的角色，划定好养犬管理资金的来源，建设和开放宠物犬活动场所，为养犬人与非养犬人提供相关帮助。与此同时，部分国家在赋予公民养犬权利的同时对其课以遵守养犬管理规定的义务，通过规范养犬人行为维护社会秩序和谐，实现养犬人与非养犬人的利益平衡。

2. 动物福利保护思想

除了尊重公民养犬自由，许多国家还十分重视保护宠物犬的动物福利。随着西方动物权逐渐兴起，宠物犬在不少国家甚至被视为家庭的一分子。国际通说认为，动物福利注重保护动物的健康与安乐，基本内容是让动物享有免受饥渴的自由、生活舒适的自由、免受痛苦的自由、生活无恐惧感和悲伤感的自由。③ 许多国家都将动物福利保护作为养犬管理立法的指导思想，对于饲养宠物犬和流浪犬都出台了相应规定予以保护。如美国联邦及各州都禁止虐待宠物犬，形成了完整的法律体系，如果对宠物犬实施虐待，施虐者将接受财产处罚甚至可能面临刑事诉讼；日本制定《动物爱护及管理法》，对宠物犬的动物福利进行保护；英国立法规定养犬人应保证宠物犬每天 15 分钟用于锻炼，反之则涉嫌虐待宠物。

3. 养犬准入高标准、低收费原则

许多国家饲养宠物犬的准入条件比较严苛，需要向养犬登记机构提供养犬人与宠物犬的必要信息，登记机构对于犬只的生活环境也会进行考察，确认宠物福利受到保护；养犬准入所需要的费用则相对低廉，不会给养犬人造成过多负担。例如在德国，养犬人需要满足法定条件才能收养宠物，收容所工作人员会从收养动机、是否有经验、家居空间和经济状况等方面考察收

---

① 刘金才、陈向武：《试论我国城市养犬管理立法的完善——比较研究的视角》，载《中国动物检疫》2011 年第 9 期。

② 夏永高、孙立彬：《国内外犬类管理现状探讨》，载《上海畜牧兽医通讯》2005 年第 5 期。

③ 何银松：《城市宠物犬管理立法问题研究》，载《上海公安高等专科学校学报》2009 年第 3 期。

养条件，动物保护组织还会进行追踪回访；在柏林等城市，宠物犬的身份信息保存在植入的电子芯片中，记录了其出生日期、防疫情况、主人姓名和住址等，方便进行管理追踪。[①] 2007 年韩国《动物保护法修正案》规定，养犬人有义务在进行养犬登记时上报自己的名字、联络方式和居住地，上报犬只类型、特征和年龄等，支付少量费用即可完成手续。英国养犬注册只需少量金额，但是犬只外出须佩戴狗牌，记录养犬人的姓名、居住地和宠物犬名，作为养犬管理执法的依据。美国养犬注册费用仅需 20～50 美元，经过注册后的宠物犬都拥有正式的"户口"和"学历"，其中纽约规定家庭养犬每年支付 8.5 美元执照费。而在新加坡养犬办证与每年的管理费用以人民币计算不超过 100 元，宠物犬大小不受限，对养犬人的行为则设置了高标准。

4. 严格管理原则

其一，提高宠物犬在繁殖、交易过程中的待遇。例如根据英国法律，只有为宠物犬准备卫生的繁殖环境并定期接受查验，才能申请执照进行宠物犬繁殖；宠物犬的交易在买受人年龄、交易场所、宠物生存条件等方面受到法律规制。其二，减少宠物犬对非养犬人的干扰。例如英国、美国、法国、芬兰、韩国、新加坡等国家都针对宠物犬随地便溺影响公共卫生的情况设置了养犬人的善后义务；芬兰、俄罗斯、韩国等国家限制宠物犬进入特定的区域以维护公共秩序、保护公民人身安全，美国《恶犬法案》还规定养犬人有义务在住所附近为过路人设置告示牌，邻居无法忍受长时间高音量狗吠的可以起诉养犬人进行权利救济。[②] 其三，宠物犬伤人的预防与处理。英国、美国、法国、德国、芬兰和日本等国均规定了养犬人有携带宠物犬定期接种疫苗的义务，否则将面临严厉处罚。美国、韩国、法国等要求养犬人在遛狗时使用面部遮挡物、牵引绳等工具以防犬只伤人；在犬只造成他人受伤时，应当由养犬人承担赔偿责任。

5. 严格处罚原则

财产处罚方面，以宠物犬在公共场所随地便溺为例，折合人民币估算，

---

① 实人：《话说世界各地的文明养狗》，载《中外文摘》2020 年第 4 期。
② 吴剑平、陈平：《试析〈广州市养犬管理条例（草案）〉——兼论借鉴国外养犬管理规定》，载《现代物业》2009 年第 1 期。

美国罚款为 300～600 元，法国罚款为 1500 元，英国最高罚款为 9000 元，新加坡罚款甚至高达 30000 元，处罚力度可见一斑。犬只处理方面，美国《恶犬法案》规定对外出未配置口套的犬只予以扣留，芬兰法律规定闯祸犬只将被拘捕，英国法律规定犬只闯祸最高可能接受处死惩罚。在养犬人接受的人身处罚方面，英国《危险犬法令》规定养犬禁令适用于宠物犬失控威胁公共安全等情形，美国恶犬伤人可导致养犬人承担刑事责任而被判处长时间的监禁刑。

四、国内城市养犬管理立法理论与建议

(一) 国内城市养犬管理立法理论

立法理论是立法活动的理性认识，为立法活动指明方向。正确的城市养犬管理立法理论有助于提高我国养犬管理的立法质量、推进养犬管理立法工作。

1. 坚持立足中国国情，与时俱进

一些发达国家已经建成较为完善的宠物管理法律体系，积累了丰富经验。因此借鉴他国的先进经验或可促进我国养犬管理立法工作。但同时也应当认识到，不同国家的国情千差万别，养犬立法以及配套措施的完善程度不尽相同。因此国内城市的养犬立法不能直接移植国外制度，而应当立足中国的经济政治社会发展实际，谨慎借鉴国外制度。

此外，城市养犬立法需要与时俱进。中国处于大发展大变革的时代，应根据不同阶段的发展需要对立法目的进行不断更新、调整，对落后于发展的养犬管理条例及时进行更新和完善，如此才能达到解决问题、回应人民要求的目的。体现在城市养犬管理立法中就是从"限制养犬"到"规范养犬"的转变。

养犬管理立法应当立足国情、与时俱进，如果急功近利地照搬域外制度或止步不前，将会使得法律流于形式，损害民众认同感和政府公信力。

2. 坚持地方立法需有地方特色

地方特色是地方法的灵魂，养犬立法要立足于地方的经济水平、历史

传统等，将地方特定条件和本地实际问题相结合。可参考的例子如东莞市2020年出台的养犬管理条例，其中规定了政府免费向养犬人发放电子狗牌。东莞市经济发展水平高，有充足的资金和成熟的技术支持电子芯片植入和管理。该条例利用新兴电子技术解决城市养犬数量巨大难以管理的问题，真正立足于本地实际情况。

3. 坚持城市立法粗细相结合，增强可操作性

由于缺乏统一的指引和规范，早期国内各个城市出台的养犬管理条例均存在重要条款表述不清、具体化条款较少而导致可操作性差的问题。如对养犬管理部门的分工问题，《贵阳市养犬管理条例》简单规定为"公安机关及农业、城市管理等行政管理部门按照职责，负责城镇养犬的管理工作。县级人民政府所在地的镇人民政府负责本行政区域内养犬的管理工作"。这样概括的条文一旦用于实践就会由于模糊不清、模棱两可而难以操作，导致公安机关工作压力大，其他负责部门相互推诿。

养犬管理是需要精细操作、多方协作的工作。增加实质性条款，细化重要条款，才能使管理条例能够执行、便于执行，从而真正适用于本城市的养犬问题。

4. 坚持关注民生需要、立足人文情怀

维护最广大人民的根本利益，为人民服务是永恒的价值取向。

在当下，犬类逐渐成为人们生活中重要的伙伴，限制养犬的立法思想不仅和当下社会民众的需要背道而驰，也难以落实。立足于人民对通过养犬丰富精神生活的需求，正确的城市养犬立法指导思想应当从"限制养犬"转变为"规范养犬"，通过立法规范民众行为，使城市养犬更有秩序，既关注养犬需求，也解决养犬担忧。

城市养犬立法还需要注重人文情怀，树立公众的道德意识和秩序意识。应当制定具体、可行、合理的养犬人携犬出行行为规范；完善动物福利保障制度，禁止随意虐待、遗弃犬只；建立有关部门收容流浪犬只后的收养、处理等后续措施。

(二) 国内城市养犬管理立法具体建议

1. 转变立法观念，由限制养犬到规范养犬

20 世纪 80 年代的传统养犬管理立法坚持"限制养犬"的指导思想，将维护城市治安市容作为首要目的，通过限制养犬抑制疫病和恶犬伤人等社会问题。随着时代变迁，经济文化迅速发展，养犬成为人民群众社会生活中重要的消遣方式之一，但是服从行政主管部门养犬管理的意识却仍然淡薄。在此前提下，继续坚持限制养犬的立法指导思想已然不能显著减少宠物犬数量。养犬管理需要多方协作、相互配合。在城市养犬数量激增，人们养犬需求不断加强的情况下，单纯依靠政府部门对养犬行为进行严格限制反而会导致养犬人不信任、不配合政府的工作，无证养犬的现象继续增加，从而使大量宠物犬脱离有序管理，对社会秩序造成潜在威胁。面对该困境，应从规范养犬人的行为入手，促使其主动配合管理工作。应当厘清的是，相关社会问题的产生根源并不在于宠物犬的数量，而在于是否对社会养犬行为进行了有效规范。将城市养犬立法的指导思想从限制养犬转变为规范养犬，抓住养犬管理难的核心问题，才能从根本上解决养犬可能带来的社会问题，从而顺应人民群众不断更新的社会需求。

2. 顺应时代趋势，加强动物福利保护

动物福利保护，体现了一种制度的人文关怀，体现了一个国家的文明程度。我国在动物福利保护方面进步速度缓慢，与发达国家相比仍然存在一定的差距。例如，虽然禁止虐待犬只的规定多见于各地方养犬管理条例，但是多数地方并未规定配套的惩罚措施，加之虐待行为不容易监督，导致禁止虐待沦为一纸空文。在进行城市养犬立法的时候，应当对虐待犬只的行为所承担的法律责任加以明确规定。另外，我国城市目前针对流浪犬普遍实行收治制度，但是对于收治手段却没有加以限制；对于流浪犬的收治场所没有设置适当的环境标准；对于热心民间组织协助犬只收容没有相应的激励措施，导致民间犬只收容机构大多生存艰辛、难以为继。为保护流浪犬只的动物福利，应当完善流浪动物管理制度，形成多方协作文明收治流浪犬的良好态势。

3. 明确管理主体，划清各部门职责边界，落实社会组织责任

目前我国城市养犬管理主体以行政机关为主，以社会力量为辅。其中公安机关是最常见的养犬主管机关，同时学界有声音认为城市管理机关是更加适合的养犬主管部门。① 对此笔者认为，公安机关在采取强制措施和处罚措施方面更有力度，深厚的民众信赖感有利于养犬管理流程的开展，面对可能承担刑事责任的违法行为能够很好地衔接行政工作与刑事司法工作，因此公安机关作为主管部门具有相当的合理性。我国多数城市对于各行政部门在养犬管理方面的职责担当采用概括性规定，抽象的职责划分方式对于确定争议事项应该由哪个部门进行管理是不利的，应当具体规定各行政部门的职责，划清权责界限，提高养犬管理效率。与此同时，社会组织在养犬管理的服务、规范、宣传等方面发挥着越来越大的作用，应当对公安机关与社会组织之间的管理互动进行深入挖掘，通过适当的激励手段提高社会组织在养犬管理中的参与度与积极性，弥补行政主管部门职能过多、力量不足的劣势，形成多主体全覆盖的养犬管理职责体系。

4. 健全登记制度，切实为人民服务

登记制度作为养犬准入环节，是决定宠物犬饲养是否在制度下接受行政管理制度监督的第一关。普及养犬登记，能够快速发现宠物犬饲养中出现的违法现象，及时纠正错误的养犬行为，从而有效规范养犬秩序。但是目前登记制度能够发挥的作用是有限的，多数登记制度方便了行政主管部门对宠物犬防疫等情况进行管理，但是并没有为养犬人带来充分的便利；加之登记费用高昂、收取费用的去向不明确，养犬人更多将登记视作养犬的义务与负担，很多人干脆避开登记制度无证养犬。为了鼓励更多人依法进行养犬登记，应当坚持为人民服务的工作理念，通过合理设置登记管理主体、降低登记费用、公示收费去向、改善配套服务，让养犬人切实感受到登记工作带来的实实在在的好处，提高主动登记的意愿。建立饲养人登记制度、引入以电子芯片为载体的大数据管理技术，既便利了行政主管部门对养犬行为进行监督管理，又可以通过 GPS 定位、匹配养犬人信息帮助宠物犬回家，引导养

---

① 刘小兵、侯加法：《我国城市养犬管理立法的特点、存在问题及对策》，载《畜牧与兽医》2006 年第 9 期。

犬人自愿依法进行养犬登记，充分发挥登记制度的实际功用。

5. 细化管理规定，保障制度可操作性

我国城市养犬立法中存在规定过于原则性导致可行性不强的问题。例如，部分条例对于禁养犬的种类、特征、范围规定不够明确，导致制度实践中行政主管部门面临判断难、收容处置难的问题，养犬人无法判断自身行为是否违反管理规定，导致权利始终处于悬而未决的状态，还存在激化养犬人与行政主管部门之间矛盾的可能，不利于形成良好的社会养犬秩序。另外，部分条例规定了行政主管部门应当公布关于养犬违法行为的举报投诉的受理结果，但是对于举报投诉的方式、处理时限、具体处理流程的规定则几乎是空白的。细化禁养犬范围、举报投诉处理程序等相关规定，可以为行政主管部门开展执法工作提供法律指导，赋予制度可操作性，提高行政主管部门的办事质量与效率，令人民群众满意。

6. 合理设置责罚，坚持处罚与教育相结合

我国城市养犬立法目前采用的处罚手段多为罚款、警告、责令改正等，处罚种类较少，不能适应类型众多的养犬违法行为；处罚力度偏轻，不具有足够的威慑力，难以在禁止违法行为上取得显著成效。违反我国城市养犬管理规定的责任分配机制不合理，部分行政法规仍然坚持养犬人作为单一责任承担主体，责任承担情形覆盖不全。应当进一步合理设置处罚种类与处罚力度，根据地方实际情况进行必要的整体调整和条款之间的相对调整，将饲养人、动物相关行业经营者和第三人也纳入责任承担主体。同时应当注意坚持处罚与教育相结合。处罚的目的是纠正违法行为，而养犬素质教育相对于消极的事后处罚具有亲和、主动的特点，"润物细无声"，只有两者配合才能实现养犬行为规范效益最大化。

7. 落实监督执法，发挥公众监督作用，保障执法力量来源

我国城市养犬立法对于类型众多的违反养犬行为规范的行为规定了对应的处罚措施。多数城市的养犬立法规定行政主管部门负有监督管理恶犬伤人等违法养犬行为的义务。然而，在制度实践中鲜有见到行政主管部门人员对犬类限制进入特定场所以及犬只外出佩戴防护工具等行为进行监督，情节较轻的违法行为未经社会公众举报投诉很难进入行政主管部门人员的视野，导

致制度差异化实施，引发社会公众不满。法的生命力在于执行，将行政监督与执法落到实处是让违法养犬人与社会公众都心悦诚服的关键。造成行政监督与执法难以落实的原因在于行政主管部门负责的事项繁多、精力有限，不能投入足够的人力资源到养犬行为监督与执法当中来。解决该问题有两条思路：其一是充分发挥公众监督的作用，解决好人民群众的涉犬难题，为社会公众提供良好的服务体验，拓宽公众监督信息渠道；其二是通过合理分工、委托专业人士、利用科技工具等方式，履行法定的监督执法义务，将对养犬行为的规制落到实处。

结　语

随着经济社会进步，生活水平提高，城市中犬只数量和类型不断增加，宠物犬也进入了更多普通民众的家庭，成为人们的生活伴侣。如何对城市中的养犬行为和犬只管理进行规范引导，成为急需研究的问题。我国中央层面尚未出台规制养犬管理的法律，相关内容只零散见于《中华人民共和国民法典》《中华人民共和国治安管理处罚法》等法律中，难以满足社会规制养犬的需要。

许多城市为了管理城市治安、维护城市秩序、回应人民需求，纷纷制定了养犬管理条例。出于严格限制养犬的目的，条例中主要对养犬登记、养犬人资质、犬只管理、传染病防治和处罚措施等进行明确规制。这些养犬管理条例在出台后确实取得一定成效，但由于缺乏中央层面法律的科学指导、立法内容不够合理、立法技术不尽完善等，总体上已经难以适应现代社会需求。为促进和完善城市养犬管理立法，笔者从过去养犬管理条例实施中产生的问题和现代社会养犬需要入手，分析和借鉴域外国家先进的养犬管理制度，研究了我国城市养犬管理立法的理论，为我国养犬管理条例的立法指导思想和具体措施提出了建议，期望能够为我国的城市养犬立法工作提供借鉴和参考。

从根本上解决城市中的犬患问题不能期望依赖严格限制，而是建设人与动物和谐共处的城市环境，形成养犬人主动约束自身行为、自觉配合政府工作，政府通过人性化的养犬管理措施切实服务于民众的良性局面。从根本上解决养犬带来的社会问题，回应民众的担忧和关切，才能够促进一流城市建设，丰富城市治理经验，推进城市治理现代化。

《忻州市五台山风景名胜区条例》
立法后评估报告

张　雪①

　　摘　要：随着我国居民生活水平的提高，观光旅游逐渐成为一种广受欢迎的生活方式。但是游客人数的增多与景区环境容量的相对稳定之间不可避免会产生冲突。五台山是环境资源和人文风景相结合的重要名山，《忻州市五台山风景名胜区条例》为五台山景区的保护管理和开发利用提供了法律指导与依据。但是社会的迅速发展使得《忻州市五台山风景名胜区条例》面临着新的制度要求。立法后评估表明，《忻州市五台山风景名胜区条例》在合法性、合理性、可操作性、技术性、实效性和地方特色六方面存在着或大或小的不足，具体的监管保护工作以及管理机构的定位等需要细化。为了让该条例更好地发挥指导作用，在比较借鉴华山、黄山以及武当山的风景名胜区管理的地方性法规、规章之后，建议重点加强《忻州市五台山风景名胜区条例》的可操作性、实效性以及地方特色的制度构建，明确五台山管委会的法律地位，充分利用五台山的跨地域特点为五台县和繁峙县人民政府及有关部门划定相对清晰的职责范围，适当细化五台山风景名胜区规划的编制规定，打造五台山文化旅游管理和服务信息的公开平台，建立健全处理游客意见建议投诉的机制等，结合现实情况进行修改，不断提高五台山风景名胜区的发展质量。

　　关键词：《忻州市五台山风景名胜区条例》　立法后评估　风景区立法

---

　　①　张雪，四川大学地方立法研究基地研究人员。

引　言

　　风景名胜作为自然变迁的见证和人类文明的重要遗产，对于科学研究、环境保护、生态平衡甚至资源补给、人类发展都有着重要意义，而关于风景名胜区的设立标准、保护范围、规划方案以及具体实施措施、法律责任等又需要统一的法律规范来予以规定，所以需要对管理和保护风景名胜区的地方性法规的条文构成、篇章结构与实施效果等进行评估，以期从中发现不足、予以改进，规范风景名胜区的保护与生态化发展，促进人类社会与自然和谐共处。本文以山西省《忻州市五台山风景名胜区条例》为主要评估对象，参考对比了《风景名胜区条例》《山西省风景名胜区条例》《黄山风景名胜区条例》《湖北省武当山风景名胜区管理办法》以及《陕西省风景名胜区管理条例》，并进行了简要分析，希望能为《忻州市五台山风景名胜区条例》的进一步修改完善提供借鉴经验。

一、地方立法评估标准

　　首先，不同的专家和学者关于地方立法后评估的定义都各有侧重点，目前还没有清晰统一的概念。[1] 本文采用石佑启、朱最新、潘高峰、黄喆编著，高等教育出版社出版的《地方立法学》中提到的"地方立法后评估"的概念，即"所谓地方立法后评估，是指地方性法规、地方政府规章实施后，具有立法权的地方国家机关，借助一定的标准、程序和方法，对已生效的地方性法规和地方政府规章的价值、发展和效果进行综合评价、判断和预测，提出废止、修改等评估意见的活动，是地方立法工作的继续和延伸，是提高地方立法质量的重要环节"[2]。

　　地方立法后评估的内容重点包括评估地方性法规、规章的实施对经济、

---

[1]　参见席涛：《立法评估：评估什么和如何评估（上）——以中国立法评估为例》，载《政法论坛》2012 年第 5 期，第 59—75 页。

[2]　参见石佑启、朱最新、潘高峰、黄喆：《地方立法学》，高等教育出版社 2019 年版，第 157页。

社会和环境产生的影响以及在实施过程中存在的问题。比如从宏观层面看，法律制度规范是否能够促进经济增长与社会良性发展，是否有利于环境保护与资源的合理配置，是否彰显了公平正义的理念等。评估地方性法规、规章在实施过程中存在的问题包括其本身存在的问题，如地方政府依法律授权制定的相关规则的性质、位阶，以及地方立法在经济、社会和环境出现新情况后是否需要及时修改等。①

地方立法评估标准是衡量地方立法活动和立法成果利弊优劣的标尺，是评估工作的起点与基本前提。要进行立法后评估，需要先确定评估的标准，才能为评估指明方向，从不同的方面反映立法质量。而立法后评估标准并不统一，学者们各有主张，地方立法评估实践中也往往各有侧重。② 因此参照目前实践中适用度较高、频繁出现的标准以及参考相关文章，本文选定了如下标准：合法性、合理性、可操作性、技术性、实效性以及地方特色。③

合法性几乎是各地区立法后评估中均有适用的标准，需要从主体、权限、内容、程序等方面进行评估。合理性，即风景名胜区的管理机构设置是否合理、权责是否一致，风景名胜区管理机构是否过多干涉相关投资者与游客的权利，是否在法律责任方面提供或告知了救济的方法途径，是否遵循比例原则等。可操作性，即在实践中法规能否逐条实行，是否存在不能履行的情况，留给风景名胜区管理机构自由裁量的空间是否恰当等。技术性，即法律规范的名称是否规范准确、篇章体例结构是否合理、各部分间的逻辑关系是否清楚，立法文本是否严谨，是否存在可解释、裁量的空间，法规文本的标点符号数字是否符合立法技术规范等。实效性，即该法律规范投入到实践应用中是否解决了其应解决的问题，实际效果如何，受效力约束的公民法人或其他组织以及行政主体反响如何，人大相关部门的认可程度与评价的高低等。地方特色，即是否体现了山西五台山的特色，能否解决现实中存在的问题，与地方事务的相关立法目的或任务能否对应、互相配合等。

---

① 参见石佑启、朱最新、潘高峰、黄喆：《地方立法学》，高等教育出版社 2019 年版，第 170 页。

② 参见石佑启、朱最新、潘高峰、黄喆：《地方立法学》，高等教育出版社 2019 年版，第 172 页。

③ 参见郭江兰、闫静、朱建海：《〈重庆市轨道交通条例〉立法后评估报告》，载付子堂《中国地方立法报告（2019）》，社会科学文献出版社 2020 年版。

二、《忻州市五台山风景名胜区条例》的立法后评估

《忻州市五台山风景名胜区条例》共计 6 章 32 条，除了总则和附则之外，分别从规划、保护、管理以及法律责任几方面进行具体的制度建构。本文将对《忻州市五台山风景名胜区条例》以前文所述六项评估标准为内容依次展开分析。

1. 合法性

合法性标准是立法后评估的首要标准。《忻州市五台山风景名胜区条例》由忻州市第四届人民代表大会常务委员会第八次会议通过，山西省第十二届人民代表大会常务委员会第四十二次会议批准，在立法主体和程序上并未违反《中华人民共和国立法法》的规定；阅读分析总则、规划、保护、管理、法律责任以及附则六部分之后，也没有与宪法、法律、行政法等相抵触的内容；在依据上，并未与上位法和宪法法律的原则性规定相抵触。大体来说，《忻州市五台山风景名胜区条例》符合地方立法的合法性要件，在立法主体、立法权限以及具体的文本内容上均符合法律规定，满足合法性标准。

2. 合理性

合理性则是判断相关立法是否对社会产生了积极的影响，能否调整规范经济、社会、环境等出现的新情况新问题的重要指标。在对《忻州市五台山风景名胜区条例》的合理性评估中，需要清楚该条例能否适应并促进社会发展，具体条文是否符合立法的目的，能否体现立法的精神，对受该法规影响的主体所赋予的权利和施加的义务是否得当，是否在多种达到立法目的的方法中选择最小侵害的方法，成本投入与收益获得是否符合比例等。总体而言，《忻州市五台山风景名胜区条例》对于五台山风景名胜区的保护、管理和可持续利用方面规定明确具体，五台山风景名胜区的组织领导部门和管理机构各自分工，对风景名胜区的编制、总体规划以及区内的各类建设项目规定了相应要求，保护的范围、措施、制度以及资金来源、禁止行为等较为明确，对于景区内的建筑施工、投资经营以及游客安全、执法管理和相关的法律责任都有着较为具体的规定，对于解决景区内的问题、促进景区良好发展

有着积极的作用。

3. 可操作性

可操作性是指执法机关能否根据地方性法规、规章设定的各项制度措施在社会生活中解决现实问题、实现立法目的，具体包括各项制度是否切实可行，各项措施是否高效便民，程序是否易于操作等。《忻州市五台山风景名胜区条例》作为地方性法规，针对性强，自 2018 年 3 月 1 日起实施至今，社会背景变化不大，可以持续性适用，法规内容也比较具体，法律责任、权力分工也相对明确，具有一定的可操作性。但部分条文规定不够明确清晰，比如忻州市政府各部门的职责范围划定不够清晰，五台山管委会的法律地位没有明确的界定，公民权利遭受侵害后难以迅速寻求救济途径。具体而言，总则部分的第 4 条第一款规定：五台山风景名胜区管理委员会（以下简称"五台山管委会"）依照有关法律、法规的规定，具体负责世界文化景观遗产、国家森林公园、国家地质公园等风景名胜资源的保护、利用和管理工作。具体依照"有关"的哪些法律、法规没有明确指出，那么五台山管委会在五台山景区的管理中到底是处于何种地位，享有的权限边界在哪里，能不能成为适格的行政诉讼被告？在第二章规划部分，第 7 条和第 8 条规定了五台山风景名胜区规划的编制原则、批准程序等，但是比较简略，可操作性不高。在第四章管理部分，第 21 条规定："五台山文化旅游管理和服务信息实行统一发布制度。五台山管委会应当建立健全五台山风景名胜区文化旅游管理制度和游客意见建议征集、游客投诉答复处理等制度。五台山管委会应当加强对提供文化旅游服务的经营者服务行为的监督管理。"那么针对游客的投诉是否有一套专门的处理机制？处理机制如何运行？能否倒逼五台山管委会以及监督管理部门提高服务质量？以上是需要进一步明确的问题。

4. 技术性

立法技术是提高立法质量的重要保障，同时也影响着法的实施与监督，对于合理调整社会利益关系有重要意义。通过对立法质量、名称、体系结构和立法语言以及标点符号进行分析，笔者认为《忻州市五台山风景名胜区条例》语言简洁通俗，规范准确，体例结构清楚，分章展开，符合逻辑规律，具有一定的技术性。但是部分条文的章节分类缺乏条理，文本质量也需要提高。比如在第三章保护中的第 17、18 条列举的禁止行为并没有在第五章法律责任中阐明如何处理，未提及相关行为人若实施了禁止行为将会承担怎样的法律责任。

5. 实效性

实效性是对地方性法规、规章实施后效果的进一步评价，包括相关法规、规章是否得到了有效执行，执行效果在多大程度上达到了地方立法的预期目标，在各个领域产生的影响如何以及影响的分类和联系等。对《忻州市五台山风景名胜区条例》进行实效性方面的评估，可以了解到实施部门、公众对该条例的接受程度和评价反馈，以及景区存在的问题的解决程度等。《忻州市五台山风景名胜区条例》颁布施行后，相关公众和实施部门都对其有一定的了解，遵守执行的效果较好，能够得到社会的认可，在规划建设、景区保护、景区内的管理经营等方面都取得了一定的进步。但不可忽视的是，部分条文也存在瑕疵，比如第 4 条第二款和第三款对于市政府各部门的职责范围以及五台县和繁峙县人民政府及其有关部门的职责范围没有清晰具体的边界，规定笼统粗略，没有更为详细合理的分工与具体的目标和责任承担，可能导致现实中的政府部门不作为，互相推诿，难以切实履行保护、管理和监督职责。

6. 地方特色

与地方立法应当遵循有特色原则相对应，地方特色标准是衡量一部地方性法规、规章的亮点与价值的重要尺度，体现地方特色、解决地方问题是一部地方性法规、规章的主要任务之一。地方性法规、规章是否立足于本区域的实际情况对上位法进行细化，能否反映当地经济社会发展的实际需要进而解决本地的实际问题都是进行评估的重要方面。《忻州市五台山风景名胜区条例》根据五台山风景名胜区及所在区域的实际情况制定，尤其是立足于五台山佛教名山的地位，针对佛教文化设立专门的寺庙管理委员会。此外在景区内的禁止类行为规定也与当地风俗和自然环境相适应。但是针对不同的违规行为并没有给出一个相应范围内的承担法律责任的方式以及合理的赔款金额，也没有给予宗教活动的开办、管理足够的重视等。比如第 14 条提到了寺庙管委会的职责与接受监督的义务，但是没有对其权力边界、位置定性进行规定。

三、其他风景区地方立法的对比分析

我国各地区关于风景名胜区的立法逐渐丰富和科学化，章节编排也各有特色，内容更加全面具体。为对《忻州市五台山风景名胜区条例》进行全面审视和评价，发现更多的不足以得出多维的修改建议，本文选取了不同地区的名山风景名胜区的相关立法进行了比较与研究。以《忻州市五台山风景名胜区条例》存在的问题为导向，在现有关于风景名胜区的地方性法规和政府规章中，选取陕西华山、安徽黄山、湖北武当山作为比较对象，重点针对实效性、可操作性以及地方特色分别对省级地方性法规《陕西省华山风景名胜区条例》和《黄山风景名胜区管理条例》，地方政府规章《湖北省武当山风景名胜区管理办法》进行简略评价与对比，为《忻州市五台山风景名胜区条例》的修改完善提供借鉴。

（一）《陕西省华山风景名胜区条例》评价

首先，《陕西省华山风景名胜区条例》分为总则、规划、建设、保护、利用和管理、法律责任以及附则七章。在总则部分第 5 条规定了具体的监督管理部门和华山风景名胜区管理机构，还根据华山的地域位置，对渭南市人民政府和华阴市人民政府的责任做了具体的分工，如规定"渭南市人民政府应当加强对华山风景名胜区工作的领导，将华山风景名胜区的保护和建设纳入全市国民经济和社会发展规划"，而华阴市政府负责"华山风景名胜区外围保护地带的建设和管理工作"，华山风景名胜区周边其他县级人民政府则是"应当结合实际利用华山风景名胜资源，发展旅游业，促进县域经济的发展"。充分利用华山风景名胜区的跨地域特点为不同行政区划的地方政府设置切实可行的定位，可操作性强。

其次，该条例特意列出规划一章来细述华山风景名胜区规划的分类、编制单位、审批、内容、备案、修改等事宜。在建设一章中，按照核心景区、外围景区的层级对违规建筑采取不同的规定，具有合理性。在保护一章中，第 25 条规定"渭南市人民政府、华阴市人民政府和有关乡（镇）人民政府，以及华山风景名胜区管理机构，应当扶持和帮助华山风景名胜区及其外围保护地带内的农村集体经济组织和农户，利用自然资源优势发展生态农业、生态林业和旅游服务业，改善生态环境，保护风景名胜资源"。该条因地制宜，充分利用当地自然资源发展生态农业，促进景区内环境与经济的共同协调发展，充分体现了地方特色与实效性。在利用与管理一章中，规定十分详细，涉及加强对工作人员和游客的安全教育及管理工作，华山风景名胜区管理机构联合工商、卫生等部门共同监督检查景区内的经营活动，应当逐步使用环保型机动车辆，风景名胜区管理机构的工作人员不得在风景名胜区内的企业兼职、参股等。在法律责任一章中特别列举了华山风景名胜区管理机构违法条例规定的后果以及法律责任，以警醒、约束管理机构及工作人员合法合理行使权利；第 48 条还指出："依据国务院《风景名胜区条例》、《陕西省风景名胜区管理条例》和本条例规定，对个人作出五千元以上罚款，对单位作出五万元以上罚款处罚决定的，应当告知当事人有要求听证的权利"，体现出对公民权利的告知与救济，在维护当事人合法权益的同时也更好地体现与上位法的联系和衔接。附则一章则是给出了核心景区和外围保护地带的概念，界定清晰。

总之，《陕西省华山风景名胜区条例》内容具体明确，可操作性强，地方特色较为浓厚，立法水平较高，值得《忻州市五台山风景名胜区条例》参考。

（二）《黄山风景名胜区管理条例》评价

《黄山风景名胜区管理条例》共三十余条，但没有分章节，全文从黄山地位介绍，立法目的，保护地带的范围，管理委员会的设置和职责，省市人民政府的职责，景区内的保护、禁止行为以及建筑的审核修建、开发注意事项，个人单位的义务与权利，违规行为的法律责任等方面依次构建，大体上可以划分为总则、管理机构、景区保护、规划建设、法律责任以及附则等版块。其中不乏一些人性化、创新性的规定。如第 2 条界定了黄山风景名胜区的具体范围；第 5 条第二款"管委会经省人民政府批准可以设立综合执法机构，相对集中行使行政处罚权"；第 6 条第二款"黄山市人民政府应当建立协商协调机制，对风景名胜区保护地带的土地利用、资源与环境管理、城乡建设、低山景点调控等规划的编制、实施进行协调"，考虑到在风景名胜区划范围建设以及编制管理过程中可能与不同机构和群众产生纠纷如何处理的问题；第 15 条规定管委会应当对重要景区、景点实行定期封闭轮休，同时采取措施防止酸雨等有害物质对古树名木、石雕石刻等珍稀资源的侵蚀，注意环境污染和景区内资源的可持续化；第 17 条第一款规定"黄山市人民政府应当加强松材线虫病等有害生物的防控，禁止松科植物及其制品进入风景名胜区"，充分体现地方特色；第 24 条"管委会应当提高风景名胜区保护管理信息化水平，对风景名胜资源实行动态监控；建立公共服务平台，发布公共信息，受理旅游者咨询、投诉、举报等"，注重科学技术的应用，与时俱进。

总体而言，《黄山风景名胜区管理条例》的一些具体规定新颖合理，地方特色也比较强，具有可操作性，展现出较高的立法水平。

（三）《湖北省武当山风景名胜区管理办法》评价

《湖北省武当山风景名胜区管理办法》分为总则、管理机构与职责、文物古迹的保护、自然景物的保护、规划建设、道路交通管理、奖励与处罚和附则八部分。

在管理机构与职责一章中，第 5 条明确规定"武当山旅游经济特区管理委员会（以下简称特区管委会）在所辖行政区划范围内行使县级人民政府的管理职权"，对特区管委会给出了明确的定位，便于当事人利益受到侵害时寻求救济；此外特区管委会的主要职责还包括"负责宗教活动场所的管理工作并保护其合法权益"，具有地方特色。第 6 条规定了特区管委会内设的不同职能部门的具体职责，机构设置清晰。文物古迹的保护一章涵盖范围广，登记造册的规定也有利于加强文物古迹的保护。在自然景物的保护一章中，针对科学考察研究，确需采集动、植、矿物等标本的有一定的程序和要求——必须先经特区管委会有关职能部门审核，再按程序报有关行政主管部门批准后，在指定范围内限量采集；第 15 条也规定了"风景区内的古树名木，应登记挂牌、建立档案，严加保护"，具体记录，方便管理。在规划建设一章中，第 19 条具体指出"风景区建设和景点配套设施，必须按明、清建筑风格规划设计。屋顶、屋面不得采用黄色，高度不得超过规定的标准"，具有鲜明的地方特色；第 22 条要求"严格控制风景区内的经营服务网点总体容量。核心景区内的经营服务网点，由特区管委会根据风景区规划统一规划布局，并与周围景物、景观相协调"，体现了对核心景区发展质量的重视。在奖励与处罚一章中，第 30 条详细罗列了违规、违法行为以及相应的处罚措施；第 31 条规定"对行政处罚决定不服的，可以依法申请行政复议或提起行政诉讼"，给行政相对人指明了救济途径。

纵观全文，《湖北省武当山风景名胜区管理办法》机构设职权分配清晰，一些相关规定体现了地方特色，也注重告知行政相对人救济途径，实效性强，具备可操作性。

四、《忻州市五台山风景名胜区条例》完善建议

通过对以上两部地方性法规和一部地方政府规章的具体分析可以发现，在风景名胜区的保护与管理方面，忻州市可以借鉴安徽黄山、湖北武当山和陕西华山风景名胜区的保护条例和管理办法，重点加强对可操作性、实效性以及地方特色的凸显。虽然以上四部法律规范的效力级别不同，在文本语言的详略以及条款的设置等方面有所区别，但依然可以参考其他三份法律规范。以下针对《忻州市五台山风景名胜区条例》存在的一些问题提出一些简要的建议。

1. 关于第 4 条第一款的建议

可以参考《湖北省武当山风景名胜区管理办法》第 5 条"武当山旅游经济特区管理委员会（以下简称特区管委会）在所辖行政区划范围内行使县级人民政府的管理职权"之规定，明确五台山管委会的法律地位、划定权力边界并明确职能范围，从而在一定程度上防止权力滥用，明示社会公众从而督促管委会合法积极履职。

2. 关于第 4 条第二款、第三款的建议

可以参考吸收《陕西省华山风景名胜区条例》第 5 条的规定，明确忻州市政府各部门的职责范围以及五台县和繁峙县人民政府及其有关部门的职责范围，尝试设计一个目标或预期达到的效果。充分利用五台山的跨地域特点

为不同行政区划的地方政府设置切实可行的定位，提高可操作性。

3. 关于第 7 条、第 8 条的建议

可以在不重复上位法、不违背上位法的前提下参照《风景名胜区条例》《山西省风景名胜区条例》的第三章规划部分，适当细化五台山风景名胜区规划的编制规定，进行详细设定与规划。

4. 关于第 21 条的建议

明确五台山文化旅游管理和服务信息的公开平台及处理游客意见建议投诉的机制，及时反馈，不断提高服务质量。

结　语

通过对评估标准、评估结果和相关法规规章的对比研究，从宏观和纵向的层面看，《忻州市五台山风景名胜区条例》作为一部设区的市的地方性法规，虽然对上位法《风景名胜区条例》和《山西省风景名胜区条例》的非必要性重复不多，但是并没有很好地对相应的法律条文进行细化和加入更多的地方性元素，没有彰显五台山作为佛教名山的重要地位，欠缺相对应的严密的保护、合理开发体系，也欠缺实效性、可操作性以及地方特色。从微观和横向的层面看，《忻州市五台山风景名胜区条例》的具体条文设置和分类不够明确清晰，在政府部门分工、管委会的地位、职权规定、风景名胜区规划编制以及对行政处罚的救济等方面缺乏更为详细的规定，在地方特色方面没有给予宗教活动的开办、管理足够的重视。

因此，《忻州市五台山风景名胜区条例》应当从上述问题入手，根据其实施情况采取有效措施，不断提高立法技术和立法质量，重视实效性和可操作性的提高，以逐步解决现实中的突出问题。

艾滋病告知制度地方立法研究

——以《云南省艾滋病防治条例》为例

陈雅玟①

摘　要：云南省地方立法机关为防治艾滋病、控制艾滋病的传播发布了《云南省艾滋病防治条例》，其中"艾滋病患者如不履行告知义务，有关机构将强制告知"的规定，引发了一些关于该规定的合法性与合理性的争议和探讨。目前我国的艾滋病防治制度仍然存在一些问题，应通过细化相关规定、对已有法规进行合法性审查、明确相关概念和定义等措施，优化和完善艾滋病强制告知制度与防治制度，以实现维护公共健康与保障艾滋病病人应有人权的平衡。

关键词：艾滋病　告知制度　地方立法

引　言

艾滋病全称为"获得性免疫缺陷综合征"，是由艾滋病病毒（即人类免疫缺陷病毒）引起的一种传染病，它可以通过破坏人体的免疫系统，使感染者逐渐丧失对各种疾病的抵抗能力，微小的感冒或者细菌感染都能使艾滋病病人的身体产生严重的反应，最终导致感染者死亡。艾滋病自 1981 年在人类医学历史上正式被记载以来，其危害之严重、传播之迅速，以及带来的高病死率和痛苦，对人类的生存和发展产生了极大的威胁，令人感到恐惧。艾

---

① 陈雅玟，四川大学地方立法研究基地研究人员。

滋病目前尚无有效的治疗方式，仍然是人类难以攻克的医学难题，对人类的影响已经从医学方面蔓延至经济、社会等各个领域，因此保障公共健康和安全、对艾滋病进行防治显得尤为重要。

地方立法作为国家立法的重要组成部分，其作用在于灵活地贯彻和执行宪法、法律、行政法规和国家大政方针，补充和细化中央立法，针对各个地方的问题，因地制宜地制定管理地方的政策并实施。《云南省艾滋病防治条例》作为地方法规，自发布以来引起了一些争议。

本文以云南省艾滋病地方立法及其争议为例，比较不同艾滋病告知制度地方立法的异同，探究和完善在艾滋病防治方面的告知制度。本文所讨论的艾滋病告知制度包括有关机构对艾滋病病毒感染者或病人的告知制度、强制告知制度、艾滋病病毒感染者或艾滋病病人对其配偶或性伴侣的告知义务制度、告知制度执行程序的规范以及相应权利保障制度。

一、《云南省艾滋病防治条例》的争议焦点

（一）关于规定艾滋病病毒感染者违反义务承担刑事责任的争议

《云南省艾滋病防治条例》第 57 条规定："感染者和病人有下列情形之一的，依法承担民事责任。构成犯罪的，依法追究刑事责任：（一）不及时将感染艾滋病病毒的事实告知其配偶、有性关系者等存在暴露风险的人群；（二）明知自己感染艾滋病病毒仍进行卖淫嫖娼，或者不采取防范措施与他人发生性关系的，或者不接受医疗机构采取的母婴阻断措施的，或者与他人共用针具吸毒的；（三）明知他人感染艾滋病病毒而隐瞒情况，介绍其卖淫嫖娼或者与他人发生性行为的；（四）以其他途径恶意传播艾滋病病毒的。"

有观点认为，虽然该规定的立法目的是保护艾滋病病人配偶、性关系对象以及其他公民的健康权，但《中华人民共和国立法法》第 7、第 8 条明确规定："全国人民代表大会和全国人民代表大会常务委员会行使国家立法权。全国人民代表大会制定和修改刑事、民事、国家机构的和其他的基本法律"，以及对公民政治权利的剥夺、限制人身自由的强制措施和处罚只能制定法

律，即只有全国人民代表大会和全国人民代表大会常务委员会能够行使犯罪和刑罚的立法权限。《云南省艾滋病防治条例》属地方性法规，但该条例在上位法并未作出规定的情况下，将上述行为入刑，逾越了地方的立法权限。

笔者认为，该条规定并不存在与上位法相冲突的情况。《最高人民法院最高人民检察院关于办理组织、强迫、引诱、容留、介绍卖淫刑事案件适用法律若干问题的解释》第12条规定："明知自己患有艾滋病或者感染艾滋病病毒而卖淫、嫖娼的，依照刑法第三百六十条的规定，以传播性病罪定罪，从重处罚。具有下列情形之一，致使他人感染艾滋病病毒的，认定为刑法第九十五条第三项'其他对于人身健康有重大伤害'所指的'重伤'，依照刑法第二百三十四条第二款的规定，以故意伤害罪定罪处罚：（一）明知自己感染艾滋病病毒而卖淫、嫖娼的；（二）明知自己感染艾滋病病毒，故意不采取防范措施而与他人发生性关系的。"《中华人民共和国刑法》第234条规定："故意伤害他人身体的，处三年以下有期徒刑、拘役或者管制。犯前款罪，致人重伤的，处三年以上十年以下有期徒刑；致人死亡或者以特别残忍手段致人重伤造成严重残疾的，处十年以上有期徒刑、无期徒刑或者死刑。本法另有规定的，依照规定。"第360条规定："明知自己患有梅毒、淋病等严重性病卖淫、嫖娼的，处五年以下有期徒刑、拘役或者管制，并处罚金。"

可见，明知自己患有艾滋病，仍然进行卖淫、嫖娼，本就触犯了刑法，应当被追究刑事责任。而针对"不及时将感染艾滋病病毒的事实告知其配偶、有性关系者等存在暴露风险的人群"这一情况，笔者作如下理解：在未告知其配偶或性伴侣，但采取了防护措施、未造成严重后果时，仅追究其民事责任，而在因未告知并故意不加防护造成其配偶、性伴侣患上艾滋病，达到故意伤害罪、传播性病罪的入罪条件时，才依照刑法规定，以传播性病罪或故意伤害罪论处，追究其刑事责任，并非一旦触及此类情形就对其以犯罪论处。因此，在上位法已经对此类情形进行规定的情况下，《云南省艾滋病防治条例》的表述和规定并无不妥。

（二）关于艾滋病强制告知规定的争议

《云南省艾滋病防治条例》第20条规定："感染者和病人应当将感染艾滋病病毒的事实及时告知其配偶或性伴侣；本人不告知的，医疗卫生机构有权告知。"该条规定存在的争议原因与第 57 条相同——虽然该条规定目的正当,也得到大众的热烈支持,但也有与上位法存在冲突之嫌。国务院《艾滋病防治条例》第 39 条规定:"未经本人或者其监护人同意,任何单位或者个人不得公开艾滋病病毒感染者、艾滋病病人及其家属的姓名、住址、工作单位、肖像、病史资料以及其他可能推断出其具体身份的信息。"《云南省艾滋病防治条例》第 20 条的规定,从公共道德的视角来看,其立法目的是保护艾滋病病毒感染者的配偶或性伴侣的健康权,客观上有益于艾滋病的预防和控制,在精神与原则上不存在与其上位法即国务院《艾滋病防治条例》相抵触的情况,需要探讨的是该规定与国务院《艾滋病防治条例》的具体规定是否冲突的问题。本文认为,国务院《艾滋病防治条例》第 39 条规定中"公开"一词的文义是"面向公众",结合该条规定的语境,其定义应指"向不特定的社会大众发布艾滋病病毒感染者、艾滋病病人及其家属的相关信息",禁止的是向"不特定"的社会大众发布。但艾滋病病毒感染者的配偶与性伴侣的身份和范围是确定的,不属于不特定的社会大众的范围。因此,《云南省艾滋病防治条例》第 20 条有关告知义务的规定与国务院《艾滋病防治条例》第 39 条规定并不存在冲突。

二、我国艾滋病告知制度存在的问题

《云南省艾滋病防治条例》引发的争议,反映出的不仅是立法权限方面的冲突,更深层次的是与告知制度相关的道德与法律上的冲突,如艾滋病强制告知制度对公共健康的保护与艾滋病病毒感染者的人格权利产生冲突,应当适用何种调解方式?艾滋病病毒感染者不履行告知义务在道德上是受到公众谴责的,但在现阶段地方应怎样通过地方立法及完善制度来约束这种行为?

(一)艾滋病告知制度相关规定的界定问题

《云南省艾滋病防治条例》第 57 条及云南省卫生厅制定的《关于告知艾滋病检测结果有关事宜的通知》的第 20 条规定:"若艾滋病病毒感染者拒绝告知其配偶,则疾病预防控制机构应在不超过一个月的时间内及时以适当的方式将确诊的结果告知其配偶，并提供相应检测和咨询服务。"该规定存在定义上的问题，如"不及时"和"适当的方式"应当如何解释，这一问题将直接影响到艾滋病告知制度的实行以及艾滋病的地方防治工作。

（二）保护公共健康与艾滋病病毒感染者、艾滋病病人人格权利冲突的问题

在艾滋病病毒感染者主动履行告知义务时，保护患者的隐私权等人格权利与维护公共健康并不矛盾，但在患者不履行告知义务、有关机构强制告知时，其人格权利将会与公共健康发生冲突，此时是否应该牺牲代表个人利益的艾滋病病毒感染者及艾滋病病人的隐私权，保护代表大多数人利益的公共健康？强制告知制度的实行，怎样平衡公共健康与艾滋病病毒感染者、艾滋病病人的人格权利保障？

（三）艾滋病告知制度在地方立法和程序规范上的问题

执行艾滋病告知制度，必须以法律法规为依据，但现有艾滋病地方立法在总体上仍然不够完善，告知制度的完善和实施也存在极大的阻力。地方在艾滋病的立法方面存在的问题主要有：立法粗略，规定过少，如《广州市性病防治规定》《大连市艾滋病监测管理规定》《青岛市防治性病规定》《河南省性病防治暂行办法》。各地方现有的艾滋病防治法规名称还存在不统一的问题，有的法规名称为"规定"，有的法规名称为"办法"，有的法规名称为"条例"，有的则为"暂行办法"，如《北京市实施艾滋病监测管理的规定》《上海市艾滋病防治办法》《重庆市预防控制性病艾滋病条例》《河南省性病防治暂行办法》等。法规名称属于立法技术的一项内容，法规名称的规范与否影响着立法活动的效力和公众对法规的了解和遵守，地方立法的法规名称混乱，不利于艾滋病病毒感染者、艾滋病病人及公众了解地方性法规的基本内容和效力、遵守条例规定，有损地方立法的效果，也不利于艾滋病的防治。

告知制度的落实和执行包括谁是告知的履行主体，如何保证艾滋病病毒感染者、艾滋病病人告知义务的履行等问题。云南省卫生厅《关于告知艾滋病检测结果有关事宜的通知》规定，艾滋病病毒感染者不履行告知义务时，

疾病预防控制机构应当以适当方式告知，说明告知义务的履行主体包括艾滋病病毒感染者本人以及当地的疾病预防控制机构，但对于"适当方式"的具体形式则没有加以说明。

三、地方如何通过立法完善现有的艾滋病告知制度问题

（一）规范艾滋病地方立法，对告知制度规定的相关概念进行明确

地方告知制度必须通过地方立法的形式确定，并且必须以中央法律、法规为立法依据。首先应当对地方现有的艾滋病防治规定的有效性进行审查，废止或修改与上位法相抵触的地方性法规。其次应当从立法技术方面对地方艾滋病防治法规进行规范，统一地方性法规的名称及层级等。最后应当明确地方性法规有关告知制度中尚不明晰的概念，如艾滋病病毒感染者、艾滋病病人告知义务规定中及时性的解释。《云南省艾滋病防治条例》第 57 条规定中的"不及时"存在解释缺失的问题，其他省份的艾滋病防治条例则有较为详细的解释，如《江苏省艾滋病防治条例》第 31 条规定："艾滋病病人及病毒感染者登记结婚，应当在登记前向对方说明患病或者感染的事实；告知后双方同意申请结婚登记的，应当到医疗保健机构接受医学指导。"《湖北省艾滋病防治办法》第 27 条规定："艾滋病病毒感染者、艾滋病病人如申请结婚，应当先向对方告知自身真实情况，并接受医学指导。"两省的防治立法将及时告知的时间限制为登记结婚之前，对"及时"的概念做出了界定。美国亚拉巴马州曾提出提案，要求申请结婚者需接受艾滋病检测："艾滋病检查包括体格检查以及获批准的血液检验。实验室检验须在发放结婚证书前 30 天内进行。"伊利诺伊州规定："在检验结果呈阳性的情况下，可向该接受检验的申请人签发给结婚证书，但必须将该结果向其预期配偶讲明。且书记官应将有关情况记录在案，不予公开。如法律无明文规定，禁止泄露有关

情况。"① 应明确地方立法中对艾滋病病毒感染者、艾滋病病人告知义务规定的"及时性"，但为保证艾滋病病毒感染者、艾滋病病人对告知义务的履行，及其配偶或性伴侣对其病情的了解，对及时告知的时间限制应当根据地方艾滋病防控情况严峻与否做出更适宜的限制，如在艾滋病感染人数较多、艾滋病防治更为迫切的地方，规定艾滋病病毒感染者的告知义务履行期限为提交登记结婚申请之前的一个月或更短的时间。

（二）完善艾滋病告知制度的程序规范，细化具体执行方式

关于告知艾滋病病毒感染者或艾滋病病人的适当方式，《甘肃省艾滋病检测阳性结果告知规范（试行）》中规定："艾滋病检测阳性结果告知应该在相对独立、安静无干扰的场所以面对面的方式进行，原则上有 2 个责任告知人在场，不得采用电话、捎信、转告等方式告知。"疾病预防控制机构等相关机构对艾滋病病毒感染者、艾滋病病人及其家属的告知，也应当符合程序规范要求。

美国的伙伴告知制度是指，医生必须要求艾滋病病毒感染者向与自己有性关系或针具共用关系的伙伴告知其已感染艾滋病病毒的事实。② 在伙伴告知制度下艾滋病病毒感染者履行告知有三种选择方式：一是让卫生部伙伴援助计划或联络告知援助计划的顾问在不透露其身份的情况下替其告知其伙伴；二是在医生或顾问的帮助下由本人告知其伙伴；三是亲自告知其伙伴。如果艾滋病病毒感染者选择亲自告知的方式，一名顾问将与其医生一起确认其伙伴已经被告知；不能证实其伙伴已知情的，有关工作人员可能会继续跟进艾滋病病毒感染者或其伙伴，并且对其伙伴的告知权的级别高于医患保密义务。

我国地方立法在构建和完善艾滋病告知制度方面，不仅应将艾滋病告知制度的依据以地方立法形式明确规定，还应该将执行告知制度的程序规范列入法规，可增加患者履行告知义务的确认机制，以及疾病预防控制机构履行

---

① 王宝来、贾焯：《可资借鉴的美国防治艾滋病立法提案》，载《中外法学》1992 年第 5 期，第 63 页。

② 参见毛俊响、周蓉：《人权视角下我国艾滋病告知制度的完善》，载《人权》2019 年第 1 期，第 66 页。

告知义务的缓冲机制，例如在收到艾滋病病毒感染者或艾滋病病人提交的结婚登记后，当地疾病预防控制机构应根据实际工作情况，在合理的时间内，尽快通过电话或书面的方式联系艾滋病病毒感染者或艾滋病病人本人及其伴侣前往机构，由机构的告知责任人通过面对面交流的方式，确认其伴侣是否知晓患者的情况，并且面对面交流时应要求患者与伴侣本人同时在场，查验相关身份证明证据，方可确认患者已履行告知义务。在患者不主动履行告知义务的情况下，疾病预防控制机构应在履行其告知义务前，在合理的时间要求内，通过电话或书面等形式对患者本人进行履行义务的催促，以保护其伴侣的知情权及公共健康。但只有在艾滋病人不履行告知义务的情况下，疾病预防控制机构的工作人员才能进行告知。

（三）增设和完善艾滋病告知制度的相应保障机制

艾滋病告知制度必须建立在艾滋病病毒感染者人格权和公共健康相对平衡的基础上。建立告知制度的目的并不是通过剥夺或牺牲艾滋病病毒感染者的隐私权、结婚权等权利来保护公共健康，地方立法也应对知悉患者情况的配偶或性伴侣做出一定的约束，以平衡艾滋病病毒感染者的权利实现与公共健康的保障。其配偶或性伴侣的知情权得到实现后，也应负有对患者情况的保密义务，不得公开患者与病情相关的个人信息。

防治艾滋病、构建和完善艾滋病告知制度，最根本的目的是消除公众对艾滋病病毒感染者的歧视，为艾滋病病毒感染者建设平等、友善的社会环境。艾滋病病毒感染者及病人受歧视现象的根源是公众对艾滋病的认识不全面、不正确。如对艾滋病的了解存在误区，将艾滋病病毒感染与性行为进行刻板的联系，对艾滋病患者怀有排斥、歧视情绪，对艾滋病抱有盲目的恐惧心理……公众的歧视和排斥是导致艾滋病病毒感染者、艾滋病病人害怕他人得知自己真实情况的主要原因，这一问题很大程度上影响了艾滋病病毒感染者、艾滋病病人对履行其告知义务的积极性。因此在学校或社会上开展艾滋病防治教育极为必要。美国明尼苏达州艾滋病防治法案将艾滋病预防教育纳入学校教育课程内容："公立和非公立中小学把艾滋病预防的知识作为卫生健康教育规划中必修的内容向 K12 级的学生传授。如学生父母反对，则此项传授可不列为该生的必修课。但是在上述情况下，该生父母须保证其子女在家庭接受同类指导。"《云南省艾滋病防治条例》规定："高等院校、中等职业学校应当将防艾知识和性健康知识等纳入学校教育课程设置、考试内容和学分管理，保证必要课时。"各地方可对将艾滋病预防教育纳入学校课程设置进行立法规定。

有关机构除了对艾滋病病毒感染者、艾滋病病人及其家属的信息进行严格保密，还应当对其提供艾滋病相关知识介绍和心理咨询、回访等帮助。

构建和完善相应的保障机制，尽可能消除公众对艾滋病病毒感染者、艾滋病病人及其家属的歧视和排斥，尊重和维护艾滋病病毒感染者及艾滋病病人的法律、道德权利，构建一种宽容、友善的社会环境，有利于改善艾滋病病毒感染者和艾滋病病人的生活质量，帮助其适应和融入社会生活，同时也有利于艾滋病病毒感染者和艾滋病病人履行告知义务，降低艾滋病新发感染的数量，促进艾滋病告知制度的实施，实现地方对艾滋病进行防治、保障公共健康的立法目标。

结　语

艾滋病不只是艾滋病病毒感染者、艾滋病病人以及家属需要面对的问题，也是人类需要克服的难题。防治艾滋病与每一个人都密切相关。我们应当通过完善相关法律体系，特别是相关地方立法以保障艾滋病病毒感染者、艾滋病病人及其家属以及其他公民的合法权益，在立法中体现人文关怀和坚实的支持，创造良好的艾滋病防治社会文化环境，携手共同面对这一医学、社会难题。

Ⅲ 专题研究:《成都市社会急救医疗管理规定》调研与评估

《成都市社会急救医疗管理规定》调研报告

杨梓赪①

摘　要：2020 年年初，新冠肺炎疫情暴发。1 月 24 日四川省依法启动突发公共卫生事件一级响应。2 月 5 日召开的中央全面依法治国委员会第三次会议强调，始终要把人民群众的生命安全和身体健康放在第一位，从立法、执法、司法、守法各个环节发力，全面提高依法防控、依法治理的能力。本次疫情引起了国家卫生健康委员会对保障公民身体健康、维护社会稳定、完善重大公共卫生事件的应对措施的重视。成都市在积极做好防疫工作的同时，考虑到社会急救医疗需求的日益增长，按照《成都市人民政府2020 年度立法工作计划》的要求，启动了对《成都市社会急救医疗管理规定》的修订工作，旨在形成更加完善的紧急医疗救援体系，打造成都灾难医学救援国际标杆城市。

关键词：《成都市社会急救医疗管理规定》　急救医疗立法　立法调研

社会急救医疗是政府举办的公益性事业，也是公共卫生体系的重要组成部分。一个城市的社会急救医疗发展水平从一个侧面反映了其发达程度。为了更好地满足人民对社会急救的需求，提高医疗机构的急救水平，2013 年国家卫生与计划生育委员会公布了《院前医疗急救管理办法》；2019 年全国人大常委会公布了《中华人民共和国基本医疗卫生与健康促进法》；2020 年国家卫生健康委、国家发展改革委、教育部、工业和信息化部、公安部、人力资源社会保障部、交通运输部、应急管理部和国家医保局联合发布了《关

---

① 杨梓赪，四川大学地方立法研究基地研究人员。

于进一步完善院前医疗急救服务的指导意见》（以下简称《指导意见》）。随着社会的发展，人民群众对院前急救的需求也在不断增加，在进一步完善院前医疗急救体系的同时，应当坚持立法先行，做到改革于法有据。

本次调研的主题是了解成都市社会急救医疗的发展现状，拟通过问卷调查、深度访谈等方式发现成都市急救工作中存在的问题，并为成都市人民代表大会常务委员会针对《成都市社会急救医疗管理规定》的修订工作提出立法建议，故而具有理论和实践上的双重价值。

一、《成都市社会急救医疗管理规定》的修订历程

1999 年 1 月 29 日，四川省第九届人民代表大会常务委员会第七次会议批准通过《成都市社会急救医疗管理规定》（以下简称《规定》）；2011 年 6 月 24 日成都市第十五届人民代表大会常务委员会进行修订，四川省第十一届人民代表大会常务委员会第二十五次会议批准通过。《规定》实施二十年以来，保障着成都市医疗救援工作有条不紊地进行，为成都市社会急救医疗体系的建立和完善发挥了巨大的作用。

2020 年，中国特色社会主义已经进入了新时期，我国社会主要矛盾已经转化为人民日益增长的美好生活需要和不平衡不充分的发展之间的矛盾。我国发展有了新的历史方位，人民日益增长的美好生活需要不仅要拓宽领域，还要提高层次。对于社会生活领域，医疗保障是一个流口常谈的问题，增强人民在医疗中的安全感，就要保障每个人都能在医疗服务中得到满足。由于国家出台了新的法律和政策，如 2019 年全国人大常委会公布的《中华人民共和国基本医疗卫生与健康促进法》以及 2013 年国家卫生与计划生育委员会公布的《院前医疗急救管理办法》，考虑到上述种种原因且院前急救的社会需求确有提高，成都市人大常委会在这样的背景下对《规定》进行了第二次修订。

二、《成都市社会急救医疗管理规定》的修订内容

2020 年 9 月，成都市人大常委会公布了《成都市社会急救医疗管理规

定（修订草案）》（以下简称《修订草案》）。《修订草案》共四章五十条。

首先，从形式上看，《修订草案》由之前的"条例式"改为了"章节式"，第一章到第五章分别是总则、社会急救医疗体系、社会急救服务、保障措施和法律责任，在逻辑上更加清晰。

其次，在条文中明确了成都市"120"院前急救的特色模式，还纳入了微信、微博等社会医疗急救智慧信息平台，保证二十四小时受理呼救。《修订草案》第 11 条第二款规定："社会急救医疗指挥机构包括急救指挥中心和分中心，社会急救医疗指挥机构应当单独设置。"可见，成都市所采用的院前急救模式为独立指挥型，即由独立于医疗系统的急救指挥中心和分中心两级指挥，市、区县、乡镇网络医院三级救援组成。这样的院前急救模式优点在于：第一，急救反应时间快；第二，调度具有权威性。但同时也具有院前院内衔接不顺等缺点，还非常考验急救指挥中心与急救网络医院之间的配合。

最后，从内容上来看，此次修订主要体现在以下几个方面：

第一，对急救医疗人员做出了相应的规定。①规定建立专业化社会急救医疗队伍。②对社会急救医疗人员的组成做出了规定，即"由从事院前医疗急救的医生、护士，以及驾驶员、担架员等医疗辅助人员组成。'120'救护车每车应当至少配备医生、护士、驾驶员、担架员各一名"。③规定了急救人员的培训制度，即"院前急救医生、护士应当定期接受卫生健康行政部门组织的急救培训；医疗辅助人员应当参加卫生健康行政部门组织的相关急救知识和技能的培训。培训和考核不得收取费用"。④规定了对急救医疗人员职称评定中的倾斜政策，即"社会急救医疗指挥机构和社会急救医疗机构的专业人员参加专业技术职务评审、考核和聘任时，与其他岗位医务人员同等条件的，评审考核聘任机构应当优先选择"。

第二，社会急救医疗机构增加"社区卫生服务中心和乡镇卫生院"。除了符合本市社会急救网络医院建设标准的各类医院，满足条件的基层医疗机构也可以申请承担社会急救义务。

第三，急救原则增加"兼顾患方意愿"的条款。所谓"兼顾患方意愿"是指在满足条件的情况下，病患及其家属可以自行指定就诊的医疗机构。同时还规定了急救人员可以拒绝患方意愿的四种特殊情形。

第四，加大了医疗急救知识和急救技能的宣传、培训力度。规定"卫生健康、应急、红十字会等相关部门应当采取多种形式，组织开展社会公众救灾避险和自救互救技能的普及培训"。此外，对特殊岗位的工作人员做出了培训要求："有关单位应当组织人民警察、消防队员、保安、导游、体育教师、校医以及公共交通工具驾驶员、乘务员等人员开展医疗急救培训。"

第五，规定了特殊情况中的交通保障以及与各部门之间的联动救援机制。"社会急救医疗人员遇道路交通拥堵等特殊情况的，应当立即向社会急救医疗指挥机构报告，由指挥机构根据需要调整调度指令或者请求公安机关交通管理部门进行协助。""'110''119''122'等应急系统接警时，得知有急危重症患者的，应当及时通知社会急救医疗指挥机构。因情况特殊，急救人员无法进入住宅等施救现场开展医疗急救服务的，公安机关、消防救援机构应当予以协助。""通讯运营机构应当保证'120'通信网络畅通，必要时应当及时向院前医疗急救指挥机构提供定位信息技术服务。"

第六，将急救医疗费用纳入医疗保险支付范围。"医疗保障部门应当将符合规定的急救医疗费用纳入医疗保险支付范围，为参保人员提供急救医疗费用结算服务。急救医疗费用的报销或者支付，不受城镇职工基本医疗保险、城乡居民基本医疗保险等定点医疗机构的限制，但法律、法规另有规定的除外。"

第七，明确了急救指挥中心的职责。市急救指挥中心除了负责全市社会急救医疗的组织、协调、调度等工作，还增加了"开通微信、微博等社会医疗急救智慧信息平台"的职责。急救指挥分中心则负责辖区内社会急救医疗的组织、协调、调度等工作。

第八，落实政府救助，对身份不明或者无力支付急救费用的危急重症患者做出规定。社会急救医疗机构对此类人员实施救治后，可以按照有关规定申请从市疾病应急救助基金中支付相应的费用，还规定了"急危重症患者系社会救济对象的，其急救医疗费用由院前医疗急救机构所在区（市）县的医疗保障部门和民政部门按照有关规定支付"。

三、《成都市社会急救医疗管理规定》的主要问题

（一）急救医疗人员的主要问题

1. 选任标准

根据调研，成都市急救医疗组成人员有38.09％为大专学历，53.23％为本科学历；53.02％为初级职称，28.18％为中级职称，高级职称仅占7.97％。本组数据显示，急救医疗人员的学历要求低于非急救医疗人员，但是调研对象普遍反映，急救人才的缺乏是目前最不可小觑的问题。成都市新华医院某急救医师表示，急救医疗人员的选任标准宜低不宜高，甚至建议尝试制度创新，开展"医疗急救员"工作试点，广泛招纳大专毕业生、志愿者做急救人员，代替医生进行一些重复性较高且技术含量较低的急救工作。

考虑到该建议确实能够解决社会就业问题，并且能够普及急救知识与急救技能，针对这一建议，调研小组面向急救医师和护士展开了问卷调查。但结果显示有48.81％的调研对象认为急救工作不能由志愿者代替，理由是志愿者不具有专业性，医疗风险较大，且无法让病患产生信赖感，甚至可能引发新的医患矛盾。

2. 固定搭配

急救医疗人员形成固定搭配可以有效地提高急救工作效率，通常我们把由一名急救医生、一名驾驶员、一名担架员组成的急救小组称为"铁三角阵容"。经过调查发现，有93.48％的医疗工作人员认为急救工作形成固定搭配是有必要的，其余调查对象反映，急救工作的技术含量较低，没有必要形成固定搭配，更重要的是，由于急救人才紧缺，一线急救人员流动量大，根本没有可能形成固定搭配。

3. 福利待遇

急救医疗人员队伍人才紧缺、人员流动量大的主要原因是福利待遇保障的缺失。在调研过程中我们发现，有很多一线急救工作人员，特别是护士，因为工作压力过大、工作强度与福利待遇不成正比而离开医疗行业。急救医

疗人员普遍反映出诊补贴过低：护工的补贴为 5 元，司机和护士的补贴为 20 元，医生没有出诊补贴，直接计入绩效工资。有些医院甚至没有出诊补贴。调查问卷的结果也印证了这一点，有 65.56% 的急救人员对薪金水平表示不满，仅 34.43% 表示满意。除此之外，有 64.07% 的急救人员对福利待遇表示不满，有 58.19% 的急救人员对工作前景表示不满，有 61.48% 的急救人员对晋升渠道表示不满。虽然急救一线人员承受着高强度的工作和心理压力，但是在福利待遇、工作前景和晋升渠道方面较非急救医疗人员不占任何优势。

4. 轮班机制

在调研过程中，我们发现大部分医院急救科室的工作人员均为上班 24 小时后，轮休 2 天，并且在 24 个小时的工作时间内，急救人员要保证随时待命，吃饭时间不固定、休息时间被打乱都是常有的事。然而，这些活跃在一线的急救人员最需要的就是强大的体力和脑力来应对不同的突发疾病。无论是现行有效的《规定》还是《修订草案》，对一线急救人员的轮班制度和休息时间均避而不谈，致使急救人员的合法权益得不到有效保护，急救人才流失严重。

5. 奖惩制度

现行的《规定》中暂未涉及对医疗急救人员的奖惩制度的规定，在调研过程中发现各个医院均未规定奖励机制，但有自己的惩罚机制。一般为接到投诉后，调查监控和病历核实，再作出相应的惩罚。由此造成的后果是，缺乏统一的惩罚主体和惩罚标准，无法让不同医院的急救人员感受到公平。

6. 专业培训

医疗急救人员是一种专业性较高的职业，地方法规规章应当明确规定急救人员的培训与考核。《规定》第 9 条："……（三）按规定配备院前急救人员，建立和执行急救医师、护士培训制度。院前急救医师应当具有三年以上、院前急救护士应当具有两年以上临床实践经验。"根据调查，执业医师与护士在进入急救岗位后，需要参加医院和科室自行组织的系统培训和定期培训，但由于各个医院的培训主体、方式、内容以及频率不同，目前各医院急救能力水平参差不齐。有些医院规定，急救人员必须考取相应的资格证并持证上岗,但是缺乏考核主体和培训机构,导致这一规定形同虚设。

(二)社区服务中心和乡镇卫生院纳入急救网络医院的可行性

现实情况中,医院急救人员出诊处理的多为创伤和神经系统问题。但是,一般的创伤完全可以由社区医院或者乡镇卫生院来处理,并且一些需要与时间竞速的抢救工作,例如心源性猝死或癫痫等疾病,如果能由以上基层医疗机构进行抢救,一定会收获更好的效果。调研过程中,成都市基层立法联系点(成华和美社区和幸福村新型社区)亦建议,可以增设相关法律条文,把急救点下放到基层医疗机构,即社区卫生服务中心和乡镇卫生院,从而减轻医院的急救压力。

在《成都市社会急救医疗管理规定》的修订过程中,关于是否将社会卫生服务中心和乡镇卫生院纳入急救医院网点的问题成为立法者的研究重点。从现有的讨论来看,观点可以分为两种:一种认为可以将这些基层医疗机构纳入急救医院网点以减轻医院的急救压力;另一种观点则认为这些基层医疗机构现有的条件不足以承担社会急救的任务,贸然纳入急救医院网点会适得其反。可见争议呈现出一种简单化、极端化的样态,而使得该问题的讨论陷入胶着。关于社区服务中心和乡镇卫生院纳入急救医院网点的可行性研究,可以从以下两方面进行。

1. 基层医疗机构是否具备承担急救任务的能力

数据显示[①],2018 年我国的基层医疗机构数目高达 94.36 万个,占全国医疗机构的 94.1%,基层医疗机构从数量上来看是我国医疗卫生的主力军(见图 1)。然而有目共睹的是,我国基层医疗机构与医院在医疗质量上有着较大的差距,主要体现在科室、床位、设备、人才以及群众的信任程度这几个方面。

---

① 本节数据均来自中华人民共和国国家卫生健康委员会官网:www. nhc. gov. cn/wjw/index. shtml。

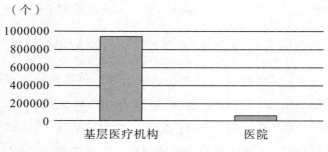

图 1　2018 **年我国的医疗机构总量对比**

（1）科室。

成都市社区卫生服务中心和乡镇卫生院的急诊（抢救）科开设率为64.86%，院前急救的诊疗项目开展率为 76.47%。对比其他科室的开设情况，例如内科 93.24%，中医科 91.89%，儿科 81.08%，预防保健科93.24%，成都市基层医疗机构的急诊科建设还需要进一步加强；对于其他常见一级诊疗项目开展情况，例如缝合技术 96.08%，止血技术 94.12%，包扎技术 92.16%，成都市基层医疗机构院前急救项目的开展情况亦不容乐观。

（2）床位。

我国基层医疗机构的床位数量至 2018 年共有 158.35 万张，仅占全国医疗机构床位数量的 18.84%（见图 2）。虽然基层医疗机构在总体数量上是我国医疗卫生的主力军，但是在床位数量上却仅为其他医疗机构的五分之一。

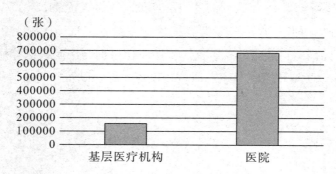

图 2　2018 **年我国医疗机构床位数量对比**

（3）设备。

设备的先进程度在一定程度上决定着医疗质量的高低。我国基层医疗机构设备一般为 50 万元以下。根据 2017 年数据,基层医疗机构 50 万元以下设备占比为 97.03％,50 万至 99 万元的设备占 2.19％,而 100 万元以上设备仅占 0.78％。一些乡镇医院没有配备核磁共振仪器,这导致大量居民不得不到市医院就诊。

(4)人才。

根据中国青年报社会调查中心联合问卷网的数据,约有 68.3％的调查对象认为医护人员的技术水平是基层医疗机构的最大问题。北京大学公共卫生学院教授周子君指出,一些基层医疗机构的医生并没有接受正规医学院的教育,这非常影响治疗效果和医患关系。[①] 至 2018 年,我国基层医疗机构的技术人员有 268.3 万人,仅为全国医疗技术人员总数的 28.16％(见图 3)。

(人)

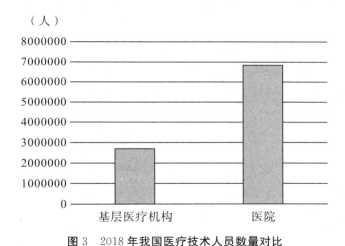

图 3　2018 年我国医疗技术人员数量对比

(5)群众的信任程度。

基层医疗机构的硬件设备不如医院所带来的直接后果,就是群众对基层医疗机构的信任程度降低,基层医疗机构不能成为人们需要急救时的首选。一位调研对象称,自己曾在孩子生病发高烧时选择去社区卫生服务中心急诊科就医,但是由于没有儿科医生值班,所以只能再次转入其他医院;还有一位受访者称自己家中老人突然昏迷后,希望自己家附近的乡镇医院施救,但是该医院只能将病人送至其他三级医院,原因是没有相应的设备和技术人

---

① 中国青年报:《基层医疗机构——受访者最担心医护人员技术不过关》,2019 年 3 月 7 日。

员。类似的例子不胜枚举，为了避免耽误救治而直接选择在大型医院进行急救似乎已成为市民的共识，基层医疗机构缺乏核心竞争力已经是不争的事实。

2. 基层医疗机构纳入急救网络医院后的影响

从现有的材料来看，基层医疗机构纳入急救网络医院后会产生以下几方面的影响：

第一，医患矛盾加剧。基层医疗机构发生医疗事故后承担的医疗责任较医院更少，这是因为我国《侵权责任法》第 60 条规定，患者有损害，因下列情形之一的，医疗机构不承担赔偿责任：……（三）限于当时的医疗水平难以诊疗。在基层医疗机构承担医疗赔偿责任的判决书中也不难看出这点。

案例：2019 年 1 月 4 日，胡某因身体不适到××镇卫生院治疗，该院未对胡某进行基本的相关检查，亦未正确用药，导致胡某在转院过程中死亡。××州医学会鉴定认定：卫生院在接诊过程中存在未进行辅助检查，处置欠规范的情况，不能明确其死亡原因。本案例构成一级甲等医疗事故，但××镇卫生院仅承担轻微责任。

××州中级人民法院判决××镇卫生院承担 30％的责任，其判决理由是：根据省医学会《医疗事故技术鉴定书》载明情况，胡某死于心源性猝死的可能性较大，心源性猝死死亡率极高，抢救成功率很低。××镇卫生院作为乡镇医院，抢救能力不足客观存在，但××镇卫生院存在未对患者进行基本的辅助检查及实验室检查、未将患者危重情况向家属告之、未正确用药的情况，故承担次要责任。综合××镇卫生院的过错程度及因果关系，判决××镇卫生院承担 30％的赔偿责任。可见基层医疗机构因客观条件限制承担的医疗义务较低，在确认赔偿数额时也会酌情降低，难免给痛失亲人或者失去健康的原告不公平的直观感受。

第二，加大省财政部门的压力。由于急救对设备、药物及人员的要求较高，即便国家倡导加大乡镇卫生院和社区卫生服务中心建设力度，推动基层医疗卫生事业发展，但是调研发现目前的基层医疗机构仍不适合承担急救任务。如果为了提升基层医疗机构的急救水平而进行拨款，无疑会增加省财政部门的压力。

（三）分级诊疗制度与兼顾患方意愿原则之间的冲突

2020 年 6 月 1 日起施行的《基本医疗卫生与健康促进法》第 30 条规定："国家推进基层医疗卫生服务实行分级诊疗制度。"即引导非急救患者首先到基层医疗卫生机构就诊，以节约医疗资源。该规定确认了分级诊疗制度的政策。在调查过程中，有几位医学专家提议是否可以考虑将分级诊疗制度适用于急诊工作，这样可以提高急救效率，减少专业人才无技术含量的工作。探讨分级诊疗制度在急救工作中的可行性，就必须考虑到急救工作的两个基本原则，一是就急就近的原则；二是兼顾患方意愿的原则。

1. 就急就近的原则

就急原则是针对危重病人设置的原则，要求将危重的急救病人快速送至具有救治能力的医院；就近原则是指将一般的急救病人送至距离半径 5km 以及行程为 8km 的急救医院，但是如果因特殊情况需要选择较远的医院，需要向病患及其家属说明情况。

2. 兼顾患方意愿的原则

就急就近原则是基本性原则，但是在条件允许的情况下，病患及其家属也可以自行选择医疗机构。《修订草案》第 24 条规定："患者及其近亲属、监护人在急救过程中要求送往自行选择的医疗机构的，社会急救医疗人员应当告知其可能存在的风险，在患方签字确认后可以将其送往所选择的医疗机构，但应当立即向急救指挥机构报告。"当然并不是在任何情况下都应当兼顾患方意愿，《修订草案》同时规定了兼顾患方意愿原则的几种例外情形：（1）患者病情危急，自行选择的医疗机构可能不满足救治需要的；（2）自行选择的医疗机构距离救治现场较远，可能延误救治的；（3）应对突发事件需要对患者统一组织救治的；（4）依法应当对患者进行隔离治疗的。

兼顾患方意愿原则的法理依据在于，需要急救服务的患方与 120 救护车之间形成的是民事法律关系，双方有进行平等协商的基础，因此患方应当有指定医疗机构的权利。一般情况下，患者可以指定医疗机构，除非有《修订草案》中的四种情况，即需要就急治疗、就近治疗、统一救治和隔离治疗。而分级诊疗制度则要求将病患按照其疾病的轻重缓急进行分级，不同程度的疾病治疗工作由不同级别的医疗机构承担。

由此可见，分级诊疗制度不宜推行至急诊工作中，因为该制度与兼顾患方意愿原则存在一定程度的冲突。病患的心理不难理解，无非是想要更好的救治条件，因此患者或者其家属多会选择三甲或三乙医院，这就会导致其他医院的急救资源闲置。但是如果强制推行分级诊疗制度，不仅会侵犯患者的自主选择权、破坏医患关系的平等性，还有可能延误诊治。例如一些老年慢性病患者、疾病终末期患者，因为定期在固定的医疗机构接受检查和治疗，所以该医疗机构会对病患的病情和用药情况有更详细的了解，送往指定医疗机构会事半功倍。

（四）缺乏对急救知识和急救技能的宣传与培训

对社会公众进行必要的急救知识的宣传以及急救技能的普及，使大众了解公共场所中急救医疗器械的配置情况和使用方法，掌握一般的急救知识和急救技能，不仅能够及时挽回病员的生命、降低医院院前急救的工作压力，也能够间接地减少医患矛盾。

1. 普通社会大众

根据调研结果，仅有 9.98％的调研对象对生活或者工作场所中的急救医疗器械的配置情况非常了解，34.49％的调研对象是一般了解，约 51.6％的调研对象则不了解。但是在本次调研中，有 26.43％的调研对象为医护相关人员，包括医生、护士以及医学生，除开这一类接受过相关培训且应当了解急救医疗器械的人员，真正了解医疗器械配置情况的普通群众比例远不足 9.98％。此外，有 25.36％的调研对象表示身边发生需要急救的情况时，不会主动对他人进行施救，其中 74.49％的人表示不会施救的原因是缺少急救知识和急救技能；即使是选择了会对他人进行施救的调研对象，也有 69.73％选择了不会接触患者，只会帮忙维持现场秩序、帮忙拨打 120 或联系亲属等，仅有 34.23％表示会对患者实施相对专业的急救措施，例如人工呼吸、心肺复苏等。

《修订草案》第 13 条规定："红十字会依法组织公众急救知识和技能培训，开展社会急救救护员培训及考核工作，协助卫生健康行政部门开展自动体外除颤仪（AED）的培训宣传。"数据显示，中国每年猝死人数高达 55

万，相当于每分钟就有 1 人猝死，而院外抢救的成功率不足 1%，故对社会公众进行急救知识和技能的培训，特别是 AED 的使用是十分必要的。在现实情况中，公民可以在"成都应急救护培训"的微信公众号或者成都市红十字会官方网站上报名参加急救培训，但是据社会大众和医院的反馈，红十字会对社会大众的培训不尽如人意。一方面是普通公民不知道培训渠道，因此没有主动参加培训的途径；另一方面是红十字会资源有限，组织培训的效率不高。

除了进行系统的培训，对急救知识的日常宣传也不可忽视。一方面，公共场所管理人以及大型活动负责人，有必要在醒目位置张贴急救知识进行科普，有责任配合卫生健康行政部门安装必要的医疗器械并组织员工进行相关培训。另一方面，对公众见义勇为的施救行为予以表彰和奖励，发挥良好的示范和宣传作用。根据调研结果，有 70.82% 的群众认为如果自己的施救行为受到法律保护，并且有突出贡献能获得表彰和奖励，将大大提升自己的救助意愿。

2. 特殊岗位的培训

《修订草案》第 30 条："有关单位应当组织人民警察、消防队员、保安、导游、体育教师、校医以及公共交通工具驾驶员、乘务员等人员，开展医疗急救培训。"但是本条规定缺乏培训主体，可能会导致该规定在现实中难以落实。

（五）急救工作的交通保障和部门联动问题

现实情况中，急救工作的开展并非一帆风顺。在特殊情况下，医疗机构还需要其他部门的协助与配合。《修订草案》第 26 条规定了联动机制：卫生健康、经济和信息化、公安、城市管理、应急管理、交通运输、气象等部门和消防救援机构应当建立急救信息交换和联动救援机制，实现互联互通、信息共享。必要时，社会急救医疗指挥机构（120）可以与公安治安（110）、消防救援（119）、公安交通（122）等应急系统联合行动，实施重大突发公共事件的紧急救援，共同维护城市公共安全。"110""119""122"等应急系统接警时，得知有急危重症患者的，应当及时通知社会急救医疗指挥机构。因情况特殊，急救人员无法进入住宅等施救现场开展医疗急救服务的，公安机关、消防救援机构应当予以协助。

1. 交通保障

无论是"120"救护车出车接病患还是将病患送往院内急救，都是争分夺秒、刻不容缓的，交通保障的重要性自然不言而喻。

案例：2020年1月3日晚高峰时间，一辆救护车从宜宾接到一名危重病人后全速送往四川大学华西医院，在驶出成雅高速成都收费站后路遇堵车，行驶缓慢。救护车拉响了警报，与此同时，其他车辆快速自觉地向两侧45度避让，让载着生命希望的救护车快速通过，大概3km的路程仅用不到4分钟驶过。

根据《中华人民共和国道路交通安全法》的规定，消防车在执行紧急任务时，在确保安全的前提下，不受行驶路线、行驶方向、行驶速度和信号灯的限制，其他车辆和行人应当让行。针对避让消防车造成交通违法行为的，《道路交通安全违法行为处理程序规定》："交通技术监控设备记录或者录入道路交通违法信息管理系统的违法行为信息，有下列情形之一并经核实的，应当予以消除：……有证据证明救助危难或者紧急避险造成的；……"对于不避让执行紧急任务救护车的，《中华人民共和国治安管理处罚法》规定："阻碍执行紧急任务的消防车、救护车、工程抢险车、警车等车辆通行的，处警告或者200元以下罚款；情节严重的，处5日以上10日以下拘留，可以并处500元以下罚款。"《修订草案》衔接了上位法，在第40条中对正在执行急救任务的救护车的道路优先通行权进行了保障。不仅如此，成都市人大常委会在对《规定》进行修订过程中还考虑到了重大突发公共事件的紧急救援，规定了社会急救医疗指挥机构与公安交通的应急系统联合行动，以实现"互联互通、信息共享"。

但是，是否要对救护车收过路费始终是一个悬而未决的问题。

案例：2016年，四川荣县某医院的救护车与高速路收费员因13元的过路费而停车理论近7分钟，所幸最终并未耽误患者救治。自那时起，"该不该收救护车过路费"的问题就引起了全国范围内的广泛讨论。

国务院2004年发布的《收费公路管理条例》第7条规定："军队车辆、武警部队车辆，公安机关在辖区内收费公路上处理交通事故、执行正常巡逻任务和处置突发事件的统一标识的制式警车，以及经国务院交通主管部门或者省、自治区、直辖市人民政府批准执行抢险救灾任务的车辆,免交车辆通行费。"可以看到,"120"救护车并不享受过路费减免优惠。然而根据新浪网的一项调查,有65%的网友认为急救属于公益性事业,向救护车收费不妥。并且执行急救任务的救护车搭载的往往是危重患者,排队交费耽误的是抢救生命的时间。由于国家没有明文规定,各地的做法也各有不同。例如成都市,根据走访调查,有的收费站收过路费而有的不收,有的收费站收非执行任务的救护车过路费而执行任务的则不收。有些城市则早已对这一问题作出了规定,例如2003年黑龙江省发布的《关于对"120"急救车辆免征车辆通行费的通知》中规定:"为了使黑龙江省各类急救患者得到快速有效的救治,缩短病人的转运时间,对正在执行紧急任务并设有固定装置的'120'救护车,一律免征车辆通行费。"2007年《北京市交通委员会关于贯彻交通部集中清理违规减免特权车人情车车辆通行费有关问题的通知》规定,设有固定装置正在执行任务的北京市救护车、消防车免收通行费。

综上,《修订草案》虽然很好地衔接了上位法对救护车的交通通行保障的规定,但是对救护车的过路费问题仍然没有涉及,且该问题在现实中已经造成了一定的不利后果。因此,加快对救护车过路费问题的研究,对各医疗机构和交通运输部门作出明确具体的指示,才能更好地保障急救工作的顺利进行。

2. 公安部门

《中华人民共和国精神卫生法》规定:"精神病患者的送诊主体为患者监护人、患者单位、公安机关。"在对精神病患者的急救工作中,往往需要公安部门给予积极配合。成都市第四人民医院反映,他们在到达现场后,面对已经失控的精神病患者,虽然公安人员和急救人员均在场,但由于职责划分不够明确,可能存在相互推诿责任而延误救治的情况。

3. 通信部门

2017年3月,成都"微急救"微信公众号上线,市民只需要关注"成都市急救指挥中心"的公众号,点击"微急救"服务,就可以通过微信呼叫"120"并利用GPS进行定位,也可以在微急救中预存家庭地址、药物过敏史以及亲友信息等,平时还可以在该公众号中学习急救知识、查找全市公共场所内配置的自动体外除颤仪（AED）。成都市人大常委会拟将这一功能和服务写入法规，《修订草案》第 12 条："市急救指挥中心履行以下职责：……（二）设置'120'社会医疗急救呼救专线电话和'120'指挥通讯系统，开通微信、微博等社会医疗急救智慧信息平台，二十四小时受理呼救。"

但拨打"120"呼救电话时自动定位的功能却不能因此被忽视。毕竟，大部分居民仍采用传统的电话呼救方式。根据调研结果，有 98.99％的市民认为在拨打"120"呼救电话时自动定位很有必要，仅有 1.01％的市民认为没有必要或者无所谓。对此成都市急救指挥中心表示，在技术上实现呼叫定位是完全没有难度的，目前最需要的是法律的授权。国家卫生健康委已经以北京市、江苏省、湖北省、广东省为试点，开展院前医疗急救呼救定位工作，逐步实现全国范围内的急救呼救定位是大势所趋。

（六）急救费用与医疗保险的问题

1. 急救费用

调研小组在与医疗机构管理人员的访谈工作中发现，社会大众普遍对急救工作的收费制度表示不理解，特别是有的病患认为救护工作应当具有公益性质，而不应成为医院创收的手段。但事实上，救护任务一旦启动，就要启动救护车内各种医疗设备，单次出车的成本在 400 元左右，尚不论医护人员的出诊补贴。调研小组还了解到，社会大众对于急救费用通常是"存有异议，但也会照交"的态度，因为毕竟是涉及抢救生命的工作，虽然不了解收费明细，可能觉得收费偏高，但也会按要求缴费。

根据《成都市医疗服务项目与价格汇编（2016 版）》，非营利性医疗机构的院前急救费为：三甲医院 48 元/次、三乙医院 44 元/次、二甲医院 40 元/次、二乙医院 36 元/次，该笔费用包括内脏衰竭、外伤、烧伤、中毒、溺水等现场急救，不包含出诊费、化验、特殊检查、治疗与药物等费用。非营利性医疗机构的救护车费为：起步价 10 元，每公里加收 2 元。

急救费用的设置不仅要合理，还应当透明公开。一方面要打击乱收费的现象，另一方面又要避免让医疗机构承担急救花销压力、打击医疗机构急救工作的信心。作为患者及其家属在接受急救服务过程中关心的主要问题之一，《修订草案》中应当对费用问题增设相关条文，明确医疗机构的收费标准，抑或是增设准用性条款，为患者指明应当参照的收费规定，减少医患之间的矛盾，构建良好的医患信任关系。

2. 急救费用纳入医疗保险的利与弊

根据成都市人大常委会的介绍，本次对《规定》的修订工作最大的亮点是增设了"符合规定的急救医疗费用纳入医疗保险支付范围"的规定，为参保人员提供急救医疗费用结算服务，为成都市人民创造基本公共卫生服务红利。

各医疗机构却担心这条规定会让他们的急救工作不胜负荷，因为将急救费用纳入医疗保险对医疗机构产生的最大影响就是呼叫"120"的患者数量将直线上升。各医疗机构反映，浪费急救资源、随意呼叫救护车的现象时有发生，例如成都市新华医院某急救医师表示，有些患者已经死亡的，家属仍会拨打"120"，目的是开具死亡证明。不仅如此，每逢节假日，都会有很多醉酒人士呼叫救护车。根据调查，有近13％的调研对象或者其亲属、朋友曾在无急救需求的情况下拨打"120"请求救护车提供帮助，以上对象的请求包括但不限于：帮忙搬运行动不便的老人或病人；请求急救人员上门帮助注射相关药物；询问病情或者症状；更有甚者是为了查询有无病床或者报告结果，等等。众所周知，我国的急救收费相较于美国等发达国家属于超低标准，在美国，一次急救出诊将花费几百至几千美元，低收费导致我国急救资源被严重滥用，将急救费用纳入医疗保险可能会让这种情况更为严重。

但如果粗暴地取消急救费用纳入医疗保险的条款或者规定滥用医疗资源的法律责任，亦有矫枉过正之嫌，一味地要求大众不要浪费急救资源可能会适得其反。

（七）120 急救指挥中心的主要问题

120 急救指挥中心是急救工作中的枢纽，是联通病患与院方的桥梁，因此确保 120 急救指挥中心人员的工作水平是保障急救工作顺利进行的重要一环。根据调研，我们发现急救指挥中心存在的问题主要有以下几方面。

1. 调度人员水平不高

调度人员的日常工作是应对各种各样的呼救电话。调研小组在走访过程中发现，120 急救指挥中心每天都有误拨以及回拨后无人应答的情况。除此之外，还有一系列无需出车救助的情况，例如扭伤、痛经等。真正需要紧急救助的求助电话并不多，但在实际接通后也有应对不力的现象，如对求助者病情或位置的反复询问、对是否出车无法作出迅速判断等。可见，调度人员的日常工作任务量较大且情况复杂，这要求接线的调度人员对每通电话保持高度集中的注意力，及时并准确地识别对方的求助需求，灵活地处理每一通电话中的不同情况，并在沟通中随时作出判断和应对。据了解，成都市各急救中心的调度人员在接受相关培训方面，系统性和专业性不足，部分人员在实践中沟通效率较低，职业化水平有待提高。

2. 临时指导效果不佳

在急救指挥中心现场，工作人员的工作主要是接听患者电话，询问主要症状和所在位置，根据病患所在区域找到附近可派车的医院，联系医院进行沟通，再致电病患回访。但电话内容中很少有对病患或其家属的专业救治指导，仅能告知帮助按压止血、平躺或者引导救护车等事项。值得思考的是，有些突发病情需要在较短的时间内做出急救措施（例如在心源性猝死的案例中，黄金抢救时间仅有 4 分钟），如果 120 急救指挥中心的工作人员能够指导报警人寻找和使用周边的急救设备，而不是仅做简单的调度工作，更能体现该工作的价值。

3. 临场判断能力不足

根据一些专科医院的反映，120 急救指挥中心的调度工作标准存在简单化倾向。例如成都市第四人民医院表示，由于其为全市唯一一家精神病专科医院，所以 120 调度中心往往会把全市的精神病患者的急救任务施与市第四人民医院，造成他们急救压力大、急救效果差。一些距离市第四人民医院较远的精神病患者，明明可以先由附近的急救网络医院进行简单的急救治疗，在病情缓和后转入专科医院，但是由于指挥中心工作人员的判断能力不足，致使对此类患者的急救效果大打折扣。

120 急救指挥中心的调度人员并不是"接线员"，他们也是急救工作的参与者，对他们的工作进行规范也是十分必要的。首先，需要明确调度中心人员的选任标准，他们应当具备专业的急救知识以及丰富的急救经验；其次，应提高调度中心人员的工作质量，发扬医疗工作中的人文关怀精神；最后，应保障调度中心工作人员的权益，减轻他们的工作负担。

（八）"三无病人"的主要问题

"三无病人"是指无身份住址、无经济能力、无亲属朋友的患者。《基本医疗卫生与健康促进法》第 27 条第三款规定："急救中心（站）不得以未付费为由拒绝或者拖延为急危重症患者提供急救服务。"虽然各个医院对三无人员的救治能够做到与普通病患一视同仁，但是院前急救的治疗费用却成了医院的经济负担。

现行有效的《规定》中暂未释明"三无病人"的定义，但是《修订草案》第 35 条规定："社会急救医疗机构对身份不明或者无力支付急救费用的急危重症患者实施救治后，可以按照有关规定申请从市疾病应急救助基金中支付相应费用。急危重症患者系社会救济对象的，其急救医疗费用由院前医疗急救机构所在区（市）县的医疗保障部门和民政部门按照有关规定支付。"在现实情况中，我们了解到这笔对"三无病人"进行紧急医疗救援的治疗经费并不容易申请，存在申请程序烦琐复杂、救助金额少和负责主体不明等问题。《人民日报》报道，一项关于全国 27 个省份 630 家医院在 2011 年"三无病人"欠费情况的调查显示，每家医院接待"三无病人"超过 85 人次，医院规模越大欠费越多。100 张以下床位的医院平均欠费 5.32 万元，800 张以上床位医院平均欠款 64.33 万元。据此推测，全国医院一年"三无病人"欠费可高达 30 亿～40 亿元。成都市一名急诊科主任表示："政府这笔钱'悬得太高了'，申请的时候一旦哪里出现问题，就不会再负责了，而且金额通常也只有一二百元的样子，我们都不愿意去申请这笔基金，往往是由医院自行承担了。"还有一位急诊科护士说："三无人员的欠费会导致我们收入下降，本来一个月工资就不多，三无人员的救治费用摊在我们头上，扣去几千元，根本没挣钱。"

根据国家卫生计生委 2017 年制定的《疾病应急救助工作指导规范（试行）》，医疗机构申请救助基金的材料和流程如图 4 所示。

申请救助基金要经过以下几道程序：首先，在收治无法核实身份或无力缴费的患者后及时向应急管理部门报告；其次，由医疗机构向疾病应急救助基金经办机构（以下简称经办机构）提交材料、申请救助基金；最后，由经办机构核实情况，作出向财政部门提交用款计划或者书面通知不予发放救助金的决定。可见申请程序流程复杂，且材料收集困难。除此之外，申请的救助基金范围仅仅是"急救费用"，"三无病人"在院内急救转入住院部或者其他科室后所花费的费用不在可申请范围之内，因此对医疗机构的补贴力度相较于救治成本只能算是杯水车薪。

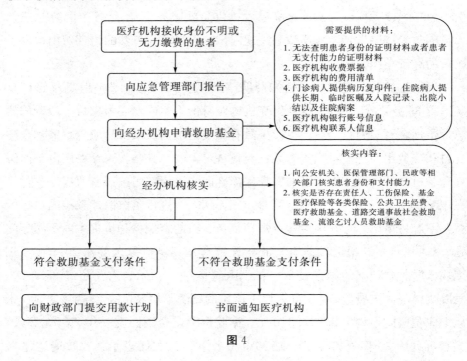

图 4

（九）与上位法和国家政策衔接不畅

《修订草案》的修订原则除了体现成都市的特色、在制度上实现创新以外，还应当与上位法的基本原则以及现行规章制度作出衔接。《基本医疗卫生与健康促进法》首次以法律的形式明确了国家建立基本医疗卫生制度，是医疗卫生健康领域的基本法，对《规定》具有统领和指引的作用。2020年9月发布的《指导意见》则更具针对性。成都市人大在修订草案的过程中，应当着重关注这两部法律文件，进一步加强院前急救体系标准化、规范化建设，更好地满足人民群众对院前医疗急救的需求。经过对比后，发现《修订草案》存在的不足主要体现在以下几方面。

1. 缺乏对特殊人群的关注

《基本医疗卫生与健康促进法》第 24 和第 25 条强调了国家对妇女、儿童以及老年人保健事业的关注。对于上述特殊人群，急救工作中应当特别关注，现实中产妇羊水栓塞死亡率高达 50％～80％；至 2018 年全国新生儿死亡率为 6.1‰；老年人因慢性疾病呼叫"120"而过度消耗急救资源的现象亦是屡见不鲜。以上都需要制定相应的条文和规定作出积极回应。

2. 未达到国家政策要求的指标

《修订草案》第 37 条规定："本市'120'救护车保有总量应当不低于每五万人一辆，市卫生健康行政部门应当根据区域服务人口、服务半径、地理环境、交通状况等因素进行总量控制并合理核定指标。"然而，国家卫生健康委等部门联合制定的《指导意见》中则要求，到 2025 年建成与我国社会经济发展水平相适应的院前医疗急救服务体系，其中具体指标就包括：以地级市为单位，按照每三万人口配置一辆救护车。五万人一辆救护车的指标不仅不能满足现实需求，也无法达到国家现行政策标准的要求。

四、立法建议

（一）建设优秀的急救医疗人才队伍

院前急救人才队伍是保证院前急救系统有效运转的主力军。随着社会急救需求的不断增加，对院前急救人才的重视程度也不断增加。打造一支优秀的急救医疗人才队伍成为迫在眉睫的任务。

1. 从实际情况出发，明确急救医疗组成人员的选任标准

第一，明确成都市的急救医疗人员选任标准。《广州市社会急救医疗管理条例》规定，独立从事 120 急救工作的执业医师应当具有 3 年以上临床实践经验，执业护士应当具有 2 年以上临床实践经验，并且均应经过市卫生行政主管部门组织的培训与考核；《深圳经济特区医疗急救条例》规定，从事院前急救工作的医师执业范围应当为急救医学专业，并且应当接受急救中心

或者急救网络医疗机构组织的培训和考核；《青岛市社会急救医疗管理规定》规定，从事社会急救医疗的医师、护士应当按照有关法律法规规定取得相应的资格证书。其中，深圳经济特区和青岛均设置有"医疗救护员"岗位。现行有效的《规定》中有对急救医疗人员选任标准的规定，但《修订草案》中的表述改为："从事院前医疗急救工作的人员必须符合相应法律法规和国家、省标准规范的要求。"而《四川省院前医疗急救管理办法实施意见》（以下简称《实施意见》）第 32 条规定："从事院前医疗急救工作的医师和护士应当按照有关法律法规规定取得相应的资格证书。"成都市对急救医疗人员的选任标准模糊不清，需要综合实际情况，作出相应的规定。

第二，《规定》中没有关于"医疗救护员"的规定，但是在《实施意见》第 31 条中规定："从事院前医疗急救的专业人员包括医师、护士和医疗救护员。"因此在《规定》的修订过程中，应当明确"医疗救护员"的法律地位和法律职责，保障法规体系构建的完整性与协调性。

2. 吸引并留住急救人才，打造一支优秀的急救医疗人才队伍

成都市院前急救人才的紧缺是一个急需解决的问题，急救医疗人员除了要具备全科医疗知识和技能，还需要有一定的体力来完成抬抱病人、仪器等任务，加之工作压力大、心理负担重，很多医学人才对急救行业避之不及。在《修订草案》中适当加入对医疗急救人员福利待遇的保障制度，能够有效地提升医疗人员的工作意愿。

一是保障急救工作人员的薪金水平和福利待遇与其工作强度成正比。二是对轮班制度作出调整，保障一线急救工作人员有充分的休息时间。三是完善急救医疗人员的奖惩制度。一方面，参考其他副省级城市的急救医疗类法律法规规章，规定惩罚主体并制定统一的惩罚标准。例如《广州市社会急救医疗管理条例》第 31 条："市卫生行政主管部门应当向社会公布'120'急救医疗监督电话，接受举报和投诉，对被举报、投诉的行为依法进行处理。对于实名举报或者投诉的，市卫生行政主管部门应当自收到举报或者投诉之日起三十日内将处理情况书面答复举报人或者投诉人。"在《修订草案》中明确市卫生行政主管部门的监督责任并规定对急救医疗人员的惩罚标准，保证社会急救医疗人员在抵达救护现场后按照国家规定对患者进行救治。另一方面，增加急救医疗人员的奖励制度，对于在重大活动中有突出贡献的急救

人员予以表彰，提升职业荣誉感。四是增加急救机构和急救人员的绩效考核规定。五是保障急救医疗人员的晋升渠道。《实施意见》第 31 条规定："院前急救医疗机构对上述人员进行专业技术职务评审、考核、聘任等方面应当给予倾斜。"《修订草案》第 36 条规定："社会急救医疗指挥机构和社会急救医疗机构的专业人员参加专业技术职务评审、考核和聘任时，与其他岗位医务人员同等条件的，评审考核聘任机构应当优先选择。"然而调研过程中众多调研对象反映晋升渠道不通畅，可见《实施意见》并未得到有效落实，因此可以考虑在《修订草案》中增设法律责任的条文，对于阻碍急救人员晋升的评审考核聘任机构进行处罚。

3. 完善专业培训机制，打造院前急救学科体系

目前，院前急救医学还没有自己的学科体系，所有急救工作人员都是医学出身，有了其他非急救科室的临床实践经验后进入急救岗，导致急救科处于尴尬的处境。因此笔者建议，一方面，医学院校应开设"急诊医学"专业以及"医疗急救"系列课程，鼓励专业对口人才进入急救岗位工作。另一方面，应在《修订草案》中建立并完善急救人员的培训与考核机制，由相关部门统一负责急救人员的岗前培训和定期培训，经考核合格后上岗，如此不仅可以提升急救人员自身的专业能力，还可以拓宽急救人员的晋升渠道。

（二）明确急救培训的主体

1. 明确对专业急救人员的培训主体

各个医疗机构不同的培训主体和培训方式是造成急救水平参差不齐、急救力量不平衡的主要原因，故在法律条文中增设对专业急救人员的培训方式和考核方式十分必要。市急救指挥中心对全市的急救工作进行调度管理，因此有义务对加入急救网络医院的各医疗机构急救人员进行培训，同时组织和开展急救医学的科学研究、学术交流等活动。

2. 社会大众的急救培训主体多元化

由于急救培训主体单一、宣传不到位等，我国各地急救知识和急救技能普及率普遍偏低。有数据显示，在美国接受过心肺复苏技术培训的人数超过7000 万，接近总人口数的四分之一；在德国应急救护技能普及率高达 80%，

志愿者是应急救援的主力军。我国急救知识的教育和急救技能的培训任重而道远。

目前对社会大众的急救培训主体只有红十字会。一方面，红十字会开展的工作繁多，开展群众性现场初级急救培训力不从心；另一方面，随着居民急救意识和急救需求的提高和增加，仅由红十字会这一主体安排培训难免应接不暇。因此，笔者建议将大众培训主体多元化，由卫生健康委员会、应急办公室和红十字会采取多种形式共同负责组织社会公众急救技能的普及和培训。当然，也要鼓励相关的社会团体、志愿者组织以及其他单位积极向社会普及和培训急救知识与急救技能。

3. 鼓励各主体做好急救知识和急救技能的宣传

急救指挥中心、红十字会、卫生健康委员会和应急办公室应当积极宣传急救知识和急救技能，特别是要在学校、公共交通站、大型活动场所等人员密集、事故多发地做宣传和培训，提高居民的自救和救援意识。

（三）救护车安装 ETC，减免排队交费带来的问题

法律中明文规定免收过路费的车辆包括军队车辆、部队车辆、正在执行任务的警车以及救灾抢险的车辆等。可见法律的目的是保障社会利益，且过路费的支付主体和收取主体均为政府，免收不仅是为了降低公共管理成本，也是为了保障公民的基本生活。然而，救护车的受益主体为个人，从法理角度来看，免收过路费不免会加重其他公民的社会义务。并且，从现实情况来看，救护车真正需要的并不是"免费"，而是"免排队"。现实中救护车过高速的尴尬问题，只需要由相关单位安排各医疗单位的救护车安装 ETC 设备就可以解决，产生的过路费结算在急救费用之内，由病患自负即可。因此笔者认为对救护车免收过路费没有必要，法律亦不必出面对该问题作出强制性规定。

（四）明确调度人员的选任标准和工作职责

调度人员队伍是由部分医护人员和劳务派遣人员构成的，专业层次较低、容易被忽视，属于院前急救队伍中最薄弱的环节。《修订草案》第 14 条简要地规定了急救医疗指挥机构的调度员应当熟悉急救医疗知识和社会急救

医疗机构的基本情况，具备专业的指挥调度能力和水平。但是没有明确调度人员的选任标准和工作职责。调度人员的工作同时具备医学属性和行政属性，笔者建议调度人员的招聘向社会公开，通过考试竞争上岗，同时还要制订统一的定期培训计划。选任和培训的内容包括医学知识，特别是急救知识与技能，地域与道路交通知识，计算机技能以及通讯知识等。同时，确认调度岗位作为卫生专业技术岗位的法律地位，设立调度人员的技术职称，与《修订草案》中急救人员职称并列，为院前急救打造一支优秀的调度人员队伍。

（五）规定救助基金的审批主体和审批流程

对于"三无病人"急救救助基金的申请，主要存在以下两方面问题：第一，审批主体不明确。第二，虽然有部门规章规定了审批流程，但是过于烦琐。立法机构必须解决上述问题，才能使这一规定实现最初的立法目的，避免沦为"僵尸条款"。

针对这两方面的问题，首先应明确审批救助基金的政府部门，特别是要将其体现在法律法规之中，作为医疗机构接治"三无病人"的"定心丸"，建立医护人员的急救信心；其次，由政府部门承担不予发放救助基金证明材料的提供职责。按照《疾病应急救助工作指导规范（试行）》，医疗机构在接受"三无病人"急诊后，应当及时向有关部门报告，随后向经办机构提供材料，上述材料分散在公安部门、医保部门和民政部门等，收集难度大且涉及公民隐私权，可见医疗机构因客观原因确实无法收集证明材料。因此实行"证明责任倒置"，即由政府部门出面，搜集病患不是"三无病人"的证明材料更为妥当。

（六）明确基层医疗机构承担部分急救职责

关于是否将基层医疗机构纳入急救网络医院，笔者认为不宜"一刀切"。首先，当下基层医疗机构的发展可谓一日千里，随着国家的高度重视和政策的大力扶持，一些基层医疗机构的医疗水平足以承担部分急救任务。其次，医院急救压力大，救护车缺口大。将条件合适的基层医疗机构纳入急救网络，可以缓解急救压力，避免出现救护车数量不足而无法执行任务的局面。

　　可行的做法是在法律中将基层医疗机构纳入急救医院网点并明确基层医疗机构所要承担的急救职责，虽然很多基层医疗机构无力承担急救任务，但是可以从事运送病人、进行初步诊治的急救工作。调研发现，基层医疗机构大多配备了救护车，为了让医疗资源得到充分利用，急救中心可以指派最近的基层医疗机构负责运送病患，这样的好处是：第一，减少了急救反应时间。基层医疗机构具有数量多、分布广的特点，相比医院出车后再返回，由最近的基层医疗机构接送病患更能体现急救效率。第二，增加了基层医疗机构的收入。由于基层医疗机构一直以来都是靠政府财政支持，为了更好地发展，有必要拓宽业务范围，实现基层医疗机构的自主发展，为更好地服务居民、实现良性循环打下基础。第三，保障院前院内急救衔接的高效性。基层医疗机构因客观条件所限，无力接治急救病患，但是在运送病患的过程中，可以进行初步诊治，了解症状和既往病史，提高急救工作的效率。

结　语

　　成都市早已建立起与当地社会、经济相适应的社会急救医疗体系，但是经过调研和分析，我们发现当下成都市的急救工作还存在种种问题，也从侧面说明地方立法工作亟须完善。一方面，地方立法机关制定地方性法规应当从现实出发，不妨将现实中通行的、高效的做法上升为法律；另一方面，地方性立法机关不应只是上位法的简单重复，而是应当在与上位法衔接的基础上具体化、创新化，既要保障上位法切实可行，有落实的渠道，又要突出当地特色，保留地方风俗习惯。成都市人大常委会在本次修订工作中充分考虑了现实情况和当地特色，例如保留了成都市最具特色的"独立指挥型"急救模式。但是在创新性上有所欠缺，对一些多年来未解决的"顽疾"没有作出回应，如救护车的过路费和医疗救护员的问题等；在可操作性上也有考虑不周之处，如虽然规定了"三无病人"可申请急救救助基金，但是没有明确审批主体和审批流程。因此，成都市人大还需要继续坚持"党委领导、人大主导、政府依托、社会参与"的立法工作格局，注重完善性和可操作性的兼顾。

立法调研的立场与方法

——以《成都市社会急救医疗管理规定》为例

吴　洋①

摘　要：立法调研包含对立法拟解决问题的调查与研究两个方面，它是科学立法的前提，也是通过反映公众的意见和建议集中体现民主立法的一环。虽在立法实践中有对立法调研的广泛应用，但仍缺乏对其系统的方法梳理和理论思考。本文通过分析立法调研的性质和价值所在强调了"立法为民"以及"专业性"的基本立场，并在分析《成都市社会急救医疗管理规定》修订过程中的立法调研活动的基础上总结调研经验，初步形成了以调研对象、调研内容、调研范围以及调研深度为基本要素的立法调研方法论。

关键词：立法调研立场　立法调研方法　《成都市社会急救医疗管理规定》

引　言

党的十八大以来，"科学立法、严格执法、公正司法、全民守法"十六字分别从立法、执法、司法和守法四个方面提出了针对性的要求。法的生命在于实施，故理论界和实务界对于传统意义上的执法、司法及守法层面关注较多，而对于法的产生，也就是法的制定过程则关注较少，对我国相关立法理论和技术发掘较浅。在部分立法技术上，数十年的立法经验并没有得到有效整合并进行理论上的提升。相较于法的实施，法的制定在一个强调法治国

---

① 吴洋，四川大学地方立法研究基地研究人员。

家建设的成文法传统国家内逻辑上更靠前，良法的制定是法律得以实施的前提，这也正是亚里士多德所理解的"法治"——良法善治对于良法所强调的应有之义。

关于法的制定相关问题的研究既是亟待深挖的理论问题，也是极具实践价值的技术问题，其最终极的问题便是如何做到科学立法。当然科学立法的追求背后暗含着依法立法和民主立法的要求，科学立法与此二者是有机统一的，三者是相辅相成的关系，而如何科学立法的背后便是立法技术的问题，是如何通过总结经验、理论研究提升立法技术的问题。立法技术可分为立法预测技术、立法调研技术、立法规划技术、立法决策技术、立法协调技术、立法表达技术以及立法监督技术等。① 在这之中，立法调研是立法技术中虽不起眼却起到关键作用的技术之一。立法需要通过调研以增强其科学性，并通过调研反映公众的现实意见和建议以充分体现立法的民主性，它是立法机关准确把握社会生活实践情况、暴露现实问题并反映客观规律的重要依据，同时也是有效收集公众意见、体现民主立法的重要一环。

在现有研究中，关于立法调研的研究多停留在呼吁层面，如李培传在《论立法》中所强调的那样，立法调研是立法的基础工作，与立法的质量息息相关，但学界关于立法调研的具体问题则语焉不详。② 立法调研的重要性毋庸置疑，但立法调研与普通社会学意义上的田野调查又有不同，立法调研需要具有一定导向性、专业性，需要在调研过程和成果中体现立法调研的特殊性。实务界对立法调研的重视程度越来越高，说明我们国家法治实践趋于成熟，但理论界仍缺乏对立法调研内调研对象、内容、范围、深度系统化的整理和阐述。本文旨在通过对立法调研性质的剖析以明确和强调开展立法调研的立场，并在分析立法调研的基本方面后，通过分析《成都市社会急救医疗管理规定》修订过程中的立法调研实践，总结整合立法调研目的实现的最佳方法论。

---

① 刘小冰、宋瑞龙、徐蕾：《科学立法：法律是如何产生的》，法律出版社 2017 年版，第 120 页。

② 李培传：《论立法》，中国法制出版社 2011 年版，第 148 页。

一、立法调研的价值和现实问题

所谓立法调研，即指立法调查与对调查结果之研究的结合，调查与研究往往同时存在、相辅相成：研究的对象与内容往往是调查的结果，而调查结果的呈现与说明往往是研究的成果，同时研究的开展将指导调查的进行。为避免割裂，本文以下均采立法调研的表述。

立法调研在立法过程的不同阶段有着不同的侧重内容，但大体可以理解为对社会生活存在的客观问题和基于这些客观问题的民众主观意见的调查研究。马克思主义认为，经济基础决定上层建筑，而法是上层建筑的一部分。由此，"立法活动的实质便是将在社会生活中占据主导地位的社会主体的意志上升为国家意志"[①]，在这个过程中必然需要立法者注重客观情况和社会意志的搜集调查与整合研究，这就是立法调研。立法调研既可以存在于立法准备阶段，即立法决策与规划的前置工作，也可以存在于立法中的问题调查和意见征求阶段，还可以存在于立法后的立法效果研判阶段。可以说，立法调研贯穿立法这个动态活动的全过程。

强调立法调研不仅因为其贯穿立法活动全过程，具有重要价值，更是因为其在现实实践中存在两个亟待明确的问题，首先是调研的立场问题，其次是调研的方法问题。

（一）立法调研的价值

作为基础立法技术之一，立法调研的重要性不言而喻，其是科学立法的前提和基础，也是民主立法的重要表现形式，立法调研的价值也就分别从这两方面展开。

1. 反映人民意志，保障立法的民主性

立法调研的核心内容之一便是对公众和利益相关方对相关问题的意见和建议进行搜集整理，并将其作为调研报告的一部分以供立法机关在进行立法

[①]　周旺生、朱苏力：《北京大学法学百科全书（法理学·立法学·法律社会学）》，北京大学出版社 2010 年版，第 555 页。

草案编纂时参考。在追求科学立法的同时，需明确科学立法与民主立法并不冲突；相反，一部法案做不到反映人民意志，就难谈其具备科学性。在此可参考美国对于立法调研进行的努力，"在一项法案进入正式审议前，如有必要往往会举行听证会，对于此法案亦会听取一众证人的意见，包括内阁官员，与执行此法案有关的人员，所涉及的各私人利益集团的代表以及与该法案有关的专家等"①。待全部存有争议的问题都经过讨论，证人全部发表了意见后，委员会才会开始详细审议该法案。

在人民当家做主的中国，法律的制定必须反映和体现人民群众的根本利益，为此就必须在立法过程中通过立法调研广泛征求民意、汇集民智，充分吸收公众对于客观问题的主观意见和建议，达成最广泛的共识。同时，保障立法过程中公民意见的充分表达对于立法者正确把握人民根本利益起着非常重要的作用，而这也是明确为谁立法以及在这基础之上科学立法的必然要求。

2. 反映客观规律，促进立法的科学化

科学立法有两个方面，首先是对于社会规律和社会规律作用基础的部分自然规律的把握，其次是对法律体系内部规律的把握，正如恩格斯所说："在现代国家中，法不仅必须适应于总的经济状况，不仅必须是它的表现，而且还必须是不因内在矛盾而自相抵触的一种内部和谐一致的表现。"② 在社会规律通过立法加以客观化使得其具备科学性这个问题上，马克思说："立法者应该把自己看作一个自然科学家。他不是在创造法律，不是在发明法律，而仅仅是在表述法律，他用有意识的实在法把精神关系的内在规律表现出来。"③ 科学立法的根本还在于其对于社会客观规律的把握，反映到立法调研上便是其能够充分地反映现存客观问题，从而揭示客观规律，以促进立法的科学化。

立法，尤其是地方立法，对于立法调研的需求是极高的，地方立法相对于国家立法不仅需要体现地方特色，而且需要更具体，在不抵触上位法的条

---

① 刘小冰、宋瑞龙、徐蕾：《科学立法：法律是如何产生的》，法律出版社 2017 年版，第 140 页。

② 《马克思恩格斯全集》（第三十七卷），人民出版社 2020 年版，第 484 页。

③ 《马克思恩格斯选集》（第一卷），人民出版社 2012 年版，第 347 页。

件下就该行政区域内的具体情况和实际需要进行立法，而地方具体情况和实际需要并不是空想出来的，应该是通过深入的立法调研切实了解到的，这样才能制定出符合科学立法、民主立法要求的地方性法规。

（二）有待明确的问题

目前虽然面向社会大众的立法调研越来越受到重视，但仍缺乏系统的调研方法梳理，缺少对调研对象、内容、范围、深度等方面的理论思考。这也反映出目前学界对立法调研的性质认识不清、对立法调研的立场认识不够的问题。

1. 调研立场

由于立法调研的内容涉及对社会客观问题和公众主观意见的搜集分析，而这一搜集分析活动不可避免地带有一定的主观性，故而调研活动的立场就显得尤为重要。这里主要反映的是三个问题：为什么调研、由谁来调研以及为谁调研。

首先是为什么调研。如果对调研性质认识不清，错误低估调研作用，就会引发对调研结果的漠视，这种漠视将会导致调研流于形式，亦即调研结果难为立法提供实质指导和帮助。我国《立法法》和各地地方立法条例都有关于立法调研的规定，[①] 这些规定是立法活动需以立法调研作为基础的现实法律法规依据。按依法立法的要求，立法调研作为立法的必要环节不可或缺。同时，关于调研亦有深刻的哲学思辨。毛泽东基于丰富的调查研究的经验作出以下论断：“没有调查，就没有发言权……不做正确的调查同样没有发言权。”[②] 用以规范社会生活的法律，必须了解它规范的是什么，以及它需要如何规范，不经过调研，是做不好这一点的。目前部分地方的立法调研一定

---

① 我国《立法法》第 16 条第二款规定，常务委员会依照前款规定审议法律案，应当通过多种形式征求全国人民代表大会代表的意见，并将有关情况予以反馈；专门委员会和常务委员会工作机构进行立法调研，可以邀请有关的全国人民代表大会代表参加。这是全国性法律的制定对于立法调研的规定。同时，地方立法对于立法调研的要求亦可散见于各地方的立法条例，如《成都市地方立法条例》第 17 条规定，提案人、起草责任单位应当针对地方性法规案拟调整规范的问题，总结实践经验、开展调查研究、广泛听取各方面意见，并在地方性法规案提请审议前，做好有关沟通与协调工作。

② 毛泽东：《反对本本主义》，《毛泽东选集》（第一卷），人民出版社 2009 年版。

程度上存在调研内容混乱、调研对象缺乏代表性等问题，暴露出部分调研人员对为什么调研这个问题的认识仍停留在形式层面。

其次是由谁来调研和为谁调研的问题。由谁来调研的问题是为谁调研的形式问题，由谁来调研所反映的实质问题便是为谁调研。为谁调研这一问题的澄清意味着对调研目的的明确，尤其是在反映人民意志这一部分将避免调研主体先入为主，将调研对象当作手段而不是目的。目前调研主要有三种模式：一为法案起草部门调研，二为人大组织调研，三为人大支持的第三方开展独立调研。其中法案起草部门开展调研和人大组织调研的区别在于前者对具体问题认识较充分，亦有一定管理经验，但对调研的开展有着先入为主的认识，甚或在调研结果中强调部门利益；人大组织调研和第三方开展调研虽在形式上更中立，但仍需要进一步强调立法为民的调研立场。

2. 调研的方法论

立法调研不同于普通的社会学调研，其作为一项立法技术，具备调研的普遍性特征，但作为立法环节的一环，其同样具备特殊的专业要求。调研结果将深刻影响立法决策、法案的起草等立法活动，因此不仅要分析社会问题，更要为立法提供相关建议。对体现在调研的对象、内容、范围、深度等方面的专业性问题需加以经验的总结和理论的提升，以形成科学有效并足以广泛借鉴采纳的立法调研方法论。

目前所采用的调研方法多为社会学调研方法，如问卷调查、访谈调查或者解剖麻雀式深入调查等方法，但对方法的适用并未在方法论上体现出作为立法环节的专业性。而作为立法调研中同样甚或更重要的对调查结果进行分析加工的研究环节则更应体现立法技术的专业性。同时，分析的专业性亦会反作用于调查的专业性。立法调研在调研对象、内容、范围和深度等方面不同于一般社会调查，立法调研不在于获得数量上的多数分析，而在于获得对人民根本利益和社会基本规律的深刻把握。虽然数量上的多数分析往往是后者的反映，但两者毕竟不同质，故应总结深化已有的立法调研经验，并进行理论上的提升以形成立法调研独特的方法论。

二、调研立场和目的

（一）调研立场

由于立法调研的内容涉及对社会客观问题和公众主观意见的搜集分析，而这一搜集分析活动带有一定主观性，故调研活动需强调立法为民的调研立场，客观全面反映亟待解决的社会问题，积极吸取公众意见；同时，立法调研又需要采取专业性的立场，即调研活动的目的在于寻求问题的最优解决方法，故对于问题和解决方法的调查分析均应采主动主导立场，避免调研活动沦为低效杂乱的漫谈。

1. 立法为民

立法为民是立法调研的第一个立场，其首先回答的就是为什么调研和为谁调研的问题。如前文所述，为谁调研还可引申出由谁调研这一形式问题。为什么调研？答案是为了更好地为人民立法而开展立法调研。为谁调研？答案亦是为人民开展调研，需要找出困扰大家的突出社会问题，结合人民意愿，通过调研结果为立法提供指导以反映和实现人民群众的根本利益。故而，部门争利、形式调研等现象便是立法为民这一立场没有澄清或站稳的结果。

2. 专业性

立法调研的第二个立场便是立法调研的专业性。此立场由立法调研需要科学的方法论规范引申而出，意在强调提高立法调研的质量，以期为立法提供实质有效的指导。

首先，立法调研与其他社会调研存在一定差异，这种内在差异较为隐蔽，但其形式上的差异十分明显。即在进行一项立法调查时，肯定是法学专业而非社会学专业的人士占调研组人员的多数。立法调研与其他社会调研的核心区别在于立法调研中的"研"具有相当的立法学规范性，亦即在对立法调查进行分析时不是简单地具象分析问题，而是需要抽象分析问题后面的关系，以及研究如何从立法层面通过制度设计规范化地解决问题。其他社会调研一般比较具象，立法调研则需要在具象的基础上更进一步，研究法律该管什么、该管到哪儿、该怎么管，换言之，立法调研不仅要研究解决问题的最优方案，更要研究现行立法框架下、实际条件下规范层面的最优方案，同时研究上的目的导向又指导着立法调查的开展，使其在调查对象、内容、范围和深度上有着更明确的限定，调查与研究互相促进，共为调研。

其次，立法调研的专业性体现在调查和研究以及二者结合的各个方面，可以概括为围绕立法、超越立法。亦即无论是适用社会调查方法进行客观事实及公众主观意愿调查，还是对调查结果进行分析，或者透过研究目的对调查对象、范围等调查方面进行规范，都需围绕立法，并且超越立法。这里的"围绕立法，超越立法"指一切调研行为均应在立法目的指引下完成，同时又持开放态度，对调研过程中暴露出来的实际问题要积极纳入立法研究框架。调研活动受立法预测活动指导，但又不局限于对预测存在的问题进行调查分析，不囿于既定的问题框架。围绕立法是强调调研不可太泛，需有针对性；超越立法是强调需以实际存在的问题为准，立法建立在实际问题的基础上，强调的是能为立法提供有效指导的实质调研。

（二）调研目的

在不同的立法阶段，都存在调研的需求和必要，在不同阶段有不同的调研目的，但基本立场不变。

1. 立法前

这一阶段的立法调研主要解决的是需不需要立法的问题。立法前主要指立法决策和立法规划前的立法调研活动，此时的调研活动主要为立法决策和立法规划提供参考资料，故而需重点调研社会生产生活的客观情况，以评估立法的可行性。同时需调研公众主观意见和建议，以了解民情、反映民意、吸取民智。

2. 立法中

立法中的立法调研主要解决的是如何立法的问题。此时草案在形成过程中，调研的主要目的在于精准识别实际存在于社会生活中的现实问题以及亟待通过制度设计解决的问题，并在此基础上提出具体的、可操作的措施和办法。为此需要了解与立法相关的客观情况的发展和变化，并充分调研公众对草案条文的意见和建议。

3. 立法后

立法后的立法调研主要解决的是立法后评估的问题。此时法律法规已经出台实施，此阶段的立法调研主要需要了解法律法规的实施情况以及公众意见。

三、《成都市社会急救医疗管理规定》修订过程的立法调研

在解决立法调研的立场问题后，我们需要重点解决科学有效的方法论构建问题。为此，我们以《成都市社会急救医疗管理规定》修订过程中的立法调研为例进行剖析，客观评价该调研可取之经验并进行理论构建，分析调研之不足并进行理论反思，以对立法调研的几个基本方面，包括调研对象、调研内容、调研范围以及调研深度进行经验的总结和理论的提升。

现行《成都市社会急救医疗管理规定》（以下简称《规定》）1999 年批准实施后，于 2011 年经过一次修订，《规定》施行以来对成都市社会急救医疗体系的建设，尤其是院前急救的有效开展起到了积极的作用，但近十几年来，随着成都市经济社会的快速发展，社会急救工作出现了一系列新情况和新问题，如院前急救的物资、人员乃至急救规范等统一规范的管理需进行更新，对原来立法没有出现的新问题需加以规范。《规定》需对现存问题进行回应并基于经济社会条件的变化对不适应发展的法规部分进行调整，这便是本次《规定》立法调研的背景。

如前所述，立法调研可存在于立法的不同阶段，如立法前的调研以供立法决策参考、立法中的调研以供法案起草参考、立法后的调研以供立法后评估参考。《规定》修订过程的立法调研，主要可归类为后两者，首先是对《规定》实施过程中存在的与社会实践不相符合、亟待调整的问题进行调研，其次是对社会生活条件的新问题、新情况进行调研，以供法案新规定起草参考。但此次调研事实上还有立法前调研的性质，亦即是否需要修法的调研，这也是广义的立法前调研。故而选取《规定》修订过程的立法调研作为研究对象，可以了解不同阶段立法调研的不同侧重，同时由于此次调研较新近，

更便于进行准确分析。

（一）调研方式

本次《规定》修订过程的立法调研采第三方独立调研模式，由成都市人大支持，委托四川大学法学院相关调研课题组负责开展调研。第三方调研相较于法案起草部门调研更为中立，客观上也更易操作，可以依托调研机构的专业性开展充分调研；在调研开展过程中，调研组得到了成都市人大的大力支持，各相关社会机构单位以及社会民众也给予了高度配合。

调研组针对地方立法的两项基本要求，展开了两个方向的具体调研。首先是地方立法与上位法不冲突、尽量避免重复立法的要求，为此，调研组开展了书面调研工作；其次是地方立法需针对实际问题，要实事求是、具备地方特色的要求，为此，调研组开展了实地调研工作。

1. 书面调研

书面调研是对法律法规体系内规律的调查研究，需避免出现重复立法、冲突立法的情况，注重实现法律法规体系内的逻辑自洽。为此，调研组重点调研了《规定》与上位法的衔接、法规体系的协调性和内容的稳定性。同时，调研组还对其他城市所涉社会急救医疗管理的相关规定进行了对比分析，重点分析了几种不同社会急救模式的异同和各自的优缺点，针对成都市社会急救医疗的运行现状提出了依托城市现行有效的急救体系强化优点、消除弱点的建议。

调研组首先调研了与社会急救管理相关的法律法规，在无直接规范社会急救管理上位法可供参考的情况下，调研组整理了其他大型城市的社会急救管理条例，归纳出目前国内三种具有代表性的院前急救模式①，即独立指挥

---

① 所谓院前急救，指在医院外对急危重症病人所进行的急救。广义的院前急救是指患者在发病时由医护人员或目击者在现场进行的紧急抢救，基本与"社会急救"同义；而狭义的院前急救指具备专业急救能力和急救资源的医疗机构将病人送至医院前的急救过程。此处的院前急救模式指的是狭义的院前急救。

型、独立院前型和依托医院型①。调研组在此基础上分析了成都市所采取的独立指挥型的现实意义及其不足，如急救人员素质参差不齐、医院积极性较低等问题。在对比三种不同急救体系模式的优缺点后，结合成都市实际，调研组建议保持成都特色，有针对性地完善当前制度、解决现存问题。针对此急救模式实施中可能存在的问题，在书面调研的基础上，调研组进行了实地调研。

2. 实地调研

实地调研旨在调查急救医疗体系在社会生活中的实际运作情况，以及它所反映出来的与社会生活发展不符的系统性问题、局部性问题，同时调研相关主体包括一般公众对于问题解决的意见和建议，综合形成一份实践情况概述、一份问题清单、一份问题解决的立法建议。

（1）实地访谈考察。

调查组对若干具有代表性的急救网络医院（包括公立医院与私立民营医院）、急救站（点）、医疗机构、相关急救培训机构进行了实地考察与访谈。访谈对象包括医院内急救出诊的医生、护士以及提供协助的担架工，访谈内容包括从事院前急救岗位人员的数量、年龄、职称、在岗时间、福利待遇、奖惩机制以及岗位轮换机制等情况。

（2）发放调查问卷。

调查组分别针对社会公众、社会单位负责人、调度人员和急救人员、患者及其家属以及急救网络医院相关人员设计和发放了相关的调查问卷共计19461份。调查问卷的设计包含两个部分：首先是通过客观数据，例如问卷填写人的年龄、急救能力培训情况、呼叫急救经历等来发现问题；其次是通过主观意见的询问，来了解填写人对社会急救的管理有什么意见和建议。后者的主观意见需要回应，但其主观建议并不需要完全采纳，而是以经过核实的意见所反映出的问题综合前述客观问题作为制度设计的基础，并辅之以各相关主体之建议作为制度设计的参考，此亦是调查与研究的密切结合之完美

① 独立指挥型指急救指挥中心统一调度医院急救部门参与急救工作；独立院前型指急救指挥中心调度与院前急救合为一体，建立专门从事院前急救的急救站，急救中心通过调度急救站实施院前急救；依托医院型指院前急救作为各个医院的部分，由医院独立完整地参与各自区域的院前急救工作。

例证。

（3）开展座谈交流。

课题组组织参加了与市、区（市）县卫生健康行政部门及相关主管部门、急救指挥中心和区（市）县急救指挥分中心、社会公众和组织、各类媒体及其他涉及社会急救医疗管理的单位开展的座谈交流，并与相关单位开展深度访谈，听取对成都市社会急救医疗管理制度的意见和建议。

（二）调研成效与不足

1. 调研成效

此处调研成效有两层含义：首先是调研活动取得了一定的成果，包括对社会急救管理相关问题的发掘和针对问题的对策建议；其次是指此次调研中所体现出来的能够最大限度发挥调研功用的经验。本文主要总结经验和分析不足，故而以第二种含义的调研成效为主。

（1）调研组成员组成科学。

立法调研的专业性最好的佐证便是调研组的成员结构。此次调研组成员多为高校法学院的硕士生、博士生，具有较好的法学素养，即便对医疗专业问题了解不够全面，对背后可能涉及的法律规范问题却相当敏感，容易发现和把握立法调研中意欲发现和解决的问题。

（2）调研方式种类多样。

此次调研组采用了多种调研方式结合的模式：结合疫情防控和大数据分析便利的现实需要，调研组分别进行了线上和线下的问卷调查；通过书面调研解决法内规律和逻辑的问题，通过实地调研发现现有急救系统运行过程中实际存在的问题以及急救外延的相关问题；传统调研即开展访谈、交流等形式的调研，了解和发现问题，现代调研即通过问卷的数据分析发现问题。

（3）问题发现充分。

调查方法多样，能够充分反映和暴露实际存在及亟待解决的社会问题。如通过访谈，整理分析了社会急救体系设计存在的系统性问题，以及系统运行过程中各环节的问题，从逻辑上和经验上对这些问题进行详细梳理和说明。

2. 调研不足

本次调研作为一次社会大调查，是十分充分且优秀的，但如果从立法调研的角度看，此次调研亦有一定不足。

（1）调研成本投入较大。

首先是调研成本投入较大。由于采用多种方式进行调查，且多种调研方式调研内容有所重合，材料、数据和信息的搜集和整理工作量较大。尤其是问卷，数万份问卷涵盖多个社会群体，其中更有对主观意见的采集，需要巨大的时间成本和人力成本，整个调研过程历时数月。

欲解决此问题，有两条途径：一是降低调研成本，提高调研对象的代表性和降低不必要的重复调研。对于共性问题的发现不一定完全依赖数据的反映，更重要的是要有对整个社会急救系统的宏观认识，了解哪些方面是易出问题的，哪些方面是随着社会生活变化而需要加以调整的，就可以有针对性地调研此类问题。二是提高调研质量，尤其是研究的质量。立法调研重在反映问题和提供对策建议，故而不是对待调研问题的重述和简单说明，而更在于对问题背后所反映的关系问题，它可能是一种行政关系，也可能是一种民事关系，关键是这种关系在哪个环节出了哪些问题。指出这些法律问题，并提供法律上完善的建议便是立法调研的理想成果，提高调研质量，亦可以使得成本相对降低，使效益在总体上保持正向向上。

（2）调研重心不突出。

调研重心不突出是一个相对的问题，由于调研铺得太开，便显得没有明确的重点。哪些是刻不容缓的问题，哪些是系统性的问题，哪些是新出现的问题，哪些是需要通过其他机制解决的问题，哪些是利益平衡的问题，哪些根本不是（法律意义上的）问题，这些都有待明确。在明确的基础上，调查会更有的放矢、主次分明，同时对于问题的研究分析也会更有针对性且更深入透彻，提出的建议将更具有全局性。

（3）法学专业性的提升不足。

法学专业性是立法调研作为一项立法技术的根本，其专业性主要体现在对具象问题背后抽象关系的把握上。立法调研首先需要做一轮筛选，甄别法律问题：哪些问题是可以由立法或修法解决的，或适合于此次修法解决的，这里判断的是它是不是一个法律问题①；在此基础上，立法调研需要梳理各项法律问题，从逻辑上在法律体系内进行定位，然后提供妥当的立法建议，此环节从具象到抽象，将具体实际问题抽象成待完善和解决的法律体系内问题，再从抽象回归具象，通过法律的完善和更新解决这些具体问题。

如前所述，本次立法调研作为一项社会大调查是充分且合适的，但对于暴露出来的问题所进行的两项分析研究工作并不彻底，这也是调研重心不明的一个必然结果。调查和研究虽系于一体，但仍可从经验上区分，同时，侧重研究的专业性必然也会带来调查的专业性。

（4）调研数据的客观分析不够彻底。

此次调研获取了大量数据和信息。对于问卷和访谈所包含的主观意见，亦即调研对象认为有问题的地方，需要经过多方核实确定后方可确证其为实际问题，他们的主观意见有可能是视角的局限或认知的不对称所造成的，主观意见并不能推导出客观问题；同时，对于问卷和访谈中提出的建议，亦需在客观分析的基础上加以参考，简单说来便是主观建议并不等于客观解决方案，即使某一建议被很多人提起，也不意味着正确。这便是前文所强调的立法调研价值的体现，立法调研的核心任务在于对规律的把握，对人民的根本利益的把握，科学立法与民主立法并不冲突。这就需要调研人具有相当的能力，甄别哪些是主观下的客观，哪些仅是毫无附着和依据的主观。

如前所述，本次《规定》修订过程的立法调研实质上更类似一种社会调查，其报告多为问题罗列，是一种给立法者的较为充分的社会调查材料，而暗藏于其中的客观规律以及关于如何适应乃至利用这种规律以使得《规定》目的实现最优化的思考则有所欠缺。

四、立法调研的方法论反思

立法调研的方法论由立法调研的性质和目的决定，其往往会在一般社会调研方法的基础上更进一步。立法调研的调查方法仍贴合社会学调查方法，

---

① 如果有余力可以对此类问题提出立法之外的其他解决办法，但这并不是立法调研的工作重点。

如利用实地访谈、问卷调查抑或"解剖麻雀式"调研方法寻找和发现实际问题,但立法调研欲发现和解决的问题是有必要放在法案立修讨论桌上的问题,是在待立或待修特定法律法规内有进行规范的价值和现实必要的问题。在调查后,对于调查结果的分析主要在于研究发现相关社会问题产生的根源和背后的规律以及利用该规律解决问题的办法,并且这种分析要上升到抽象的法律关系层面。此时不再是简单地解决个别问题或替个别人解决问题,而是从制度设计层面,以全局的视角在法律法规体系内把握待解决的问题,并提供解决方案。同时,研究的目的会反作用于调查活动,调查活动的设计和开展会随着研究的逐步推进而更有针对性,同时也更有深度。这便是立法调研方法论的基本逻辑,但逻辑是串联珠石的线,分析了线也不能少了作为珠石的调研的几个基本方面。

(一) 调研对象

立法调研首先需要考虑的便是调研对象,即应从哪里发现问题。问题虽然都是客观的,但它们都落在具体的人身上,故而需要通过与调研对象的接触获取相关问题的信息进而实现发现和解决问题的目标。存有疑问的是,是否存在不需要调研对象的配合就可以发现的问题?这种问题可能存在于系统设计之初,或存在于系统的原设计与时代的新变化不相适应的摩擦中,它可由数据反映,并可被经验识别。如救护车的数量相对于全市人口数量小于一定比例,这种问题经验上应存在,但究其根本,对于调研者而言,这种问题存在于调研主体之外,问题暴露的基础数据之来源仍系于调研对象,故调研对象始终是立法调研中最重要的需要讨论的几个方面之一。

调研哪些人的背后是调研哪些问题,与这些问题相关的人便都应是调研对象。首先是立法涉及实体权利义务安排的相关主体,如在《成都市社会急救医疗管理规定》的社会调研中主要涉及三方主体,包括急救指挥调度中心、医院和社会公众,故而主要以此三方主体作为调研对象;其次是了解问题的人,他们可能不涉及权利义务的安排,但他们可能是比较接近相关问题的人,如管理者、学者专家等,他们对问题的认识可能更为全面、客观,故而他们也是调研的合适对象。

考虑到调研效益,如何通过对调研对象进行更有针对性的筛选是值得进一步思考的问题。在此，本文提供一个新的思路，即调研对象应随着调研的开展逐渐深入而进行动态的变化：调研活动的初始设计从立法预测开始，依据立法目的和立法要求从经验上梳理需要调研的问题，并以此作为选取调研对象的依据。随着调研的开展，可能有几种情况发生：一是发现了新的问题便要以该问题的挖掘为中心再补充调研对象；二是发现原设想的问题并不存在或没有深入调研的必要，则相对缩减以该问题为中心的调研对象；三是随着调研开展发现了严重程度、亟须规范程度不同的问题，则根据重要程度及复杂程度有针对性地调整调研对象的数量。需注意的是，调研对象对于待调研问题的认识往往不是彻底割裂的，故而距离问题中心较远的对象对某问题仍可能有一定程度的认识，这种认识可能与距离问题中心较近的对象的认识重合或冲突，此时可以作为发掘客观问题的一个参考，以此实现和提升调研结果的科学性。

（二）调研内容

立法调研的第二个重要方面为调研内容，也就是针对调研对象调研些什么。确定调研内容解决的是后续研究开展的基础——分析材料为何的问题。调研内容可以大致分为客观问题和主观意见，主观意见又可以细分为调研对象对于客观问题的意见和建议，以及他们附着在客观问题上的主观诉求。

客观问题的调研有两个基本方面：首先是法律法规体系内的调研，尤其是上下位法之间的调研，旨在满足体系内的和谐；其次是对法律体系外真实存在的客观问题的调研，后述分析的展开以此为主。对于客观问题的调研，需注意调研对象对于问题的认识不一定是客观的，为追求调研结果的真实性和可靠性，调研组成员需对同一问题进行多方调研以核实和确证。同时，调研内容需随着实际调研的开展而进行调整，立法预测阶段所预设的待调研问题清单并不是真实调研开展所依赖的绝对命令，在对调研对象开展相关访谈活动时，他们所提供的信息和线索往往能拓宽调研内容的边界，但对调研内容的调整仍有两项要求：一是核实是不是真实的问题，是不是法律上待解决的问题；二是甄别哪些是比较严重的问题，哪些是比较复杂的问题，哪些是亟待解决的问题。要在这两项分析工作的基础上，将经过甄别的问题纳入问题清单，并在此基础上对各方主体的主观意见进行详细的搜集和分析。

对于主观意见的调研，调研者需把握问题的实质，将客观问题和主观意见抽象至法律关系层面，以对问题背后的规律有充分认识，寻求立法目的最大化和最优化实现。调研对象对于客观问题的主观意见和建议是发掘客观问题实质的重要参考依据，他们对于客观问题的认识或多或少接近问题的实质，调研者在综合分析后能对问题背后的实质和规律有更科学的认识。客观问题是发现问题，而主观意见和建议是集合民智、尊重民意寻求解决问题的办法，故此需十分重视对主观意见和建议的调研，立法调研的价值在此部分得到了充分的体现。

对于相关诉求的调研，是一种对更具体的主观意见的发掘。诉求的背后是抽象法律问题的具象化，也就是资源或利益分配的实质化。这事实上已经超越了调研组的调研工作职责，立法调研的目的在于从法律层面把握社会问题，这种把握是全局、规律（实质）上的把握。依据客观问题所提出的规范性的问题解决对策虽涉及权利义务的实体安排，但仍是高度抽象的事实判断，是一种落在纸面上的参考。立法调研没有义务，也没有能力对各方主体的诉求作出应允或不应允的回应，故此诉求部分①的调研结果作为调研报告的一部分充分展示即可，不需要作出进一步的评析和说明。

（三）调研范围

立法调研的第三个基本方面是调研范围，也就是调研对象需广泛到什么程度。确定调研范围解决的是如何更精准地寻找具有代表性的调研对象以使调研结果尽可能客观化、科学化，以及如何界定代表性的问题。

讨论调研对象的合适范围有两点原因：第一是调研对象虽然原则上越多越好，但数量并不代表质量，调研所追求的发现问题、探寻其中规律以解决问题并不需要调研对象数量的堆积，而是需要高质量的调研；第二是调研也需要把握效益和时效性，调研应在尽可能全面彻底地分析问题的基础上减少不必要的成本投入。故而不论是何种调研方式，只要不是普查性质的调研，均应寻找有代表性的调研对象。可采取抽样调查的方式，在不同的群组内各

---

① 应注意，此处的"主体诉求"是狭义上的诉求，区别于调研对象对于客观问题的认识和把握的"主观意见和建议"。由于此处诉求过于具体，往往不是一种事实判断而是一种主观上难以评断是非的价值判断，故而调研报告不应将其作为分析的重心。

抽取一定比例的对象作为调研对象，或采取实地访谈方式，选取比较有代表性的对象进行访谈。

选取具有代表性的调研对象首先便是界分问题相关的不同群体，在不同群体内还可依据一定标准再进行细分，区分的标准可以是按权利义务区分，也可以是其他标准，标准可以依据调研目的灵活变动，但同一层级的区分标准应统一。例如，《成都市社会急救医疗管理规定》调研组对调研对象做了一级区分，即医院、急救指挥调度中心和社会公众，但医院这一群体内又有若干代表着不同要求的个体，因此将其细分为公立医院和私立医院。同时，在控制调研范围时，须在调研对象群体划分时辅之以距离问题，将抽象距离远近作为参考依据，由内向外逐级开展调研，依不同问题的研究深度视调研至何层时停止调研范围的扩张，两个划分标准重叠部分即为实际需要划分的群体。在区分了群体后，则需对若干最小群体和包含最小群体的同级较大群体进行取样调研以了解最小群体的个性和较大群体的共性，如此分别把握问题的主要矛盾和次要矛盾，以及矛盾的主要方面和次要方面。

在划分群体后，如何在群体中寻找具有代表性的调研对象则是调研范围待解决的第二项重要问题。可以参考抽样调查的抽样法，也可以参考访谈调研的主动选择法。但在社会调查方法的应用上，代表性的实质仍然是群体划分，只要群体划分合理，代表性问题便可迎刃而解。

（四）调研深度

调研深度是立法调研的第四个方面，也就是对调研内容要挖掘到什么程度。确定调研深度解决的是立法调研达到何种深度可最优实现调研目标的问题。立法调研的深度有两层：首先是问题的发掘程度，其次是对问题的分析深度。

如上所述，立法调研需要考虑调研深度同样有两个原因，追求调研结果的科学性和兼顾调研效益。立法调研科学性的体现之一便是调研深度的发掘，问题并非愈多愈好，追溯背后的原因也并非愈远愈好，首先是对问题同立法目的相关性要有一定限制，其次是对问题的成因分析应保证因果链在合理限度内，否则研究结论将毫无意义。

对问题的发掘程度是调研内容的广度，亦即多少问题会被列入调研报告内的问题清单以作为分析的基础。这个问题应视调研目的而定，如前所述，立法不同阶段的调研在目的和内容上会有所差异，立法前的立法调研侧重于调研"立不立法"，立法中的立法调研侧重于调研"怎么立法"，立法后的立法调研侧重于立法后评估。对于不同阶段的立法调研，其调研内容的广度也应围绕调研目的展开。立法前的立法调研内容的广度落脚于论证立法可行性，围绕是否需要立法、能否立法、现实条件是否满足立法需要等内容展开。立法中的调研则落脚于优化立法、提升立法的科学性与民主性，围绕社会生活中具体待解决的问题开展调研，并且待解决的问题需处于该特定立法活动意欲规范且能够规范的范围内，超出此广度，立法调研活动便显得重心不明。立法后的调研则围绕立法后的实施效果开展。调研内容在不同阶段的侧重不同，广度也应围绕侧重点来确定：哪些是刻不容缓的问题，哪些是系统性的问题，哪些是新出现的问题，哪些是需要通过其他机制解决的问题，哪些根本不是（法律意义上的）问题，只有能通过立法加以解决且有必要解决的问题才应作为合理广度内的调研内容。

　　立法调研对于社会活动和社会问题等现象的分析研究不同于其他调研活动，立法调研旨在对此类社会现象在规范层面进行抽象定位和分析，剥离出社会问题背后建立在法律关系上的法律问题，如何构建和设计法律制度以使得法律关系在总体和局部上均保持稳定和谐则是研究的重要目的，这也是立法调研对社会生活条件以及社会规律的探索和将其规律抽象为法律关系的实践。故而对于问题的分析深度要从两个方面加以把握：首先是通过对社会问题的调查分析以把握社会规律，借由法学专业能力将社会问题抽象为待完善的法律问题，并提供相应的解决方案，同时这种解决方案应在法律法规体系内逻辑自洽，符合立法规律。其次是对问题的分析止于与其相关的社会生活条件和社会规律，不可无限追溯，在进行研究分析时不可只注重逻辑推演，必须在调查中逐步检验和完善相关的研究结论，研究结论必须同时经得起逻辑和经验的检验，亦即在研究深度这个问题上，问题的溯因不可与问题本身割裂，否则分析将毫无意义，也毫无必要。

　　调研的范围规范优化调研的对象，调研的深度规范优化调研的内容，四者结合构成了立法调研的四个基本方面，调研的方法论至此也就初步成型。

总　结

　　立法调研是一项非常重要却常被忽视的立法技术，它是开展立法的基础，科学的调研结果虽不一定是科学立法的充分条件，但一定是其必要条件。我国历来强调"调研活动"，"没有调研，就没有发言权"的论断至今仍在耳畔。通过调研发现社会生活条件以及相关社会问题的实质以体现立法的科学性，同时通过调研集中反映民意以体现立法的民主性，是调研的价值与追求。立法调研活动在一般社会调研的基础上还要再进一步，不仅要把握相关问题的实质、把握问题背后的社会规律，更需要将其上升为以法律关系为核心的法律问题。尽管很多时候这种法律关系是待完善的问题，但恰恰就是这种化社会问题为法律问题的动态过程，完美地阐释了立法调研的特别之处。

　　立法调研由立法调查和对调查结果的研究活动组成，同时研究目的也会反作用于调查活动，调查和研究实际相辅相成、互为一体，共同推进调研成果的产出。目前关于立法调研仅有实践层面的经验，没有整合上升至理论层面形成科学的方法论。鉴于立法调研的重要程度和特别之处，有必要对其进行方法论上的思考。立法调研虽重视对客观问题的调研，但由于调研活动尤其是研究活动不可避免带有一定的主观性，没有正确坚定的立场，将不知为谁调研甚至是为何调研，做出来的调研也只能是形式调研，对于立法没有参考价值，故而需强调方法论展开的前提是立法为民以及专业性。

　　在此基础上，立法调研的方法论可从以下几个方面分别展开讨论：调研对象、调研内容、调研范围和调研深度，其中调研范围和调研深度分别规范和优化调研对象与调研内容两个方面。通过分析《成都市社会急救医疗管理规定》修订过程的立法调研实践，在总结吸收其成功经验和分析其不足后，本文对以上几个方面分别进行了理论提升，在调研对象层面强调对象的代表性和对象"距离问题抽象距离更近"的意义；在调研内容层面强调对客观问题、调研对象主观意见以及相关诉求的把握；在调研范围层面则解决了如何通过划分群体选定调研对象以及代表性如何解决的问题；在调研深度上则分别从问题调查的广度和分析的深度进行说明，以解决在何种深度上最能实现立法调研目的的问题。以上是为对立法调研立场的澄清廓明和方法论的理论初步构建。

地方立法中评估标准问题研究

——以《成都市社会急救医疗管理规定》为例

向　倬①

摘　要：在我国全面推进依法治国的新时期，保证地方立法质量是法治建设的重要环节。地方性法规的立法中评估对提高立法质量起到积极的作用，但其在我国立法评估的理论与实践中仍然处于没有既定的经验和标准可供参考的探索阶段。结合《成都市社会急救医疗管理规定》立法中评估工作实践，对地方性法规在立法中评估的标准问题进行探索，可以总结出一套推进地方性法规立法中评估的常态化、规范化标准。

关键词：《成都市社会急救医疗管理规定》　立法中评估　评估标准 地方立法

2000年3月，在第九届全国人民代表大会第三次会议上表决通过的《中华人民共和国立法法》将我国自改革开放以来总结出的立法工作经验制度化，明确了立法权限和适用原则，完善了立法程序和立法监督机制，是我国立法从"数量型"向"质量型"转变的标志，而如何检验和提升法律质量成为我国立法体制机制中的一项现实问题。尤其是在2015年《立法法》修改后，设区的市被赋予地方立法权，各地方立法工作全面推进，地方立法数量急剧增加，保证地方立法的质量成为我国法治建设的重要一环。

近年来，我国各省市积极探索立法评估工作，这是开展科学立法、民主立法的重要举措。本文以《成都市社会急救医疗管理规定》为立法评估样

---

① 向倬，四川大学地方立法研究基地研究人员。

本，对地方立法中评估标准问题进行研究，通过设定具体的指标进行体系建构，经实践检验发现该法中存在的问题并给出相应的建议，以期为科学立法、民主立法工作贡献力量。

一、研究立法中评估标准问题的必要性

（一）评估标准影响评估结果

对任何事物进行评价都需要建立在一定的标准之上，法规也是一样。立法评估需要确立一定的评估标准，这样才能在统一的指标下，通过与相关、相似法规的比较，判断优劣，从而对立法的质量和实践的效果有相对客观全面的了解。只有构建出一个科学合理的评估标准，才有可能对地方性法规的合法性、有效性、科学性等内容有客观全面的认识，才能更好地推动立法评估工作的进行。

（二）对立法中评估标准问题的相关研究少

1. 理论研究少

地方立法质量好不好，关键要看其是否能适应现实需要，能否达到立法的预期目的。需要有一个特定的主体，按照一定的标准和方法，对地方性法规进行评价和分析。地方立法评估就是这样一个过程。根据立法的进程，立法评估可分立法前评估、立法中评估和立法后评估。立法前评估出现在立法项目进入立法程序之前，是评估主体对立法项目能否进入立法程序，法律应何时立、如何立等问题进行的评估；立法中评估出现在法律法规草案进入审议阶段后、公布实施前，重点对法律法规草案的可行性、出台时机、实施的社会效果及实施过程中可能出现的问题等方面做评估论证；立法后评估出现在法律法规公布并实施一段时间后，评估目的在于更好地实施、修改和完善相关法律法规，并从中总结经验，为今后立法工作提供更多经验和指导。①目前，学界关于立法评估的研究主要集中在立法前和立法后，对立法中评估

---

① 李丹：《地方立法前评估浅论》，载《人大研究》2014 年第 4 期。

的研究较少，立法中评估标准问题更是鲜有人提及。

2. 实践经验少

地方性法规立法中评估对提高立法质量能起到积极的作用，但由于这是近年来的一项创新工作，评估过程中很难找到现成的经验和统一规范来借鉴。地方性法规涉及了哪些社会关系，法规的实施效果受哪些因素的影响，各指标之间的相互关系及权重如何，这些都没有科学准确的界定，这在一定程度上影响了立法评估的质量。因此，地方性法规立法中评估这项工作还需要在实践中不断地完善和创新，需要一个科学、规范的立法中评估体系。

2015 年新修订的《立法法》第 39 条①赋予了常委会工作机构对法律案的可行性、出台时机、实施的社会效果等进行评估的权力。同时，各地方立法中评估工作也逐步兴起，建立和优化立法中评估标准、提高立法质量，成为地方立法工作的重点任务。

二、现行地方立法中评估标准的理论与实践

（一）相关概念的界定

1. 地方立法

根据《立法法》的相关规定，省、自治区、直辖市的人民代表大会及其常务委员会和人民政府与设区的市、自治州的人民政府也可以依据上位法的规定进行相应的地方立法②，它的外延主要包括地方性法规、自治条例、单行条例和地方政府规章。近年来，随着地方经济的发展，地方立法的数量也日益增加，它们在不断丰富着我国地方立法实践的同时，也为地方经济的发

---

① 《立法法》第 39 条：拟提请常务委员会会议审议通过的法律案，在法律委员会提出审议结果报告前，常务委员会工作机构可以对法律草案中主要制度规范的可行性、法律出台时机、法律实施的社会效果和可能出现的问题等进行评估。评估情况由法律委员会在审议结果报告中予以说明。

② 《立法法》第 72 条：省、自治区、直辖市的人民代表大会及其常务委员会根据本行政区域的具体情况和实际需要，在不同宪法、法律、行政法规相抵触的前提下，可以制定地方性法规。设区的市的人民代表大会及其常务委员会根据本市的具体情况和实际需要，在不同宪法、法律、行政法规和本省、自治区的地方性法规相抵触的前提下，可以对城乡建设与管理、环境保护、历史文化保护等方面的事项制定地方性法规，法律对设区的市制定地方性法规的事项另有规定的，从其规定。

展和社会稳定发挥着重要的作用。在疫情背景下，形成完善的紧急医疗救援体系至关重要，面对院前急救医疗服务方面提出的新要求，成都市开始对与国家相关法律法规不相匹配的《成都市社会急救医疗管理规定》（以下简称《规定》）进行全面修订，《成都市社会急救医疗管理规定》的立法中评估活动也是本文的主要研究对象。

2. 立法中评估

本文中的立法中评估指的是经地方人大常委会第一次审议后，在第二次审议形成表决稿之前，地方人大法制委员会在履行统一审议职能的同时，对这个法规草案文本的主要制度及其内容进行的评估。

3. 评估标准

评估标准指的是评价一个事物的尺度和准则。其是否达到某一标准，达到了怎样的程度，在同一尺度下与其他同类事物相比水平如何，这都是评估时需要了解的。在立法评估领域内，评估标准已不属于创新领域，立法后评估标准已被广泛研究，且形成了一套体系，主要以具体的评价指标形式出现。

（二）对国内现行地方立法评估标准的考察

1. 对国内现行地方立法评估标准的实证分析

（1）标准分类。

通过阅读、整理文献，笔者发现国内已有较多学者对地方立法的评估标准进行了研究，且在学术界形成了很多不同的学说①：

①三标准说。三标准说将评估标准分为合目的性、合法性和技术性三大类。合目的性主要考量的是法规的立法目的是否科学合理以及在实施过程中是否符合立法者初衷；合法性主要是从实体上、程序上判断法规是否合法；而技术性则主要从立法技术角度观察法律的协调性、完备性和可操作性。

②四标准说。四标准说将评估标准分为四大类。首先是法理标准，评价一部法是否满足法理标准需要用到法的原理，判断立法的合法性与合理性；

---

① 刘惠荣、李鸿飞：《试论地方立法评估的标准体系》，载《中国海洋大学学报（社会科学版）》2008年第2期。

其次是法的价值标准，价值标准下，需要分析立法目的、立法理念和立法的价值取向，如制衡标准、激励标准、正义标准等；再者是实践标准，也就是对法律实施效果进行分析；最后是技术标准，这就需要从立法技术角度评估条文内容的规范性，判断协调性、完备性和可操作性，考察是否符合基本的立法技术要求。

③五标准说。五标准说包括法的效率标准、效益标准、效能标准、公平标准和回应性标准。这五个指标分别需要考察法律实施所获得的收益与制定该法律所投入的成本之间的比例、法的经济效益和社会效益、法律实施的绩效与立法预设绩效的比较、法律实施后是否实现公平分配以及法律对社会环境的需求是否有制度上的反馈及反馈程度。

（2）评估标准指标。

除此之外，还有学者提出评估标准的八大一级指标，分别是合法性、合理性、实效性、协调性、立法技术性、专业性、成本效益性、社会认同性，根据不同学者不同观点及各地不同情况，八个一级指标下又细化为多个二级指标。但在使用标准时，应因地制宜地做出灵活的改变，不套用标准。

2. 对国内现行地方立法评估标准的客观评价

通过文献阅读及资料整理，笔者发现我国现行地方立法评估标准仍存在一些问题，且不能完全适用于立法中评估体系。

（1）缺乏体系性建构。

现有的评估标准大多是针对某个或数个具体地方性法规而设立的，其视角多位于微观或中观层面，缺乏宏观的评估视角和体系。

（2）立法中评估研究不足。

我国对地方立法评估的研究还集中在立法前和立法后，理论界和实务界对立法中评估的关注较少，因此，立法中评估的标准也还处于被忽视的状态，缺少相关研究，而要提高地方立法质量，立法三个评估环节就需要均衡发展。目前，立法中评估在实践中已经有了较多应用，立法中评估环节的标准设定、更新是必然趋势。

（3）法律法规的特性体现不充分。

法律法规是对社会个体行为进行预测和评价的规范，其内容丰富，可以说涵盖了社会生活的各个领域，如果用同一的、程式化的固定标准去衡量各类法律法规就显然缺乏科学性和合理性。因此，完善的法律法规立法评估标准应该是动态的、灵活的，而现有标准在这方面存在不足。

三、地方立法中评估标准的具体构建及适用

（一）立法中评估标准的设置

1. 立法中评估标准的设计思路

在构建立法中评估的标准时，不仅要遵循全面客观原则，还要注意到其评估时间、评估对象、评估内容、评估目的等方面是存在明显差别的，因此，立法中评估不能直接采用与立法前评估与立法后评估相同的标准体系。但由于三个阶段评估的对象都与立法文本直接相关，三者之间也必然存在一定的共通性，故在设定时，共性部分可直接采用立法前评估和立法后评估的内容。此外，可参考定性与定量相结合的原则，采用构建评估指标体系的方法，明确二、三级评估指标及其分值，保证评估结果的科学准确。最后，还要注意地方性法规的特殊性以及评估对象的特殊性，不同的地方评估工作的可操作性、不同的评估对象所希望达到的评估目的都可能不同。在构建评估标准时，既要考虑到立法评估标准的普遍性，也要具体问题具体分析，设计出科学合理的评估标准。

2. 立法中评估标准的具体设置（见表1）

表1　地方立法中评估标准

一级指标	二级指标	具体内容
合法性	不越权	是否符合地方立法权限
	不抵触	条文内容是否与上位法的精神、基本原则、具体规则相抵触
	不矛盾	法规内容是否与同位法相冲突
	合程序	法规的制定是否遵循了相应的立法程序
	不限制权利与增设义务	法规是否限制了权利或增设了义务

一级指标	二级指标	具体内容
合理性	适应性	条文内容是否与实际情况相符合，内容是否全面规范
	公正性	公平、公正原则是否得到体现
	措施必要性	各项管理措施是否必要、适当，是否采用对行政相对人权益损害最小的方式实现立法目的
	责罚合理性	法律责任是否与违法行为的事实、性质、情节以及社会危害程度相当
	内部协调性	条文是否相互协调，各项制度是否相互衔接
可操作性	行为规范明确	法律所规范的行为模式是否容易被辨识
	部门职责明确	执法主体是否明确，程序是否高效
	条文规定明确	法律条文是否明确、具体、易于执法机关操作，便于公民、法人和其他组织遵守
	权利救济明确	是否为公民、法人和其他组织提供了充分的权利救济渠道，设定的权利救济机制是否完备
技术性	名称规范	名称是否规范、完整、准确、简明
	结构规范	法规的逻辑结构是否严密，各部分结构是否清楚
	语言规范	法规的语言表述是否准确、严谨、简明、统一
	其他规范	法规的标点符号、数字表述是否符合国家语言文字规范和立法技术规范
特色性	地方性	是否具有成都市地方特色，是否针对亟待解决的实际问题进行立法
	目的性	与地方事务相关的立法目的、任务是否在条文中得到体现

（二）立法中评估标准的适用

通过对《成都市社会急救医疗管理规定》覆盖范围内的地区进行实地走访调研，对相关专家进行采访，参加有关座谈会议，对照《成都市社会急救医疗管理规定》内容，本文从合法性、合理性、可操作性、技术性及特色性几方面进行分析。

1. 合法性

通过研究文本，发现《规定》在立法主体上合乎《中华人民共和国立法法》对地方性立法权限的规定。同时，通过细读具体条款，并未发现条例存在与宪法、法律、行政许可法、行政处罚法、行政强制法等上位法相抵触的内容。总体而言，草案满足地方立法的要件，且在立法主体、立法具体内容上合乎法律规定，具有相应的合法性。

2. 合理性

合理性是判断相关立法是否能够贴合社会经济运行以及人民日常生活习惯的重要依据，可通过确定相关立法是否合乎相关规律来认定。在《规定》的合理性评估过程中，我们对该规定条文内容是否与实际情况相符合，内容是否全面规范，公平、公正原则是否得到体现，各项管理措施是否必要、适当，是否遵循比例原则，以对行政相对人权益损害最小的方式实现立法目的，法律责任是否与违法行为的事实、性质、情节以及社会危害程度相当，条文之间是否相互协调，各项制度是否衔接得当进行评估。经过对草案的合理性评估，该项立法对于应对社会发展对院前急救医疗服务方面提出的新要求有重大帮助，各项具体内容具有针对性，能够解决实际问题。但在如"兼顾患方意见"的原则、"三无病人"的处理问题上，各方还存在一定分歧，现有的法律规定可能并不能完全解决上述复杂问题，还需要结合各方建议进行完善。

3. 可操作性

紧跟合理性，对于前者的评估需要考虑条例内容是否符合当今经济社会运行规律，而可操作性评估针对的是具体条文与其配套设施的兼容，关乎其能否从字面落实到生活实际。只有能够实施的法律才算有生命的法律，能够在实际生活中发挥其自身的价值。因此笔者对《规定》的可操作性予以详细评估，主要包括：其程序条款所规定的行为范式是否容易被执行机关理解、识别；相关执法主体是否明确、具体，执法程序是否简洁易懂、高效便民；具体条文是否便于公民、法人或其他组织遵守。可操作性评估结果显示，《规定》总体而言具有一定的可操作性，有关条文内容明确具体，程序相对简洁，理解执行难度不大，能够基本保障相关法律关系主体的合理诉求和正当权益。但是在具体实施方面，仍面临一些争议，在之后的立法环节上，还需要结合各方建议，平衡各方利益进行修改完善。

4. 技术性

有关条文的技术性评估是指从语言文字运用方面对其相关用语及专业的

判断。对《规定》的技术性评估，旨在了解和审视：相关文本的用语是否规范、完整、准确、简明；其宏观的框架结构是否合理，条例章节的逻辑关系是否清晰；法规的语言是否符合规范且表述是否准确、简洁；各项的前后内容（如前期行为与后期结果等）是否对应；法规的标点符号、数字表述是否符合国家语言文字规范和立法技术规范。总体而言，草案基本符合全国人大立法技术规范，未发现明显的技术缺陷。

5. 特色性

特色性旨在评估条例的制订是否将实施地点、实施对象的特点考虑到位。地方立法要依据地方地情来制定，确保相关立法与地方地情相匹配，满足地方的立法需求。对《规定》的特色性的评估，旨在了解相关条款是否依据成都市地方特色制定，相关的立法目的、任务是否在条文中得到体现。总体而言，《规定》体现了成都地方特色，建立健全社会急救医疗长效机制、形成完善的紧急医疗救援体系的目标在条文中得到了体现。

总体而言，《成都市社会急救医疗管理规定》立法水平较高，但在一些焦点问题的解决、理论与实际情况的对应、具体实施难度上还存在一定问题。

结　语

在地方立法从数量型向质量型迈进的当下，立法中评估是推动立法走向精细化，提高立法质量的有效途径。要发挥好地方立法中评估的作用，探索出一套科学、规范、准确的评估体系是关键。利用好立法中评估标准，发挥好地方立法中评估的作用，促进地方性法规在社会的快速发展中不断完善，对提高地方性法规的立法质量能起到良好的推动作用。深入开展立法中评估的探索，进一步汇聚各界力量，群策群力，才能使法规真正符合经济社会发展的客观规律，反映人民意志。